曾贵山◎编著

# 你可以懂会计

中国财经出版传媒集团

经济科学出版社
Economic Science Press

**图书在版编目（CIP）数据**

你可以懂会计／曾贵山编著 . —北京：经济科学
出版社，2023.8
ISBN 978 – 7 – 5218 – 5013 – 0

Ⅰ.①你… Ⅱ.①曾… Ⅲ.①会计学 Ⅳ.①F230

中国国家版本馆 CIP 数据核字（2023）第 150207 号

责任编辑：杜　鹏　武献杰　常家凤
责任校对：靳玉环
责任印制：邱　天

#### 你可以懂会计
NI KEYI DONG KUAIJI
曾贵山◎编著
经济科学出版社出版、发行　新华书店经销
社址：北京市海淀区阜成路甲 28 号　邮编：100142
编辑部电话：010 – 88191441　发行部电话：010 – 88191522
网址：www. esp. com. cn
电子邮箱：esp_bj@ 163. com
天猫网店：经济科学出版社旗舰店
网址：http://jjkxcbs. tmall. com
固安华明印业有限公司印装
710 × 1000　16 开　14.5 印张　220000 字
2023 年 8 月第 1 版　2023 年 8 月第 1 次印刷
ISBN 978 – 7 – 5218 – 5013 – 0　定价：68.00 元
（图书出现印装问题，本社负责调换。电话：010 – 88191545）
（版权所有　侵权必究　打击盗版　举报热线：010 – 88191661
QQ：2242791300　营销中心电话：010 – 88191537
电子邮箱：dbts@ esp. com. cn）

# 前　言

　　本书的缘起。美国作家马尔科姆·格拉德威尔（Malcolm Gladwell）提出著名的一万小时定律：人们眼中的天才之所以卓越非凡，并非天资超人一等，而是付出了持续不断的努力，一万小时的锤炼是任何人从平凡变成世界级大师的必要条件。蓦然回首，本人已在会计领域学习和工作20余载，受老师的谆谆教诲、会计专家的培训辅导、专业书籍的滋养熏陶、领导和同事的帮扶带，一直在接受馈赠。一天，脑海中突然闪现一个问题：我能不能给予一些回馈，为会计领域做点贡献呢？嗯，对，我把掌握的会计知识和实践经验进行梳理、总结、提炼，以浅显易懂的方式崭新呈现。一方面帮助会计专业人士宣传会计，营造更好的会计工作环境，以更好地开展会计工作；另一方面帮助非会计专业人士了解会计人、了解会计知识、了解会计工作，让会计为我所用。我确定以及肯定这是一件正确而有意义的事。

　　本书的主要特点。一是本书的系统性强。全书共有六章，虽然介绍的内容不深，但是涉及的领域较广。带着"会计部门在企业的职能定位"的思索，围绕"会计成天忙忙碌碌到底在干什么"的主线，把零散的知识点有机组织起来。有全局也有细节，有主干也有枝叶，让你既见森林也见树木。通过介绍会计的起源、会计的主要职能、会计的主要产品、会计的职业人生等搭建起本书的四梁八柱。在阐述会计三大职能的基本框架下，融合介绍基本的会计知识和会计工作，让你既能了解会计部门的整体职能，又能了解具体的会计知识点，还能了解会计的人和事。二是本书的述说方式独特。本人开创性地安排了【专业表达】+【阿山说】的独特结构，既严肃又活泼。【专业表达】讲究严谨、权威，把最专业的表达呈现出来，方便想读原文悟原理的读者；【阿山说】则尝试用常见案例，以口语化的、活泼的甚至调皮的方式述说，力图通俗易懂，即使会计知识零基础的读者也有兴趣看，一看秒懂，拿来即用。

本书的目标读者。基于以上的出发点和定位，本书适合有意系统了解会计部门、会计基本知识的非会计专业人士阅读。当然，日本著名实业家稻盛和夫说：不懂会计却想做一名好的经营者、管理者，那是不可能的。所以，本书也尤其适合中高层经营者、管理者阅读。总之，如果你主观上有意愿了解会计，或者客观上有需要了解会计，但是又很难通过读专业会计书籍去实现（一方面是不一定读得懂，另一方面是本书介绍的会计知识散落在较多的专业书籍中，若要把这些书都读完读懂，需要花太多时间与精力，作为非会计专业人士，不仅不太可能，也没这个必要），那么，读本书就对了，就足够了。

在本书写作过程中，好些朋友给了我很多建设性意见建议，在此不一一点名感谢，铭记于心，心存感激。不得不说的是，会计、财务管理、税法、经济法等领域涉及的专业知识很广、很深，而且在不断更新与发展，本人才疏学浅，工作经历也十分有限，虽然介绍的是普及类入门知识，但仍然难免有错漏之处，希望大家多多包涵。同时，欢迎热心的读者朋友们随时批评指正、相互交流，不胜感谢。

曾贵山于广州
2023 年 4 月

# 目 录
Contents

# 第 1 章

# 会计的前世今生

## 1.1　会计的起源

会计是十分古老的职业。目前，企业或其他组织都少不了会计。在可预见的未来，也还没有看到会计消亡的迹象。虽然说阿尔法狗（AlphaGo）已打败围棋冠军，以 ChatGPT 为代表的机器人已相当智能，新技术还在迅猛发展，但机器是人类的助手，而不是人类的替代。机器是会计的帮手和工具，但机器无法替代核心的会计工作。本人坚信人类的智慧，也坚信会计的价值。

【专业表达】古巴比伦王国时期，征收各种赋税有应纳税通知和支付凭证，有记录刻写在陶土、石头或木制牌子上。约公元前 400 年，埃及发展到以草为纸、以羽毛为笔阶段，文字记录更加方便了。公元前 200 年，罗马共和国的政府档案中，已经把现金收入分为租金、利息等项目。13 世纪，意大利的会计开始应用于私人企业，并发明复式记账法来记录和报告。产业革命时期，一批会计师开始进行审计。1742 年，意大利的米兰市政府颁布了会计师为顾客服务的等级收费标准，并创立了公共会计师同业公会。

据考证，我国的会计事项记录在殷商时期已形成，并在国家收纳贡赋中应用，这标志着我国会计活动在当时已产生。东汉著名文字学家许慎在《说文解字》中对"会计"二字从字义上作出解释，其中尤其强调"计"字中含有正确计算之意。清代文字训诂学家段玉裁在《说文解字注》中对"会"字的构成作了详细说明。清代数学家焦循就西周时人们对于"会计"概念的认识指出："零星算之为计，总合算之为会。"这是对西周时代"会计"概念的正确总结。

民国时期，会计名家辈出，我国的会计理念及会计职业得到进一步发展。

谢霖代拟了我国第一部"会计师制度"，成为我国的第一个会计师，同时他开办了我国的第一家会计师事务所：正则会计师事务所。潘序伦被誉为"中国现代会计之父"，主张"没有信用，也就没有会计"，创建了事务所、学校、出版社"三位一体"的立信会计事业，是发展我国会计事业和培养我国会计人才的先驱。奚玉书创办上海公信会计师事务所，为维护民族利益，勇于挑战洋权威，为中国会计师及中国会计师事务所争取权益，进行了不屈不挠的斗争。为挽回民族尊严、树立民族会计品牌作出了杰出贡献。

新中国成立后，我国经历了关于会计属性的两次大讨论：从全面否定西方会计、学习苏联的会计理论和实务；到"拨乱反正"，借鉴借贷记账法应用于我国经济实践。随后又经历了"信息系统论"与"管理活动论"的大论争。可以说，在不同时期的经济建设期间，我国的会计理论和实践在迂回中前进，在前进中不断创新发展。①

**【阿山说】**会计起源很久远，又貌似很复杂。浅浅的理解是这样：人在独自活动阶段不需要会计，因为一人吃饱全世界不饿，根本不需要计数嘛。但是两个人或者更多的人在一起的时候，就必然需要会计（只是当时可能不叫"会计"而已）。所以，群体或者部落出现的时候，会计也就跟着出现了。这一节最想表达的一句话：会计是十分古老的职业，经年累月，多少会沉淀一些人类智慧的光芒；在可预见的未来也还没有看到会计消亡的迹象，还会继续贯穿我们的生活和工作一辈子。就是说，在你的有生之年，会计就如山峰一样伫立在那里，不管你是喜欢还是讨厌，躲不了、逃不掉。所以，我们与其厌恶、逃避，不如走近它、了解它、掌握它，让它为我所用。

是的，如果你想建立和强化经营思维，对本单位有更宏观、更综合的理解和把控；如果你想在职场尽早离开操作层面的岗位，站得更高、走得更远，迎接更广阔的职业人生；如果你想在生活中洞悉财经政策的底层逻辑、明察商家纷繁复杂的包装手法、掌握更多的人生财富密码。那么，请暂停你的肥皂剧，放下你的手机，走出信息茧房，离开舒适区，拒绝一知半解，向碎片

---

① 葛家澍. 新中国会计理论发展要略 ［J］. 上海市经济管理干部学院学报，2007（5）：46-51.

化知识说不，与我一起系统地学习会计知识、了解会计的人和事吧。

## 1.2　会计的主要职能

我们在小说、戏剧、评书、古装电影和电视剧中经常看到账房先生的身影。账房先生其实就是古代的会计，一般是大财主、大商户等雇来帮助其管理资金和账目的专业人士。当时账房先生的主要职能是进账、出账、统计等。

现代国民经济的发展也需要计算与计量。经济发展总量、资源消耗量及利用率，以及其他各项经济指标的计算，都离不开会计人员的辛勤工作。会计采用专业方法，将各种物质统一以价值量的形式进行科学的计量、记录、分类、汇总，并采用统一的方式为使用者提供报告。

传统的会计教材和会计书籍认为现代会计的主要职能是核算和监督。《会计法》主要对会计核算和会计监督进行规范。注册会计师考试《会计》教材对会计的定义是这样的：会计是以货币为主要计量单位，反映和监督一个单位经济活动的一种经济管理工作。在企业，会计主要反映企业的财务状况、经营成果和现金流量，并对企业经营活动和财务收支进行监督。

经济越发展，会计越重要，尤其是公司制企业横空出世，组织规模越来越大，所有权和经营权分离，代理问题随之产生，需要会计的地方越来越多，会计的职责越来越广。随着会计的转型升级，时至今日，会计的服务职能和参与决策职能越来越突出。

会计的服务职能和监督职能是硬币的两面，会计服务在国家或单位有关财税规章制度的规范下进行，同时也在检查单位经营活动是否符合相关规范，所以提供会计服务的过程也是履行监督职能的过程；而对于单位及经办部门来说，会计监督检查是帮助你符合相关规范、规避"雷区"、不踩"红线"，其实就是在享受会计服务。从重要程度来说，服务与监督职能是会计的首要职能。

宋志平先生在《经营方略》一书中指出：管理是面对企业内具体的人、

机、物、料，是方法和制度，是讲究正确地做事，目标是提高效率；经营是面对企业外经营环境中不确定的东西，更多的是做决定和选择，是讲究做正确的事，目标是提高效益。套用宋先生对于管理和经营的区分，我觉得会计的服务职能和参与决策职能如何划分也就比较明确了。为管理服务的相关会计工作划分为服务职能，支撑经营的相关会计工作划分为参与决策职能。参与决策职能更多的是事前的工作，在会计职能中排在第二位。

核算职能是会计的传统职能，在现代会计里仍然十分重要。核算职能更多的是事后会计处理，把已经发生的事项按照既定的规则记录，并及时完整地报告出来。就是我们一般理解的会计做账、管账等工作。核算职能在会计职能中排在的第三位。

总结下来，现代企业会计主要履行服务与监督职能、参与决策职能和核算职能。此外，理论界和实务界有人认为会计还应在内控、绩效、定价等方面履行职能，本书不展开介绍。

看到这里，或许你已经对会计有了初步认识。初步认识是第一印象，是非常重要的。心理学上叫首因效应，是说交往双方的第一印象对今后有"先入为主"的影响，虽然第一印象并非总是正确，但却是最鲜明、最牢固的，并且决定着以后双方交往的进程。第一印象好，心理上给予了对方肯定，以后在交往中就会越来越多地看到对方好的一面，即使对方偶尔有差的方面，也会为对方找理由开脱，从而宽宥、忽略，以证明自己独具慧眼，依此良性循环；反之，以后的交往中就会越来越多地看到对方差的一面，即使对方后来有些靓丽的表现，也认为是偶然，是碰巧，从而视而不见，以证明自己眼光独到，依此恶性循环。这就是人们常说的眼缘、一见钟情。这种现象在很多领域普遍存在，学习也是如此，很多同学因为对某个老师的第一印象很好，或者无意间听了某一科的有趣故事，所以对这一科尤其有兴趣，成绩当然也就特别优秀。

我希望你对会计的第一印象是良好的，然后带着盎然兴趣继续往下看，依此良性循环。

下面请与我一起深入细节。

## 1.2.1　会计的服务与监督职能

【专业表达】会计服务是一项系统工作，由会计服务主体、会计服务软体和会计服务客体构成。会计服务主体是会计人员；会计服务软体是会计服务的手段、标准和形式，以保证会计服务的质量；会计服务客体即服务对象，是有某种会计需要的单位或个人。

会计服务是会计人员的重要工作内容之一，是提供给管理人员、相关部门及其他利益相关者的一种服务，包括一系列财务咨询、财务收支等活动。正如稻盛和夫所说：不要以为只有购买公司产品或服务的人才是我们的顾客，我们的同事、上司、领导都是我们的顾客，如何为他们做好服务也是我们的职责。会计也是如此，比如向管理层或其他部门提供会计报表或者相关数据，办理收款、付款、薪资发放、税务申报等工作，提供预算管控、成本管理等会计支撑工作，提供好这些会计服务就是为企业经营添砖加瓦、保驾护航。

会计监督是指会计机构和会计人员依据各项财经法规和财务制度，通过记录、计算、分析、指导、控制、检查等专门方法，对企业生产经营活动（或资金运动）的合法性、合理性和有效性进行监督，使之能够按既定的目标和要求来进行的一系列管理活动。会计监督又分为内部会计监督和外部会计监督，我们只介绍内部会计监督中的会计人员监督部分，主要指会计采取的一系列相互联系、相互制约的制度和方法，以及相关活动。

会计监督是会计的基本职能之一。会计监督的主体是会计人员；会计监督的目的是维护财经纪律，最终促进提高经济效益；会计监督的对象是资金运动，资金运动表现在生产过程的生产、分配、流通和消费各环节之中，表现在企业的经营各环节之中；会计监督的依据是会计信息，含原始凭据、记账凭证、报表、业务合同、计划与统计等；会计监督的标准是各种规范；会计监督的方法是各种专门的方法，如政策监督、制度监督、预测监督、定额监督、责任监督等；会计监督的性质是管理活动，是对资金运动进行会计管理的一个方面。

在会计工作中，要把会计服务和会计监督有机结合起来，在服务中进行监督，通过监督去服务。既要坚决遵守国家财经纪律，又要维护单位利益，把两者对立起来是错误的。

**【阿山说】**第一句话：会计得为企业服务。会计是企业聘请的员工，依靠企业发放的薪水生存、生活，依靠企业提供的平台实现职业人生。所以会计的目标与企业的目标是天然一致的，会计为企业提供周到细致服务是天经地义的。这里所说的服务有两个层面：一是完成会计内部的工作，对流转至会计的单据和事项进行一系列处理，最终编制出财务报告。二是协助业务部门做成生意。老板常说财务是职能部门、是服务部门，就是这个意思。企业没有生意，你把会计凭证做得再漂亮、财务报告编得再完美有什么用呢？皮之不存毛将焉附呀。

所以会计不仅要在后端处理单据，更要延伸到业务前端和中端。在前端提供咨询、共同做好方案、识别风险防范风险；在中端做好执行追踪与控制，避免偏离预定轨道。站在管理层角度，花钱聘请会计进入企业工作，当然不是为了请一尊执法者、监督者，而是购买会计服务，会计得为企业做成生意提供方案、路径，为企业避免碰"高压线"提供指引，为满足监管要求提供服务。

第二句话：会计同时应履行监督职能。财经领域有许多的法律法规和政策文件（而且在持续不断更新换代），以约束企业在规则内经营，同时也约束会计，如果不在法律法规的框架内活动，不但企业要受罚，会计也要受罚，受罚方式有经济惩罚，还有牢狱之灾。比如企业的会计核算是否遵循《企业会计准则》？企业该交的税收是否及时足额缴纳？企业的资产尤其是国有资产是否安全完整和保值增值？企业内部规章制度是否完善并权责明确、相互牵制？企业的收支活动有没有严格执行内部规章制度？所有这些监督活动，都需要会计参与，而这些监督活动贯穿在业务谈判、合同签订、预算执行、财务单据审核、款项收付、项目立项与验收、税务筹划、账务处理等会计服务的每一项具体工作过程之中。

"会计工作要把会计服务和会计监督有机结合起来"，这话说起来容易，做起来实非易事。会计要把这原本矛盾对立的事情有机融合于一体，把两件事都办得漂亮，各方都满意，没有非凡的内力实在是容易走火入魔。我们常常看到一些会计与人吵架，尤其是单据审核的会计，如果不是左右逢源、外柔内刚、性情温和的会计，而是一板一眼、拘泥固执、性情火爆的会计，难免会出现"鸡飞狗跳"的情形。

财务部在企业中的位置何尝不是如此。如果"会计领队"长袖善舞，企业一把手对他的话"言听计从"，各部门就吹捧财务部，给财务部几分面子；否则的话，财务部就成为各种矛盾的焦点、各部门甩锅的对象，陷入"吃力不讨好""两头不是人"的境地。特别是有些企业的员工评价推行全员无记名评分，审核把关岗位的会计进一步陷入两难之境，你让会计如何遵从本心去履行监督职能、严格把关呢？

## 1.2.2　会计的参与决策职能

【专业表达】诺贝尔经济学奖获得者、西方决策理论学派创始人之一赫伯特·西蒙（Herbert Simon）在其《管理决策新科学》中提出：决策制定包括四个主要阶段，即找出制定决策理由、找到可能的行动方案、在诸行动方案中进行抉择、对已进行的抉择进行评价。

会计人员参与企业决策一般要经历决策形成阶段、决策执行阶段、决策结果评价阶段。一是在决策形成阶段，会计人员应收集整理可供参考的相关资料，包括但不限于政治、经济、产业、市场等环境，其他企业类似活动的运作情况及成效，估算投资额，寻找融资渠道，进行纳税筹划，分析未来现金流量及投资回收期，提供方案选择建议等。二是在决策执行阶段，会计应及时、准确、系统地对企业活动进行核算、汇总、整理、提炼相关数据，与决策形成阶段的预测数据对比分析，以寻找差异及产生的原因，有针对性地提出应对措施建议，协助管理层对企业活动进行动态管控。三是在决策结果评价阶段，会计协助相关部门对决策执行的结果进行量化分析与评估，找出存在的问题与不足，形成系统的档案资料，为企业以后的决策提供借鉴与参考。

**【阿山说】**我更愿意把决策执行阶段、决策结果评价阶段的相关会计工作归类为预算服务等会计服务职能，支撑绩效考核、档案管理等会计核算职能。所以，在此重点介绍的是决策形成阶段的会计参与活动。参照现金流量表的设计思路，从会计参与经营活动决策、参与投资活动决策、参与筹资活动决策的角度来切入。

科学决策是现代管理的核心。决策贯穿于企业所有管理活动。企业决策是一个复杂的过程。比如说投资活动决策至少要考虑以下问题：一是这项投资活动投入产出情况如何？这是回答我们"是不是值得干"的问题。对于会计来讲，主要判断投资收益。二是我们有能力干这项活动吗？这是回答我们"有没有能力干"的问题。对于会计来讲，主要判断财务资源能力。三是这项活动带来的风险在我们的承受范围内吗？这是回答"假如我们这么干了，有没有什么无法承受的后果"，属于风险管理的问题。这些问题都不是拍脑袋可以回答的，于是我们重点研究过去的数据，包括财务数据，找寻历史经验或教训；收集同行或类似案例数据，借助他山之石；开展多种多样的假设与预测工作，沙盘推演，对决策结果作一些预判。对于会计来说，重点判断开展这项活动我们的子弹（资金）是否充足、对我们会计报表的影响，以及目前的财经法律法规政策是否允许，如何防范风险等。

经营活动和筹资活动的决策也是复杂的，同样离不开会计的参与。会计参与决策的方式十分广泛，概括起来就是：资深、专业的会计直接参与决策表决，而还在苦苦修炼的会计就通过提供财务数据、表格，参与方案拟订、审核、建议等方式参与决策或影响决策。

有人说数据是客观的，也有人说数据是利器。一方面，数据本身有强大的说服力；另一方面，同样的数据，不同的表达、不同的呈现方式也能给人不一样的印象和感觉，从而影响判断。所以，各位亲爱的会计，请珍惜给领导报送数据的机会，运用好手中的这柄利器；各位敬爱的领导，也请留意下属提交的数据及其陈述方式、展示形式等，因为影响正在悄无声息中产生，正所谓：润物细无声。

### 1.2.3　会计的核算职能

【专业表达】会计的核算职能是通过一定的会计方法，遵照《企业会计准则》的要求，正确、全面、及时、系统地将企业所发生的业务活动反映出来，并通过科学的分类方法，将不同性质的会计事项分门别类、集中地表现出来，以达到揭示会计事项本质之目的。

《会计法》重点规范了会计核算。其中第五条规定，会计机构、会计人员依照本法规定进行会计核算，实行会计监督。第九条规定，各单位必须根据实际发生的经济业务事项进行会计核算，填制会计凭证，登记会计账簿，编制财务会计报告。任何单位不得以虚假的经济业务事项或者资料进行会计核算。

【阿山说】会计核算也称会计反映。核算职能是会计最基本的职能，这一点在理论界和实务界都是没有争议的。会计核算就是大家平常所说的做账。《企业会计准则》主要规范的就是会计核算。浅浅地说，会计是一门语言。会计核算就是把业务活动按照统一的规则变成数字，把千头万绪的商业活动翻译成通用的会计语言。伽利略说：如果不学会宇宙的语言，人类就无法了解宇宙。同样地，掌握了会计语言，也能帮助我们更快捷更透彻地了解商业世界。

有些同学可能有一个疑问：会计语言为什么不用通俗易懂的大白话，而要用那么多晦涩难懂的专业术语？据我理解，会计规则制定者当然也想用直白的语言来陈述，但是人在江湖、身不由己啊。武侠小说是这样说的：不是我天生心眼多，都怪江湖太险恶。比如以下原因。

一是股东、管理者、监管者、利益相关者等不可能一直盯着企业的经营现场。如果是一个大企业的话，经营场所很多、员工很多、活动很多，你想盯现场也是盯不过来的。这么多事情想要掌握全貌的话怎么办呢？靠层层统计，然后汇总，用数据来治理企业，这是比较科学的、可行的选择。

二是统计汇总要统一规则，形成一套完整的会计语言。脑补一下：如果规则不统一的话，会计报表就只有编制人看得懂了。时间久了的话，可能连编制人自己也忘记是怎么编的了，更别说其他人怎么去阅读和使用这些统计汇总表格。因此，统一规则是必由之路。

三是统一的规则在不断更新和充实。企业商业活动纷繁复杂，尤其是改革开放的中华大地，有些业务之前来不及厘定财务规则，那就要逐步建立；一些新业态、新业务出现了，那就要跟着制定相应的财务规则；之前制定的有些财务规则有漏洞，被人钻空子了，那就要修订完善、打补丁等，所以财务规则越来越多。而为了限制某些漏洞，一些规则在描述时加了较多的定语；为了尽可能全面概括而不遗漏，就会选择一些宽泛的词语，所以显得越来越复杂，越来越难懂。

会计之间有时候也相互调侃：这些字单个来说我全认识，组合成一句话我就找不到北了！其实，这不是会计领域的独有现象，每一个领域都有较多的专业术语。学数理化的同学也曾遇到熟悉的情形：这条公式里的数字和符号我全认识，但组合起来却怎么也无法理解究竟是什么意思。或者，我们常见的数字和符号，经过大师的生花妙笔重新排列组合，就成了定律，可以显著地改变世界。所以说，大家不要有偏见，很多领域的专业术语，会计听了也是云里雾里不知所以，一样一样的。

## 1.3　会计的主要产品

这里所说的主要产品是泛指，包含广义的产品和服务，也可以说是会计履行主要职能的最终成果和展现形式。往细里分，会计又分为财务会计和管理会计两个分支。我们看到有些企业在财务中心下又分设会计部和财务管理部或类似名称的两个部门，由会计部履行财务会计职能，由财务管理部履行管理会计职能，这样的组织架构确实分工明确、权责清晰。

浅浅地说，财务会计的主要工作是遵循法律法规、企业会计准则等规定，提供的会计信息主要侧重于服务投资者、债权人、上级单位、监管机构、利益相关者等外部机构和个人，是对外的；管理会计的主要工作是协助经营管理者决策、管控、分析、评价等，提供的会计信息主要侧重于服务企业内部各层级经营管理者，是对内的。

## 1.3.1　财务会计的主要产品

【专业表达】财务会计的主要产品是会计报表。通过会计报表提供与企业财务状况、经营成果和现金流量情况等有关的会计信息，反映企业管理层受托责任履行情况，有助于报表使用者作出经济决策。会计报表包括资产负债表、利润表、现金流量表、所有者权益变动表和附注。

【阿山说】别看财务会计工作种类繁多，平时忙忙碌碌，一到月底和年底更是加班加点，一切的一切，最终都是为了会计报表。就好比企业的股东，平时不介入具体经营（怎么经营是管理层的事），只是到了年底的时候看企业账户有多少资金，可以分配多少红利。这里说的资金、红利等，就是会计报表里的重要数据。当然，会计报表除了资产负债表、利润表、现金流量表等报表以外，还要把报表是如何编制的，主要的会计政策是什么，报表中部分重要数据的结构和明细是什么，以及一些特殊情况的说明等信息一并提供给报表使用者，方便更好地阅读和理解报表数据，这就是附注。

我给大家再捋一下：股东和管理层最关心的是企业的财务成果和财务现状，财务成果和财务现状的呈现方式是会计报表。而会计报表是会计编制出来并亲手呈报的。所以结论来了：会计天生就是观全局的！

什么意思呢？一方面，企业其他部门都是从事某一个部分的工作，只知一隅；但是会计不同，企业所有部门、所有人员的活动统统汇聚到了会计这里，就是说会计有掌握企业全貌的天然优势，这是观全局的可能。另一方面，会计要亲手把会计报表呈报给管理层和股东，领导看到报表难免会有一些疑问，如果这时你一问三不知，肯定要挨批了。如果领导知道你掌握这些问题却不管也不报告，肯定批得更凶了。也就是说：会计有观全局的可能，也有观全局的必要，更有观全局的使命。

所以，卓越的会计往往在老板那里说话很有分量，在单位高人一筹，以及得到更多晋级加薪的机会。麦肯锡的一项调查显示，在英国和美国有 1/5 的 CEO 曾经担任过 CFO。英国《财务总监》杂志的一项调查表明，在财富 100 强企业的 CEO 中，有 1/5 曾担任过 CFO。但是，用"卓越"一词来表达本身就是十分讨厌的，因为卓越就意味着是少数，而大多数会计往往是不善言辞、不会八面玲珑的"专业人士"，难免沦为默默耕耘的黄牛，可能还会受到"不计回报"的"厚待"。

在企业常常看到这样的现象：有些部门出手阔绰时会计着急上火，有些部门大吃大喝时会计扫兴败兴，有些部门歌功颂德时会计提示风险担心隐忧，有些事情其他部门唯恐避之不及而会计偏向虎山行等。为什么会计会这样呢？主要还是因为这一切的一切最终会影响会计报表啊！影响会计报表，会计在领导那里挨骂挨批是小事，但影响债权人对企业的信用评级及资金成本，影响上下游单位与企业的合作，甚至影响股东对本企业的投资及企业估值等就是大事了。

至于会计报表及附注长成什么模样、有哪些有趣的地方，我们将在"第 5 章会计的核算职能"详细介绍。

多说一句，按照财务会计与管理会计的分类标准，相关监管机构要求提交的各类统计报表、税务机关要求的税务申报表等，也属于财务会计的产品范畴。

## 1.3.2　管理会计的主要产品

【专业表达】财政部 2014 年印发《关于全面推进管理会计体系建设的指导意见》，要求企业全面推进管理会计体系建设。随后陆续印发了《管理会计基本指引》及 34 项应用指引，目前正在逐步印发《管理会计行业调研报告及案例》。管理会计涉及战略管理、预算管理、成本管理、营运管理、投融资管理、绩效管理、风险管理等，内容十分丰富。

【阿山说】首先请大家不要望文生义，管理会计的职责不是负责管理会计人员。管理会计是会计的一个分支，着重为企业进行最优决策、改善经营管理、提高经济效益服务，即管理会计本身是会计的一种。

有人说：管理会计是会计作为"账房先生"的转型升级方向。言外之意，先有财务会计，是财务会计发展到一定阶段后才有管理会计。也有人说：最原始的会计就是管理会计。比如，夫妻店根本就没有财务会计，但是老板娘对计划预算、投入产出、开源节流、风险管控等管理会计工作操作得溜溜哒，业财融合对老板娘来说更是不存在的，因为天然就密不可分嘛。财务会计是在组织规模扩大，分工越来越细，以及委托、代理等新的生产关系出现后的产物。不管怎样，财政部已经对管理会计有明确规范和要求，而且涉及的领域广泛。

财务会计与管理会计，有点像麦当劳与中餐馆的关系。麦当劳的配方明确、制作流程固定，容易复制且不走样，所以迅速扩张至全球；财务会计也是如此，核算规则明确，甚至有国际会计准则。中餐馆的美味依赖名厨，食材选择、配料多少、工序先后、火候拿捏等，可意会不可言传，所以中餐馆难以做大，做大了也可能不地道、不正宗，"吃不出那个味"；管理会计正是如此，虽然管理会计基本指引及应用指引提供了较多共性工具，但是用哪些工具、怎么用、什么时候用、用到什么程度都依赖管理者需求以及会计的水准。

财务会计与管理会计，又有点像工厂的批量生产和按需定制。批量生产实际上是供给牵引需求，"反正我就做成那样"，让消费者去适应产品；财务会计也是如此，按照既定规则编制报表提供给大家，阅读者各取所需。而按需定制实际上是需求推动供给，让厂家去迎合消费者。在买方市场的今天，满足个性需求更容易俘获消费者的芳心；管理会计正是如此，根据管理者需求，会计完成定制的报告、数据支撑，提供配套管理工具等。

管理本身是一门艺术。管理者千姿百态，不同管理者的要求也充满个性。管理会计的产品自然也千状万态，没有固定呈现形式，比如各式各样的管理报表、预算执行分析报告、经营情况分析报告、资金分析报告等，各种模型、测算、方案对比等，也难怪同事们常称呼会计"表哥""表姐"。

说实话，反映过去虽然重要，但是老板肯定知道一个道理：黄河之水天上来，奔流到海不复回。过去的已经永远过去了，最要紧的是把握今天、拥抱明天。所以最看重的是总结经验与规律，发现问题及提出解决办法，展望未来并提供行动方案，更好地为将来的发展与安全献计献策。而所有这些，恰恰是管理会计的正牌职责。加油吧，管理会计小伙伴们！广阔天地大有可为。

# 1.4　会计的职业人生

先举手说明：此处仅探讨企业会计的职业及认证。实际上，政府机构、大学、行业组织、中介机构等还有大量研究会计的专家学者，此处不表。

## 1.4.1　企业会计的职业九段

【专业表达】经过整理归纳，我把所有的企业会计人员划分成九个段位（见表 1 - 1），每一个段位都从 5 个维度进行描述。四段会计到九段会计只分 3 类，是因为每一类都有正职和副职的考虑，我们知道，就专业能力而言，正职、副职不一定是高下立分的。

表 1 - 1　　　　　　　　　企业会计的职业九段表

| 段位 | 高度 | 广度 | 深度 | 素养 | 主要特征 |
|---|---|---|---|---|---|
| 九段会计 | 资本运作<br>战略视角 | 企业外部<br>高层领导 | 职业感觉<br>领导艺术 | 结果、决策<br>力商业敏感<br>性、洞察力 | 超强的商业意识，对业务的透彻了解，独立判断，战略性眼光，在资本市场游刃有余 |
| 八段会计 | | | | | |
| 七段会计 | 管理会计<br>运营视角 | 企业内部<br>中层领导 | 方法论<br>整体思维 | 逻辑、分辨、<br>协调、平衡 | 极强的财务专业和管理能力，平衡各方，对人、财、物进行有效整合，为战略成本和盈利模式提供支持 |
| 六段会计 | | | | | |

续表

| 段位 | 高度 | 广度 | 深度 | 素养 | 主要特征 |
|---|---|---|---|---|---|
| 五段会计 | 财务会计规范视角 | 财务部门基层领导 | 经验、技能条块思维 | 专业、规则、潜规则、协调 | 深刻领悟财务规则，提供及时有效的财务支撑，建章立制，规范流程，控制风险 |
| 四段会计 | | | | | |
| 三段会计 | 项目管理流程视角 | 财务模块主管 | 专业知识独当一面 | 专业、规则、独立 | 有相当实践经验，深通本领域工作，了解本领域上下游相关工作，制定相关规章制度 |
| 二段会计 | 岗位履责执行视角 | 本岗位业务骨干 | 掌握本岗位工作 | 专业、执行、建议 | 有一定实践经验，掌握专业知识，熟悉本岗位工作，完成专业要求较高的工作，对本岗位工作提供意见建议 |
| 一段会计 | 岗位辅助学习视角 | 本岗位财务新人 | 理论与实际磨合 | 专业知识、办公软件 | 掌握专业知识，从简单重复性具体工作开始学习实践 |

注：参考财务经理人网《财务经理职业九段》整理完善。

**【阿山说】** 从一段会计上升到三段会计是一个自然而然的升迁过程，区别顶多是快、慢而已。从三段会计到五段会计也不算太难，通过努力就可以达到。所以很多人信奉天道酬勤。要晋升到六段会计以上，就不仅仅是努力了，还需综合性格、情商和机遇等因素。难怪比较多人时常埋怨怀才不遇、时常感佩韩愈的洞见：千里马常有，而伯乐不常有。苦练内功、多结善缘，虔心祈福吧。勿以恶小而为之、勿以善小而不为。时刻准备着，因为机会只赐予有准备的人。当然，一些规模较小的企业，可能根本就不需要六段及以上段位的会计，因为达到五段就做了"武林至尊"。这时候，就走到了"宁做鸡头"还是"愿做凤尾"的人生岔路口，请根据自己的人生信条和职业追求作出关键抉择。

好了，以后看到财务部走出来的会计，你或许会在心里默默评估一下。这位仙气飘飘的萌妹子是一段会计，人家刚入职场，工作上要多支持、多配合。这位意气风发的小哥哥是四段会计，财务部一般的事情都可以请教他。这位集温文尔雅的和善与正义凛然的威严于一身、到哪都自带气场的哥们是七段会计，有搞不定的财务事情就只能向他求助了。那位神龙见首不见尾的老哥是九段会计，我们就是被他卖了（IPO 可不就是把公司的人、财、物进行打包估值，然后卖给投资人嘛），要说卖的价格还真不错呐！什么时候可以跟他开一次会或者聊一次天，一定受益匪浅，与君一席话、胜读十年书。

## 1.4.2　会计的专业认证

证书是会计的敲门砖。如果你与某会计没有深度共事经历，自然很难分辨他是高手还是水货。这时候你可以从他所获得的会计证书这个角度略知一二。在跨国公司或者海外上市的企业，国外的会计证书吃香一些，毕竟学习和考试的是国外的会计准则、财务规则，多少会有一些全球视野。另外，拿到了国外的会计证书，英语起码是过关的。其他企业的会计，国内的会计证书更接地气一些。

国内的主要会计证书见表 1－2。

表 1－2　　　　　　　　国内主要会计证书相关信息统计

| 考证类型 | 证书 | 考试笔试科目 | 笔试形式 | 评审 | 获证人数 |
|---|---|---|---|---|---|
| 会计专业技术资格考试（职称证书） | 初级会计师 | 《经济法基础》《初级会计实务》 | 闭卷 | 无 | 670.2 万人 |
| | 中级会计师 | 《财务管理》《经济法》《中级会计实务》 | 闭卷 | 无 | 242.02 万人 |
| | 高级会计师 | 《高级会计实务》 | 开卷 | 需评审 | 20.57 万人 |
| | 正高级会计师 | 无 | 无 | 需评审 | |
| 执业资格考试 | 注册会计师 | 一、专业阶段考试：《会计》《审计》《财务成本管理》《经济法》《税法》《战略与风险管理》二、综合阶段考试：职业能力综合测试（试卷一、试卷二） | 闭卷 | 无 | 33.04 万人（其中：执业会员约占1/3，另外约2/3 为非执业会员） |

资料来源：初级、中级、高级会计师获证人数源自财政部《会计改革与发展"十四五"规划纲要》，统计截至 2020 年底；注册会计师获证人数源自《中国注册会计师》2022 年第 6 期，统计截至 2021 年底。

《我国会计人才供求状况研究报告》<sup>①</sup> 披露，2015 年底全国持有会计从业资格证书的人员（以下简称会计持证人员）达 2 050 万人。现今已是 2022 年，会计持证人员增加了多少暂未收集到权威数据，但不影响我们的结论（注：《中华人民共和国会计法》（2017 年修订）已删除会计人员必须取得会计从业资格证书的规定）。

根据该会计证书获证人数占会计持证人员总数的比例，可以大致判断出该会计所处层次。获得初级会计师以上证书的人数不足千万人，所以获得初级会计师职称就已处于会计队伍的中等偏上水平；获得中级会计师的人数不足 12%，可见中级会计师是会计队伍的骨干和中坚力量；获得高级会计师职称的人数约为 1%，可见高级会计师是会计队伍里百里挑一的佼佼者；正高级会计师是会计队伍里的杰出领袖（虽然没收集到获证的具体人数，但可以从一个数据去侧面了解获得该证的人真是凤毛麟角：广东省 2021 年度正高级会计师职称评审通过人员共 13 人）；通过注册会计师全科考试的人不足 1.6%，可见注册会计师是会计队伍里的翘楚、专业领域笔试的一条好汉（女中豪杰）。

目前，在我国比较流行的主要境外会计证书见表 1 – 3。

表 1 – 3 　　　　　　　　　国外相关会计证书信息统计

| 会计师协会 | 证书 | 考试情况 | 全球会员 | 中国内地会员 |
|---|---|---|---|---|
| 香港会计师公会 | HKICPA（The Hong Kong Institute of Certified Public Accountants） | 全英文考试，中国内地有考点。考试包括 10 门基础阶段考试科目、4 门专业阶段考试科目和 1 门综合考试（注：符合条件的可豁免部分科目；另有互换证书安排） | 公会官网数据显示：截至 2022 年 8 月底有 4.1 万名会员（其中：执业会员 5 197 人） | 统计数据显示：2018 年底中国内地有约 1 400 名会员 |

① 财政部会计资格评价中心、中国社会科学院人力资源研究中心课题组：《我国会计人才供求状况研究报告》，载于《中国会计报》2016 年第 393 期。

续表

| 会计师协会 | 证书 | 考试情况 | 全球会员 | 中国内地会员 |
|---|---|---|---|---|
| 英国特许公认会计师公会 | ACCA（The Association of Chartered Certified Accountants） | 全英文考试，中国内地有考点。考试分为两个阶段四类课程，基础阶段考核课程是知识课程和技能课程，专业阶段考核课程是职业核心课程和职业选修（四选二）课程，共15门考试科目（需通过其中13门）（注：符合条件的可豁免部分科目） | 公会中国官网数据显示：截至2022年8月底有23.3万名会员 | 统计数据显示：2020年底中国内地突破1万名会员 |
| 美国注册会计师协会 | AICPA（American Institute of Certified Public Accountants） | 全英文考试，中国内地暂无考点。考试有四门科目：FAR（财务会计及报告）、BEC（商业环境及理论）、AUD（审计及鉴证）、REG（法律法规）（注：有互换证书安排） | 根据NASBA美国州会计联合委员的统计：截至2021年8月底有66.9万名会员 | 统计数据显示：2020年底中国内地有约1 000名会员 |
| 美国管理会计师协会 | CMA（Certified Management Accountant） | 有中文考试和英文考试两种选择，中国内地有考点。考试科目两门：《财务规划、绩效与分析》和《战略财务管理》 | 统计数据显示：2021年8月底CMA持证人数正式突破10万名 | 统计数据显示：CMA在中国持证人数已超1万名 |

资料来源：作者收集整理。

从表1-3可知，中国内地持有境外会计证书的人较少。但是，中国制造畅销全球，中国市场成为跨国公司的必争之地，中国企业到海外上市也日益增多，懂跨国财经规则的会计人才需求越来越大，"物以稀为贵"的理论再次印证，持有境外会计证书的同志大批量地成为这些企业的中高层财经干部，寒窗苦读总算是有了更广阔的舞台，也获得了相应的回报。"读书无用论"在这里遭遇结结实实的打脸。

# 第 2 章

# 会计的基本概念

实际工作中，一些故作高深的会计喜欢飙专业术语，让各位非会计专业人士听得云里雾里，摸不着头脑，只好默默地给他一个"某某十分专业"的夸赞。当然，不排除这类同志是虚张声势，以掩盖"不才"。俗话说：大道至简。越是高手越会把复杂的东西简单化，越是庸才越喜欢把简单的东西复杂化。接下来介绍几个常用会计术语和基本原则，以帮助大家更好地理解会计，顺便也可提防坑蒙拐骗。

## 2.1 会计的六大要素

根据《企业会计准则——基本准则》，会计要素包括资产、负债、股东权益、收入、费用和利润。这是最基本的六个会计概念，我们逐一介绍一下。

### 2.1.1 资产

【专业表达】资产是指企业过去的交易或者事项形成的、由企业拥有或者控制的、预期会给企业带来经济利益的资源。过去的交易或者事项包括购买、生产、建造行为及其他交易或者事项。预期在未来发生的交易或者事项不形成资产。由企业拥有或者控制，是指企业享有某项资源的所有权，或者虽然不享有某项资源的所有权，但该资源能被企业所控制。预期会给企业带来经济利益，是指直接或者间接导致现金和现金等价物流入企业的潜力。

【阿山说】资产是一种资源。符合以下三个条件才是资产："过去的交易或者事项形成"是说已经是既成事实，不能是预期设想。如果空想就可以是资产，那人人都可以是亿万富翁；取得途径要合法、来源要明确，比如贪赃枉法所得就不是合法所得，不能说是你的资产，因为随时会被国家没收。"由企业拥有或者控制"是说这项资源由你支配，你说了算。如果你不能拍板的资源也可以计入你的资产的话，那人人也可以都是亿万富翁。"预期会给企业带来经济利益"是说这项资源对你有用，将来会给你带来利益，如果不是给你利益而是带来沉重的包袱，那就不是资产，而可能是接下来要说的负债。

举一个例子加深理解：假如你开了一家便利店（虽然说是便利店，但也正儿八经地注册成了有限责任公司。注意一下，下面还会多次用到便利店的例子），那你有什么资产呢？

1. 你的银行账户有一些活期存款，这是你的资产。

2. 隔壁老王经常来你这买烟，跟你说好先赊着，月底他发了工资再还。这是一笔应收账款，你有向老王收取这笔钱的权利，这是你的资产。

3. 你便利店里进的一大批货，是花了几万元买入的，预计卖出时可以收回更多的钱，属于存货，这是你的资产。

4. 便利店的房子是你攒了好几年的钱买的，你可以随时卖掉变现，属于固定资产，这是你的资产。

存款、应收账款、存货、固定资产等，它们是你的资产。

这其中卖房子（固定资产）是最难的。卖存货也不容易，但没卖房子那么难。应收账款收回来难度又低了一些。银行账户的活期存款你随时可取出来，马上就能用。所以，固定资产、存货、应收账款、活期存款的变现能力依次升高。这些都是资产，资产最需要关注的是变现能力和价值创造能力。

## 2.1.2　负债

【专业表达】负债是指企业过去的交易或者事项形成的、预期会导致经济利益流出企业的现时义务。现时义务是指企业在现行条件下已承担的义务。未来发生的交易或者事项形成的义务，不属于现时义务，不应当确认为负债。

【阿山说】负债是一种义务。"过去的交易或者事项形成"，在描述资产时也有这个定语，即既成事实的义务才确认负债，未发生的不能确认。"预期会导致经济利益流出企业的现时义务"是说这项义务是当下已承担、应承担的义务，会导致我们的经济利益付出，而且这种付出是明确的、可以量化的。未来的义务不能确认为负债。还是回到便利店的例子。便利店有什么负债呢？

1. 隔壁老王的儿子每天放学后要到你的便利店吃零食，于是老王预先在你这里存了 500 元，让他儿子来了想吃啥就拿啥（这样的爸爸真是太好了）。这 500 元属于你的预收款项，因为你还没有完全兑现等额的零食给老王的儿子，所以你还欠人家的，这是你的负债。

2. 这个月你从糖果公司进货一批糖果，你跟糖果公司谈好，一个月之后再付款。这笔款是你的应付账款，这是你的负债。

3. 你开店的时候向亲戚借了 2 万元，这笔借款将来你要连本带利还给他，这是你的负债。

预收账款、应付账款、借款等是你的负债。负债最需要关注的是债务到期日，到期了有没有能力连本带利还给人家。有借有还，再借不难。如果逾期不还，那就是债务违约，信用就崩塌了。高杠杆运行的企业，对"信用比黄金还重要"有更深的体会，一旦多米诺骨牌倒下了第一张，距完蛋也就不远了。

### 2.1.3　股东权益

【专业表达】股东权益是指企业的资产扣除负债后由股东享有的剩余权益。公司的股东权益又称为所有者权益。

【阿山说】其实企业会计准则的这个定义是用倒挤的思路来表达的，是站在每个资产负债表日的时点，说明股东拥有的剩余权益。从投资的角度，过程应该是这样：股东投入了一笔钱，然后你又从债权人那里借了一笔钱，两笔钱合在一起，就是你的所有资产。你拿到这些钱后当然不会放在银行账户里干躺着，有些钱就买了其他形态的资产，以便去挣更多的钱回来。

为便于理解，我们把债权人和股东放在一起来说。债权人和股东，其实都属于投资人。债权人是到期收取本金和利息，公司有没有利润、利润多少都跟他没关系，就算是公司破产清算，在处置财产时，债权人收回本金和利息的优先权也在股东之前。股东呢，股东享有的是剩余权益，就是说资产刨掉负债后，通通都是股东的。公司赚得多，股东享有的剩余价值就多；公司赚得少，股东享有的剩余价值就少，甚至是赔钱，股东是兜底的。

继续回到便利店的例子。假如你朋友甲看到你的便利店生意兴隆，他也想开一家便利店，他的本金不够，想找你借 100 万元，你也愿意拿出 100 万元帮他。这个时候就有两种选择。

第一种选择，直接把 100 万元借给他，收取利息，比如年化利率 10%。同时，你让他把便利店拥有的一套房产的房产证放在你这里作为抵押。这种情况，你就是他的债权人，而且你不是给他信用借款，而是给他抵押借款，因为你拿了他的房产证做抵押，他要是届时没钱还你，你可以卖他的房子，所以你的风险很小。但相对应地，你的收益也是固定的，年化利率 10%，不是特别高。

第二种选择，你觉得他这个人特别靠谱（果真是信用抵万金），他选择开设便利店的地段也特别好（至少你很认可），一年怎么也能挣个 30%，那你就可以投资他，100 万元入股他的便利店。这种情况，你就是新开设的便利店的股东之一。

1. 你 100 万元资金入股，由于是新开业的公司，假设股份是 1 元一股，100 万元就占 100 万股。那么，这 100 万元在会计上就记入"实收资本"科目。

2. 假如这家便利店开了一年后，又有朋友乙想参与进来与你们并肩奋斗，他想投入 80 万元，这个时候可能你和你的朋友甲作为这家便利店的创始人会这么想：我们辛辛苦苦经营了一年，积累了很多优质的客户，也有较强的品牌效益了，还让新来的股东以 1 元每股进来不合适，所以希望他以 2 元每股加入进来。于是跟朋友乙去商谈，朋友乙也觉得合情合理，就爽快地答应了，很快就办理了手续并把 80 万元现款汇过来了。这时候会计怎么做呢？

经过计算，朋友乙 80 万元只占 40 万股，之前公司开业的时候的实收资本是以 1 元 1 股计量的，那么朋友乙 40 万股也以 1 元 1 股计入实收资本 40 万元，那另外的 40 万元（80 - 40）记入哪个科目呢？记入一个叫"资本公积"的科目。资本公积是指企业在经营过程中由于接受捐赠、股本溢价以及法定财产重估增值等原因所形成的公积金。这个 40 万元就属于股本溢价。

3. 假如便利店经营一年的净利润是 30 万元，这笔净利润在未分红之前，就转入了资产负债表的"未分配利润"科目。这笔钱其实已经是股东的权益了，只是由于某种原因还没有做分红的操作。

实收资本、资本公积、未分配利润都是股东权益。

如果这家便利店真的生意特别好，你就能分到很好的收益。生意越好，你的收益越高。但是，万一你和你的朋友甲都看走了眼（投资有风险，行动需谨慎），这家便利店门可罗雀，生意冷淡，不久就资不抵债倒闭了，破产时便利店有 200 万元的债务，但把所有资产处置完毕却只变现了 180 万元，按照债务优先的原则，于是清偿了 180 万元债务。结果是连债务都还有 20 万元没有偿还完毕（债务人也跟着倒霉了），更不要说有剩余权益了，作为股东，你这 100 万元投资也就血本无归了。

所以，债权人和股东其实都属于投资人，只不过债权人的风险较小，相应的收益也较低；而股东的风险较大，但是收益也可能相应较大。

## 2.1.4　收入

【专业表达】收入是指企业在日常活动中形成的、会导致所有者权益增加的、与所有者投入资本无关的经济利益的总流入。

【阿山说】收入是一种经济利益流入。"与所有者投入资本无关"是排除股东投入的流入，股东投入的流入计入股东权益。"会导致所有者权益增加的"是排除借债的流入，借债的流入我们计入债务增加，不会导致所有者权益增加。后面我们还会介绍到，公司的经济利益流入就三种情况，股东投入、借债、经营所得的流入。但是，不是所有的经营所得都计入收入，"在日常活动中形成的"限制的正是这种情况。当你平时开展工作就是为了获得这类业务，这类业务产生的经济利益流入才能计入收入。什么意思呢？"天上掉馅饼""意外之财"等这些偶然的所得不能计入收入，这些偶然流入在会计上叫作"利得"，记入的会计科目是"营业外收入"。比如你们公司今年获得了100万元的政府补助，这是经济利益流入吗？当然是，真金白银进了你的公司账户了。但这不是你们公司的收入，你们公司做生意的初衷应该不是为了获得政府补助，而且这种政府补助不是每年都有的，即不可持续。

关于收入，我们最应该关注的是质量、可持续性和反映的市场位置变化。

1. 利润是收入的质量。通过收入增长率与盈利增长率比较分析，就知道收入增长的含金量。再说回到便利店的例子。

假如我问你：今年便利店的收入怎么样？

你回答：今年我卖了500万元，去年是300万元。

我会说：哇，那不错啊，你今年增长了这么多。那你今年赚了多少钱呢？

你回答：利润跟去年差不多，去年赚了50万元，今年赚了60万元。

你看，你虽然收入增长了200万元，增长率为66.7%；但是利润却只增长了10万元，增长率为20%。利润并没有随着收入线性增长。这说明你今年收入的质量，其实是不如去年的。你得回去好好分析一下收入的结构，是哪类收入增长了，为什么利润增长幅度不及收入的增长幅度。

毕竟，做企业追求的是利润，光有收入规模是没用的。如果你去看每年福布斯世界500强的名单，按收入排名，在很长一段时间内第一名都是沃尔玛。其实大家最关注的不是收入排名。大家最关注什么呢？最关注净现金流。目前，全世界市值最高的公司是苹果公司。为什么？因为市值是未来净现金流的折现。苹果公司的收入虽然不如沃尔玛，但是他的净现金流要比沃尔玛高很多，而净现金流与利润是密切关联的。

2. 收入的可持续性对于公司稳定健康发展至关重要。比如说你的便利店是在一个很大型的社区门口黄金地段，人流量很大，客户主要是个人消费者，而且是熟客生意，你这家便利店每个月的收入基本维持在30万元左右波动，比较稳定。

而隔壁老王经营的是房地产中介门店，房地产繁荣时期，这家店可能月收入可以到达 60 万元。而房地产萧条时期，买房的人寥寥无几，可能月收入 3 万元都达不到。

很明显，你的便利店比老王的房地产中介门店更有价值。因为你的便利店可持续性较好，稳定性强，经营得更安心；而隔壁老王的房地产中介门店可能随时更换老板。

记住"可持续性"这四个字，它对财务来说太重要了，后面我们还会问：利润可持续吗？现金流可持续吗？增长可持续吗？可持续性是我们会计确认、计量和报告的前提，我们为什么敢划分会计期间，为什么敢要求权责发生制，为什么敢把资产做 10 年、20 年的折旧摊销，正是因为可持续性。

3. 有质量的收入是市场地位的反映。通过营业收入增长率与市场占有率增长比较分析，就可知你的市场竞争优劣变化。

我们要高度重视公司营业收入的增长，同时也要密切关注市场占用率有没有同步提高。衡量市场占有率，一是用营业收入，二是用销量。如果公司营业收入增幅相当大，但市场占有率下降，这说明公司营业收入增长是因为整个行业的规模大幅扩张了，但是你们公司营业收入增长率却低于行业平均增长水平。所以不要看到增长了就非常高兴，说不定你们公司只是因为行业水涨船高沾了一点光，其实你们跑得却比对手慢了啊兄弟。相反，如果行业销售大幅下滑，而你们公司的销售仍有增长或者基本持平，市场占有率肯定反而提升了，这才是你们公司经营的扎实反映，是经营有方的结果。当然，这是基于同一业务类型来说的，不是指的公司总营业收入，因为一般公司是有多种业务类型的，那就要分析收入的结构组成了。所以也不要看你们公司总营业收入增长了，就以为公司经营一定欣欣向荣，说不定是一派假象呢，比如说高质量的收入严重下滑了，但是用大量低质量的收入补了缺口，这就需要警惕了。

### 2.1.5　费用

【专业表达】费用是指企业在日常活动中发生的、会导致所有者权益减少的、与向所有者分配利润无关的经济利益的总流出。

【阿山说】费用是经济利益的流出。"与向所有者分配利润无关"是排除向股东分配利润的流出；"会导致所有者权益减少"是排除向债权人还债的流出；"在日常活动中发生的"是指经营过程中的正常的、必要的利益流出。非正常的、非必要的利益流出，会计上叫作"损失"，记入的会计科目是"营业外支出"，不是费用。

我们经常看到或听到支出、费用、成本这三个会计术语，这三者到底是不是一回事？在此为大家详细介绍一下。

它们三个中，支出的范围最大，支出泛指一切开支和消耗，一般来说包含资本性支出（在 2.2.7 小节会介绍）、收益性支出、营业外支出和利润分配性支出四大类。

费用的范围略小一点。从利润的计算公式（利润 = 收入 − 费用）看，与当年收入匹配的支出全部可以叫费用，也叫收益性支出。

成本的范围最小。成本是费用的一部分，是可以对象化的费用。即成本是可以明显归入公司产品或服务的费用。假如你是车间班长，你的工资、社保等人力费用都应该计入成本，因为就是负责制造产品的。如果车间仅仅只制造一个产品 A，那没说的，你的所有人力费用都计入产品 A 的成本。假如车间一共制造 A、B、C 三个产品，那就找一个合理的分摊因子，把你的所有人力费用分摊计入产品 A、B、C 的成本。

但是，如果小王是公司办公室秘书，她要做的是公司综合性的工作，她的工资、社保等人力费用我们归入一个叫管理费用的科目（期间费用），不分摊进入公司任何一个具体产品的成本。也许有人会问：理论上，公司办公室秘书的人力费用也应该分摊进入公司产品的成本，公司左右还不就是为了生产那几个产品或服务吗，是不是你这会计懒啊？掏心窝子地说，这还真不是懒。首先是不能，公司办公室秘书的工作，跟公司具体产品制造有线性关系吗？没有。那你把她的人力费用分摊进产品成本干什么呢？不符合实事求是精神嘛。其次是没有必要，你找不到一个合理的分摊因子，就是说，你硬要分摊下去，那也是不准确的。费了好大的劲儿，结果是不准确的，就是没有必要了。所以，小王的人力费用归入公司经营的管理费用，更加科学合理。

费用，我们最关注的是量入为出和"花在点子上"。费用并不是越节约越好，也不是越铺张越棒，而是要注意匹配，也就是量入为出。华为作为世界级公司，如果要求员工出差只能住经济型连锁酒店，那真是砸自己的品牌、毁自己的声誉啊。但是，如果你作为一个小微企业，你说你要求员工出差必须住四星级酒店或以上，那完全是打肿脸充胖子，迟早会把公司败光。经营费用的开销一定要与你的实力匹配起来，多大的实力办多大的事，就算要充充门面，那也要注意适度。

此外，好钢用在刀刃上，费用要花在关键事项上。假如你们是一家软件开发公司，结果你安排了最好的打印机并配套了最好的纸张等耗材，但是你们的宽带流量却严重不够，质量还不好，与客户连线时老掉线，这就很难说办公费安排对了地方。

### 2.1.6　利润

【专业表达】利润是指企业在一定会计期间的经营成果，利润包括收入减去费用后的净额、直接计入当期利润的利得和损失等。利得是指由企业非日常活动所形成的、会导致所有者权益增加的、与所有者投入资本无关的经济利益的流入。损失是指由企业非日常活动所发生的、会导致所有者权益减少的、与向所有者分配利润无关的经济利益的流出。

【阿山说】利润是经营成果。数学表达是这样的：利润 = 收入 − 费用 + 利得 − 损失。"一定会计期间"一般指一个月、一个季度、一年，因为我们一般编制月度利润表、季度利润表（第二季度利润表也称年中利润表）、年度利润表。收入和费用前面已讲过了，现在主要介绍一下利得和损失。

我们来拆解利得的定义。利得的定义与收入的定义非常相似，两者的区别就在是不是日常活动形成的，收入是"日常活动中形成"，是你经营的初衷；利得是"非日常活动中形成"，这笔流入不是你平时竭尽全力开展工作的初衷，是"意外之财""横财"、是偶然所得。比如说你的办公电脑报废时，会计告诉你这台电脑账面记着它还值200元（残值）。变卖时，不知是你真的长得太帅，还是对方实在钱多，居然被一个妹子以500元的价格买走了。你看，账面说只值200元了，你却扎扎实实收回了500元，这两者之间有差额300元，你赚了300元！但是你是经营二手电脑的吗？不是。这种钱能持续赚吗？显然也不能。嗯，这就是直接计入当期利润的利得。

接着来看损失。损失是经济利益的流出；损失的定义与费用的定义十分相似，两者的区别与收入、利得的区别同理。比如，工作一向认真细致的税务会计这个月也不知怎么了，竟然忘记了按时报税，税务局依法罚了1 000元的滞纳金。这可真是"人在家中坐，祸从天上来"，无端端损失了1 000元。这不是企业日常活动的必要开支，是一次工作失误，所以是损失而不是费用，应计入营业外支出而不是管理费用。

注意一下：利得和损失又分为直接计入当期利润和直接计入所有者权益两种，我们以上讲解的是直接计入当期利润的情形，还有一些利得和损失直接计入所有者权益中的其他综合收益科目，比较复杂，就不介绍给非会计专业的你了。

关于利润，我们最应该关注的现金流和可持续性。

1. 现金流是利润的质量。如果你问一个老板：你今年利润有6 000万元，那你给员工发奖金了吗？他回答：还没有，因为利润虽然有6 000万元，但是账上没钱啊，客户的货款还没付给我，账上的现金都进货了。

你看，虽然在财务报表上，他的利润有6 000万元，但是他账上其实并没有现金流。即便账面上赚了那么多利润，但是利润还没有变成现金进入他的银行账户，想用暂时也用不了。

利润是账面的，是会计通过一系列计算的数字。而现金流是真实存在的，是需要在银行账户进账、出账的。只有到账了的现金流，才是你真正的利润。看利润表，可以帮助我们看这个生意到底赚不赚钱。但同时我们也要看现金流，这可以帮助我们看利润到底有没有到账。

记住：利润是收入的质量，要做有利润的收入。现金流是利润的质量，要做有现金流的利润。

2. 经营性利润才是可持续的。扎扎实实日常经营产生的利润才是比较稳定的、可以持续的。由于日常经营利润下滑，用一些不可持续的利润来弥补是比较常见的现象。

## 2.2　会计核算的基本原则

会计核算必须遵循的基本规则和衡量会计工作成败的标准主要有三个方面：一是确认和计量的一般原则，包括权责发生制原则、配比原则、历史成本原则、划分收益性支出和资本性支出原则等。二是衡量会计信息质量的一般原则，包括真实性原则、可比性原则、一贯性原则、相关性原则、及时性原则、明晰性原则等。三是起修正作用的一般原则，包括谨慎性原则、重要性原则、实质重于形式原则等。

乍一看原则是不是有点多？可不是嘛，都说会计是讲原则的人。讲真，当你这样评价一个人：他是很讲原则的人。如果该同志是干会计以外的岗位，这很可能是批评他工作死板、不懂变通；但如果该同志是一名会计，我觉得这是很高的赞誉！至少他是老板眼中的好会计。像泥鳅一样滑溜的会计，老板可真是要当心呐。老好人做会计，老板更加要小心了。同事们一边倒地说该会计的好，他不一定是真的好；而同事们一边倒地说该会计的不好，那他一定是不好；最佳的状态是：八九成的同事说该会计好，极少数的同事说该会计的不好，那么可以基本确定该会计是真的好。俗话说：群众的眼睛是雪亮的。真正做事的人，大部分人会看在眼里记在心里，最终口服也心服。但是做事难免会得罪人、难免会触动个别人的利益，所以有少部分人说他不好，实属正常。"五百年必有王者出"的明君圣主，秦王汉武、唐宗宋祖，也是毁誉参半的，更何况我们平头老百姓。是的，原则问题要保持清醒，"众人皆醉我独醒"更是需要非凡的定力。

当然了，有些原则，望文生义去理解也是基本准确的。下面只介绍几条重要原则。

### 2.2.1　权责发生制原则

【专业表达】企业应当以权责发生制为基础进行会计确认、计量和报告。权责发生制是以权利和责任的发生来决定收入和费用归属期的一项原则，指凡是在本期内由已履行责任所得到的收入和由已形成权利所应当负担的费用，无论其款项是否收到或支出，都作为本期的收入和费用处理；反之，凡是责任未履行或权利未形成，即使款项在本期收到或付出，也不应作为本期的收入和费用处理。

【阿山说】权责发生制也叫应收应付制。收入方面来讲，如果你已经按合同约定为对方提供了产品或者服务，你该做的事情做完了，那么你就有权利向对方收款，就应该确认收入；至于你有没有足额收到现金，都应该确认收入。比如你为对方做了100元的事情，但对方现在暂时只支付给你40元，你仍然应该确认100元收入，收到的40元记账为增加现金40元，暂时还没有收到的60元记账为应收对方60元，即对方欠你60元；当然，如果你是独家生意，没你不行，虽然目前只完成了100元的工作，但要求对方现在就支付给你150元，你仍然应该只确认收入100元，即收到的150元记账为增加现金150元，150元与100元的差额记账为预收款50元，即你欠对方50元，将来你要为对方干50元的工作或者退50元给对方。

费用方面来讲，如果你已经按合同约定享受了对方提供的产品或者服务，人家该做的工作已经做完了，那么对方就有权利向你收款，你就有义务付款给人家，你就应该确认费用；至于你有没有足额支付现金，都应该确认费用。比如对方为你做了200元的工作，但你现在暂时只支付给对方30元，你仍然应该确认 200 元费用，支付的 30 元记账为减少现金 30 元，还没有支付的 170 元记账为应付对方 170 元，即你欠对方 170 元；当然，如果对方是茅台酒厂这样让人仰视的供应商，对方目前虽然只完成了 200 元的工作，但你现在却不得不支付给他 300 元，你仍然应该只确认费用 200 元，支付的 300 元记账为减少现金 300 元，多付的 100 元记账为预付款 100 元，即对方欠你 100 元，将来对方要为你干 100 元的工作或者退 100 元给你。

一般来讲，企业的资产负债表和利润表是以权责发生制为基础编制的。所以，利润表中的利润是纸面财富而已，至于利润的质量如何，关键还要看资产负债表中的应收、应付、预收、预付科目的情况，要看现金流量表中的资金变化。

权责发生制深入骨髓地影响着每一名会计的人生，不仅仅只是工作哦。当有人说哪里有发财的好机会，会计通常会说：有收益也会有风险、高收益就意味着高风险，我还是稳扎稳打踏实。当有人说哪里在搞免费大派送，会计第一时间会想：天下没有免费的午餐，这里的免费肯定在那里找补回来了，我还是不要贪小便宜，免得上当受骗（即使荷包里根本就没几个子，也没啥可骗）。人无横财不富，马无夜草不肥。会计一般不相信从天而降的馅饼，也没有发横财的胆量和冲劲，注定了绝大多数会计是一场平淡无奇的人生。当然，也有极少数出类拔萃的会计可以突破这个瓶颈。

## 2.2.2　收付实现制原则

【专业表达】收付实现制是以款项的实际收付为标准来处理经济业务，确认本期收入和费用，计算本期盈亏的会计处理基础。在现金收付的基础上，凡在本期实际收到的现款收入，不论其是否属于本期均应作为本期应计的收入处理；凡在本期实际以现款付出的费用，不论其应否在本期收入中获得补偿均应作为本期应计费用处理；反之，凡本期还没有以现款收到的收入和没有用现款支付的费用，即使它归属于本期，也不作为本期的收入和费用处理。

【阿山说】收付实现制也叫现收现付制，就是说：去你的权利、义务，我只认收到或支付的真金白银。比如合同约定，你为对方提供 500 元的产品或服务，6 月份对方付了 500 元给你。不管你现在已干了 100 元的活，还是准备三五年后才开始去干活，只要钱到了你账户，你就在 6 月正大光明地确认收入 500 元。同理，如果合同约定你向对方购买 600 元的产品或者服务，你 8 月份老老实实把 600 元付给了对方。那么，不管对方的活是否已完工，或者对方根本就还没开工，你也只能在 8 月份乖乖地确认费用 600 元。当然，如果合同约定你为对方提供 500 元的产品或服务，6 月份对方却支付了 500 万元给你，那你是不是也心安理得地在 6 月确认 500 万元收入呢？我觉得你还是先问问对方是不是付错了，如果确认没付错，那可别大意哦。

聪明的你一定发现了，如果按照收付实现制确认收入、费用的话，很容易操纵财务报表，想做什么样的业绩分分钟的事啊。是的，精明的监管层当然对此了然于胸，于是规定用收付实现制编现金流量表，用权责发生制编资产负债表和利润表，同时，把这三张表巧妙地关联起来，相互影响相互制衡。是不是很完美啊？嗯，非常完美，至少目前还没有其他更完美的方案。果然是"魔高一尺、道高一丈"，必须的。

### 2.2.3　实质重于形式原则

【专业表达】实质重于形式指企业应当按照交易或事项的经济实质进行会计确认、计量和报告，不应仅以交易和事项的法律形式为依据。

【阿山说】实质重于形式就是说当企业发生的交易或事项的经济实质与法律形式不一致时，企业通常应当按照经济实质对其所发生的交易或事项进行会计确认、计量和报告。比如说，你向张三公司租用了一台打印机，签订了一份租赁协议，租赁期为 5 年，根据目前电子设备的更新换代及使用情况，打印机使用 5 年也基本该寿终正寝了。那么问题来了，这台打印机是你的资产吗？还是张三公司的？公布答案：这台打印机是你的，属于融资租赁资产。你可能会很奇怪：不对啊，这台打印机明明是张三公司的，所有权是他的，我只是租来用啊，怎么无端端成为我的资产了？这就要回到实质重于形式原则了，这台打印机虽然目前的所有权是张三公司的，但合同已经明确约定，以后都是你使用，用到它基本报废为止，你完全控制了这台打印机。说白了，你只是因为穷，一次性拿不出这么多钱买打印机，而张三公司呢富得流油专做资金生意，所以他给你分期付款而已（形式上是每月支付租金）。所以你得把这台打印机视作自己的固定资产管理，同时每月计提折旧，折旧和每月租金之间可能还有差异呢，这个差异就是融资利息啦。

实质重于形式的原则也深刻地影响会计一辈子。很多人对会计的印象和评价是：一根筋、有点呆、刨根问底。为什么？因为不管你包装得如何漂亮、设计得如何精巧，会计往往会透视这些纷繁复杂的表象，提出直击灵魂的问题：这项业务的实质是什么？而且往往是单刀直入提问，从不拐弯抹角。在没有得到正面回答前，喜欢打破砂锅问到底，不到黄河不死心。没办法，会计明白：万变不离其宗。要牢牢抓住业务实质，不能被花里胡哨、花言巧语所蒙蔽。

## 2.2.4　谨慎性原则

【专业表达】谨慎性原则是指某些经济业务有几种不同会计处理方法和程序可供选择时，在不影响合理选择的前提下，应当尽可能选用对所有者权益产生影响最小的方法和程序进行会计处理，不得多计资产或收益、少计负债或费用。

【阿山说】如果用一句话描述谨慎性原则的话，最佳的应该是：宁可预计可能的损失，不可预计可能的收益。

如果把影响会计职业人生的原则进行排名的话，那么，谨慎性排第二，就没有其他原则敢排第一了。确实，谨慎性原则对会计的影响是最大最深的。"小心驶得万年船"是会计的普遍信条，智慧的会计还给自己的角色找到了一个形象的比喻："你看一辆车，有油门，同时也有刹车。如果把业务部门比作油门，负责使劲往前冲的话，那么，会计就像刹车，适当的时候让车辆减速，以便车辆安全、平稳行驶。"

然而，这个世界很奇妙。老子的《道德经》说："有无相生，难易相成，长短相形，高下相倾，音声相和，前后相随，恒也"。有些事情相辅相成，但更多的事情往往是相反相成。比如，收益和风险就像硬币的两面，始终相伴相随，但是，谨慎有余而开拓不足的会计，常常更多地看到风险，不敢大胆地博取收益，难免形成优柔寡断、瞻前顾后的职业毛病。

### 2.2.5　匹配性原则

【专业表达】企业在进行会计核算时，收入、成本、费用应当相互配比。同一会计期间内的各项收入和与其相关的成本、费用，应当在该会计期间内确认。

【阿山说】应该讲，匹配是比较容易理解的，因为比较常见。孔老夫子在《周易·系辞下》告诉我们："德薄而位尊，智小而谋大，力小而任重，鲜不及矣"。就是说：德不配位，必有灾殃，讲的就是匹配的问题。

会计上的匹配问题也比较容易理解。比如收入和与其相关的成本、费用在金额和期间上应匹配，编制出来的利润表才比较客观。如果把一个项目的收入确认在 2018 年，把与这个项目相关的成本、费用确认在 2019 年，那就会出现 2018 年盈利很大、2019 年亏损严重的现象，但是这明显不符合事实，不能真实客观地反映企业的经营情况。又比如把短期借款拿去做长期投资，期限不匹配，一旦融资收紧，到期不能借新还旧，债务危机就发生了。当然，拿长期借款去做短期投资，收益不划算，也不是合理的安排。所以，匹配性原则是我们普遍掌握并经常应用的信条，会计只是把它借用到工作中来并予以强调而已。

### 2.2.6　可计量原则

【专业表达】企业在将符合确认条件的会计要素登记入账并列报于会计报表及其附注时，应当按照规定的会计计量属性进行计量，确定其金额。会计计量属性主要包括：历史成本、重置成本、可变现净值、现值、公允价值。

【阿山说】前面介绍的会计六大要素，如果要求会计记账并报告的话，那就得量化为货币金额（可以是人民币，也可以是外币，但是通常应当是人民币，或者在编制财务报表时折算为人民币），而且金额应当是确定的，不能也许、大约、差不多。

1. 历史成本。

【专业表达】在历史成本计量下，资产按照购置时支付的现金或者现金等价物的金额，或者按照购置资产时所付出的对价的公允价值计量。负债按照因承担现时义务而实际收到的款项或者资产的金额，或者承担现时义务的合同金额，或者按照日常活动中为偿还负债预期需要支付的现金或者现金等价物的金额计量。

【阿山说】会计记账以交易或事项发生那个时点的金额计量（发生那个时点，相对于记账的时点来说，确实是历史了），把金额定格在那一刻，就算后期的价格发生了天翻地覆的变化，那也像浮云一样与你无关。比如 2010 年你在帝都花 200 万元买了一套房子用于出租，当时选择的是按历史成本计量，入账价格 200 万元。时间到了 2022 年，参照市场行情，这套房子升值到了 1 000 万元，12 年时间妥妥地升 5 倍，可是会计的账面价值不会变，因为按历史成本计量。不仅不会变，还要每月计提折旧呢，这套房子在财务报表中的价值在逐月逐年减少。那么，这套房子的升值在什么时候可以反映出来呢？最简单的方法就是把它卖了（至于卖给谁，是张三、李四还是你的亲戚，都可以），交易了，会计才会在账面反映升值盈利。

2. 重置成本。

【专业表达】在重置成本计量下，资产按照现在购买相同或者相似资产所需支付的现金或者现金等价物的金额计量。负债按照现在偿付该项债务所需支付的现金或者现金等价物的金额计量。

【阿山说】重置成本刚好与历史成本相反，我才不管你当时采购金额是多少（过去的事情毕竟随风而逝了），我就以记账的现在、此时此刻买相同或相似资产，偿付该债务所需要支付的金额为准。比如，你们公司年底开展资产盘点，其中发现一台全新的未入账的设备，不知当时什么情况未入账啊，翻箱倒柜找购买时的价格，最后啥也没找到。但是你们发现：同样的设备，现在的市场价格为 4 万元。有了，这台设备就按现在的市场价格计量入账吧。4 万元就是重置成本。

3. 可变现净值。

【专业表达】在可变现净值计量下，资产按照其正常对外销售所能收到现金或者现金等价物的金额扣减该资产至完工时估计将要发生的成本、估计的销售费用以及相关税费后的金额计量。

【阿山说】可变现净值，按照字面意思去理解就是对的，就是把这个资产变现了，最后归属于你的金额（因为你变现前可能要加工做点什么，交易过程还需要缴纳相关税、费等）。比如你公司期末 B 商品的账面价值为 50 万元，但是该批商品的市场价格为 40 万元（不含增值税），估计销售该商品将要发生的销售费用和相关税费为 8 万元（不含增值税），那么，B 商品的可变现净值是多少呢？答案：32 万元（40 − 8）。发现没有，32 万元的计算过程与账面价值 50 万元一点关系都没有。温馨提醒一下：如果期末你没把 B 商品成功卖掉，记得计提减值准备啊，它已经严重贬值了。

4. 现值。

【专业表达】在现值计量下，资产按照预计从其持续使用和最终处置中所产生的未来净现金流入量的折现金额计量。负债按照预计期限内需要偿还的未来净现金流出量的折现金额计量。

【阿山说】资金是有时间价值的（详情安排在 4.1.2 小节介绍）。一年后付 100 万元和现在付 100 万元完全不是一个概念。所以，现值就是把你未来要支付的金额全部折算到现在这个时点的价值。比如，你公司以分期付款方式买入一台设备，每年底付款 10 万元，分三年支付，假设买入该设备时的市场利率为 10%。那么这台设备以什么金额入账啊？第 1 年末支付的 10 万元折算为现值是 9.09 万元 $[10/(1+10\%)]$，第 2 年末支付的 10 万元折算为现值是 8.26 万元 $[10/(1+10\%)^2]$，第 3 年末支付的 10 万元折算为现值是

7.52 万元 $[10/(1+10\%)^3]$，3 年的现值合计 24.87 万元。好了，按照现值计量原则，会计按照 24.87 万元把这台设备登记入账。也许你发现了，记账为 24.87 万元，但是我 3 年一共会支付 30 万元的呀，两者之间的差额是怎么回事？你明察秋毫啊，差额其实就是你公司的融资费用，你分期付款，本质上还不就是向人家融资了吗。

实际上，你仔细想想，现值计量与历史成本计量的本质是一回事：都是以交易或事项发生那个时点的金额计量，只是现值计量的"现值"不是一目了然的，是一番计算的结果。

5. 公允价值。

【专业表达】在公允价值计量下，资产和负债按照市场参与者在计量日发生的有序交易中，出售资产所能收到或者转移负债所需支付的价格计量。

【阿山说】在新会计准则体系中，公允价值广泛应用于投资性房地产、金融工具确认和计量、非货币性资产交换、债务重组等具体准则。那么，公允价值怎么确定呢？目前有市价法、类似项目法、估价技术法等方法。

市价法就是该产品或服务存在活跃交易市场，直接以目前的公平交易价格为公允价值。类似项目法是指所计量项目在找不到市场价格的情况下，可以使用所计量项目类似项目的市场价格作为其公允价值。那么，问题的关键就转为哪些是类似项目，怎么确定。估价技术法是指当一项资产或负债不存在活跃交易市场，也没有类似项目，那就考虑采用适当的估价技术来确定资产或负债的公允价值，这种方法的操作空间就比较大了，"水"比较深，也是受质疑和批评最多的方法。估价的具体方法与 4.3.4 小节介绍的企业估值方法类似。

五种计量属性介绍完了，但是有一点要说明清楚：《企业会计准则》提供了五种会计计量属性，并不是说你在确认某一交易或事项时可以任意选一种，而是这些计量属性一般有特定的应用场景。比方说一般的交易或事项用历史成本计量；资产盘盈时用重置成本计量；计提减值时要比较净值（公允价值减处置费用）和现值（预计未来现金流量的现值）的大小再计量等。另外，就算允许你从几种计量属性中选择一种，那么，一旦你选择了，就不能随意变更。比如投资性房地产，可以选择按历史成本计量，符合条件的也可以选择按公允价值计量，但是计量模式一经确定，就不得随意变更（当然了，变更也是有通道的，要完成相关手续而已）。

### 2.2.7　划分收益性支出与资本性支出原则

**【专业表达】**企业的会计核算应当合理划分收益性支出与资本性支出的界限。凡支出的效益仅及于本年度（或一个营业周期）的，应当作为收益性支出；凡支出的效益及于几个会计年度（或几个营业周期）的，应当作为资本性支出。

**【阿山说】**首先要说明划分会计期间的概念。会计期间是把时间切割成一个月、一个季度、一个年度等期间，以便量化一些期间段的财务数据、指标或报表，比如收入、费用、利润表、现金流量、考核周期相关指标等。在前面介绍了权责发生制原则和匹配性原则，为落实这些原则，支出也有必要做一个划分，划分为收益性支出与资本性支出。如果一笔支出对应的收入会在未来5年陆续流入公司，那这笔支出就是资本性支出，我们通过适当的折旧、摊销方式把这笔资本性支出分摊入未来5年的成本。你看，收入在未来5年陆续流入公司，支出虽然现在一次性支付了，但折摊费用在未来5年陆续计入，收入与成本实现了较好的匹配。如果一笔支出只对当期的收入有影响，那就是收益性支出。所以，效益影响本年度或几个年度（营业周期）是划分收益性支出与资本性支出的关键。

经常遇到业务部门的同事提这样的问题：我们准备购买生产设备，但是没有资本性支出预算了，维护费用预算却还有剩余，我们可以从维护费用预算列支这台设备吗？或者问：我们中标了一个金额100万元的项目，工程今年可以竣工验收移交，就是说收入可以全额在本年确认；我们做这个工程买设备及服务花了80万元（资产归属于甲方）。我们准备把合同约定为该批资产4年后才归属甲方，前4年在我们公司列为资本性支出，然后每年折旧20

万元（不考虑残值率），这样做可以吗？

我只能说：如果你是一个刚入职场的新人，会计可能耐心地让你回头看看刚刚介绍的资本性支出定义、实质重于形式原则、匹配原则等。如果你是"老腊肉"般的爷们，会计可能就会好好说道说道你。没有规矩不成方圆。规矩就是实事求是，就是我们对于资本性支出的定义，不随你的预算是否充足而改变，也不是领导想在哪个科目列支就能在哪个科目列支，更不能随意调节利润。

# |第3章|
# 会计的服务与监督职能

前面介绍了会计服务与监督职能的基本概念，下面我们介绍一些具体的会计工作。

## 3.1 会计咨询服务

【阿山说】与市面上所说的专业中介机构为企业提供的会计咨询业务不同，这里所说的会计咨询服务仅指企业会计为内部各部门、各分支机构及员工等提供的相关会计服务。提供会计咨询服务是会计参与业务事前谋划的重要环节。

咨询什么呢？比如，按照企业会计准则及财经法规要求，我们这项业务适合记入哪个会计科目（含明细项）？收入和成本的确认条件分别是怎样的？我们在合同条款中怎么描述该项业务才更符合该条准则？适合的税率是多少？可以开出什么样的发票？怎样的收款、付款方式及节奏比较合适？预计该业务投入产出情况如何？有哪些财务风险及如何规避？诸如此类，事项经办部门在事前要主动与会计进行比较充分的沟通，做到"心中有数""事前算赢"；会计要主动支持配合经办部门做好方案设计，支持经办部门与业务对手谈判时争取对公司最有利的条件。在此列举两类比较极端的现象供大家检查参考。

第一类现象：（1）经办部门事前不与会计沟通，与业务对手完成谈判并签订合同，当履行收款或付款审批程序时，会计发现不符合要求，公司面临很大风险。然而此时木已成舟，再回头已无可能，只能留下较大隐患。（2）事前不通气、不讨论，等到风险已经发生了，经办部门或其他领导要求会计去收尾，把这事摆平，实在不能摆平就在账上"摆平"（做假账，自欺欺人）。

（3）有些经办部门的同事有一种错误的认识：我做的方案，你会计提这个意见那个意见，干脆你来做方案好了，只要你觉得行我就行，只要财务能收款、付款就行了。这种工作态度是对经办人、各级领导和公司极不负责任的。做业务方案，肯定是以经办部门为主的，经办人和经办部门是第一责任人和主责部门，不管是不是你做的，责任摆在那不会改变。再说了，从内控的角度讲，公司明明是有经办人、经办部门负责人、分管领导、各层级会计等多重审核把关的，结果你把前面的审核环节全部形同虚设，直接把会计顶到了最前沿去抵御风险。就好比作战时，前面一道道防线全部城门大开，把大后方直接变成了一线阵地，这样的局面，部队自然是凶多吉少的，弃城将领首先会被斩首示众。企业也是如此，风险隐患迟早会暴露，不要心存侥幸。逼会计作假，直接就违法，严重的可能被公检法"送进去"。以上现象都是极不正常的，一定要避免。

第二类现象：经办部门事前与会计沟通，会计爱答不理，好像这不关她的事。如果该业务被查出问题了，就说这是经办部门的事，会计的源头是业务，是你"上游"不干净，我"下游"才连带被污染。这种会计是不合格的，消极被动还推脱责任。企业要尽量清除这样的人员，因为他不仅没有太多正面的贡献，反而有极大的负面影响。我们知道，正面榜样的力量是无穷的，反面"榜样"也是如此。所以，负责业财（业务、财务）对接的会计务必要有服务精神、团队精神和主人翁心态。

## 3.2　收款及开票服务

【阿山说】首先需要说明的是：这里说的收款不是指让会计去客户那里追款。让会计直接向客户追款，那一定会让你辛辛苦苦维护的客户关系打了水漂，当然该客户以后的业务你也就别想做了，因为会计与客户之前没有任何关系，甚至都不认识，很可能一见面就是公事公办，闹僵了直接对簿公堂。

所以这里的收款是指经办部门与客户已沟通一致，客户要把款项支付至公司时，会计要全力配合把钱收进来。我想，这应该是公司最重要的工作了。从会计的角度看，成立公司，就是想用自己的产品或服务换回客户口袋里的钱呀。收款涉及到开设银行账户、打通收款渠道、开立票据三个具体事项。

1. 开设银行账户。公司成立了，首先要去银行开设公司的银行账户，这样你才能以公司的名义收款、付款。银行账户分为基本账户和一般账户两种。如果公司规模比较小，开设基本账户一个账户就够了；如果公司有一定规模，为了方便，开设基本账户后通常还会开设几个一般账户。公司的收款可以用基本账户和一般账户中的任何一个账户。在监管比较严的情况下，公司只能从基本账户付款，一般账户是不能付款给其他单位和个人的。

开通基本账户就表明公司正式在金融系统注册。开户时你要提供一系列的资料给银行，待到银行告诉你账户已开通时，同时会给你一张中国人民银行（俗称央妈）印发的《开户许可证》。为啥叫基本账户呢，就是说以后再开设银行账户（基本账户以外的账户都叫一般账户）都要提供这张《开户许可证》原件，否则，任何银行都不会再给你开设账户了。一般账户要与该基本账户进行关联，这样一来，央妈随时都掌握你这家公司有几个银行账户，进进出出的资金情况也尽在掌握。

2. 打通收款渠道。刚刚我们说收款是公司最重要的工作，那么我们当然有必要把市面上常见的收款渠道全打通，客户喜欢用什么渠道就有什么渠道，这样才不至于客户想用的支付渠道但你没有，若客户感觉不爽，业务可能就黄了。目前常见的收款渠道有以下几种：一是直接网银汇款。这种方式你只要把准备收款的账户提供给对方就可以啦（具体是公司名称、银行名称、账户号码）。二是支票收款。这种方式你也只要把准备收款的账户提供给对方（具体是公司名称、银行名称、账户号码），待对方填好支票后交给你，你再把收到的支票送到银行就可以。三是 POS 机收款。这种方式你需要到一家银行办好手续，在收款地点安装好 POS 机，这样客户提供银行卡就能刷卡支付。当然，你与银行洽谈的时候，记得要谈判手续费费率的事情（不同体量的公司，费率差距大着呢），以及了解刷卡支付与资金到达收款账户需要多少时间等。四是微信收款。这种方式你需要到微信支付办好手续，把公司的收款账户和微信支付进行关联，做好微信收款二维码，这样客户扫微信收款二维码支付，钱就会到你的收款账户啦。办手续时的注意事项参考办 POS 机。五是支付宝收款。与微信支付的手续和注意事项基本类似。六是现金收款。前面说了五种通过银行账户收款的情形，如果客户是个大土豪，他说要用现钞支付，那当然也是可以的啊（严谨一点说：对方以现钞支付，你没权利拒绝。因为中国人民银行明确规定"任何人或单位不得排斥和歧视现金支付"）。所以，虽然现在是很少现金交易的时代，你还是务必要做好收现钞的准备。不过，如果是大额现钞，可得留个心眼哦，回头再审视一遍业务实质，排除非法资金"洗白白"。七是其他方式收款。目前市面上还有一些其他的收款渠道，比如 Apple Pay、华为支付、京东支付、美团支付等，因为使用人群规模略微少一些，暂不介绍了。此外，以后可能还会出来更多更新的支付渠道和方式，大家适时关注。

3. 开立票据。一般来说，无论你是对公收款（收其他单位的款）还是对私收款（收个人的款），人家要求你提供发票或者收据，你是有义务提供的。收单位的款，人家要回去报账记账，需要凭据，开具发票是必然的；收个人的款项，开一份收据也是必要的，尤其是收现钞时更有必要，白纸黑字写清楚某年某月某日收到了某人某事项的多少资金，然后注明收款人并盖单位章，这样人家比较放心。

开具发票，涉及到税收，要注意的细节比较多。因为现在已全面实行营业税改征增值税，在提供产品或服务时，主要是开具增值税发票。首先，看你公司的资质，认定是小规模纳税人的公司，开具的是增值税普通发票。其次，看你公司提供的产品或服务的种类，税率有 6%、9%、13% 等。更详细的税务知识安排在 3.5 税务服务章节介绍。

# 3.3　付款及收票服务

**【阿山说】**有收款，有付款，有结余，这才是畅通的闭合循环。若只进不出，那是传说中的貔貅了。

1. 必要的审批程序及规范。对外支付款项前，需要完成适当的内部审批程序。好不容易收回的资金，流出时要严格把关，确保依据充分、合法合规，这是比较好理解的。此外，审批权限设置其实也涉及到授权问题、各层级管理者权责利匹配问题、调动工作积极性问题等。按照业务类型进行分类，每类业务的付款需要提供哪些支撑资料，多少金额由谁审批才可以支付等，诸如此类的问题，最好是通过一个内部制度明确下来，然后经办部门、审核人、审批人、支付人（出纳）都照章办事。

2. 财务审核。会计在接到付款单时要审核填写的付款单据是否正确，审核收到的发票是否与业务实质一致，审核发票的真假，审核发票有无重复支付，审核该付款的支撑资料是否符合内部规章制度要求，审核是否在年度预算内等。支付人（出纳）在付款前需要再次核验审批手续是否完整，检查无误才能最终对外支付。

3. 支付方式。有多少收款渠道，就对应有多少付款渠道，所以付款渠道就不多说了。不过支付不意味着一定支付现款（现金、银行存款等），还可以用商业承兑汇票（可以理解为是以本企业信用担保的支票）、银行承兑汇票（可以理解为是以银行的信用担保的支票）等票据进行支付。

付款是要求100%准确的。哪怕你说做到99.99%的准确率，都不行，因为一旦出错就是直接的损失。所以，安排工作细致、性格稳重的人负责付款工作比较妥当。当然，安排双重复核甚至三重复核也能一定程度上发挥机制的作用。

# 3.4　预算服务

企业愿景主要回答：企业最终将做成什么样子？是对理想的描述；企业使命主要回答：企业主要做什么？是对企业定位、存在价值和理由的阐述；围绕愿景使命，企业还会制定战略目标和长期规划。但是所有这些都还是各个层面的设想，最终怎么落地呢？怎么细化、量化并执行、控制、反馈、修正呢？年度经营计划和年度预算就是这样的落地执行工具和方法。

【专业表达】预算管理是指企业以战略目标为导向，通过对未来一定期间内的经营活动和相应的财务结果进行全面预测和筹划，科学、合理配置企业各项财务和非财务资源，并对执行过程进行监督和分析，对执行结果进行评价和反馈，指导经营活动的改善和调整，进而推动实现企业战略目标的管理活动。

完整的财务预算管理制度，应当包括财务预算管理的组织机构、预算形式、编制流程、执行与控制、预算调整、分析与考核等内容。

【阿山说】预算是一种方法、一个管理工具，是为企业管理服务的，是手段而不是目的。为了预算而做预算必定以失败而告终。预算又是必要和普遍存在的，完全没有预算的企业应该不存在。每个成年人都懂"凡事预则立，不预则废"的道理。心里一点儿数都没有，没有目标没有计划、飘到哪儿算哪儿的老板，就算真的有，这个老板也是做不长久的。只是说，各家企业的预算程度可能不同，有些企业的预算装在老板一个人的脑袋里；有些企业的预算由少数高管参与；而有些企业的预算则覆盖所有业务领域、所有部门或单位、从上到下所有员工、预算全过程所有环节，这就是我们常说的全面预算管理。

假设你们公司目前的位置在广州，经过深思熟虑，你们决定明年今日的位置是拉萨，注意，你们不光是去拉萨旅游，你们是开汽车走公路进藏，需要捎带公司产品沿路宣传、推广、销售，到达拉萨时你们的营业收入需要做到 1 000 万元。下定决心后，你们就开始忙活了。

第一步，你们把进藏人马分为 4 队，A 队走川藏线，收入目标 400 万元；B 队走滇藏线，收入目标 300 万元；C 队走青藏线，收入目标 200 万元；D 队走新藏线，收入目标 100 万元。

第二步，你们把每一队需要完成的收入目标，捎带多少公司产品及其成本，路上需要开展哪些宣传、推广、销售活动，以及需要多少开销等统统事前盘算了一遍，并且量化成了数据，落实到了字面上。

第三步，4 队人马放出去之后是不是就万事大吉、高枕无忧了呢，是不是只要在拉萨等他们，坐等 1 000 万元收入进账呢？我想，除了"甩手掌柜"外，其他老板都没这么"心大"。你们每个月末或者每个季度末，要跟踪每一队的进度，看看完成进度与时间进度的差异，对比一下与其他队伍的差距等，参考一下与其他企业（标杆）类似业务的进度。进度超前的，褒奖一下，看看他们队是不是有什么武功秘籍，若有的话快速推广到其他队，提高整体水平。进度落后的，鼓励一下，看看有没有哪些方面可以提供帮助和支持，你一定懂的，如果他们掉队了，那就会拖整体目标的后腿呢。

第四步，如果公司大了还事无巨细亲力亲为，一方面太累，另一方面也不利于激发下属的工作积极性。那就要授权，但是集权和分权的分界点在哪里，度如何把握，这是值得每一家公司研究和不断精进的。比如 D 队虽说走新藏线，也做了计划，但他们在中途改变了计划，路线安排途经辽宁、吉林、黑龙江和内蒙古，明显绕了弯路，这时你要不要干预呢？比如 C 队说我这里生活太困难，要把原本用于汽车加油的开销挪作队伍吃饭的开销，这时你要不要干预呢？

第五步，天有不测风云，有一天 B 队的人向你报告，他们在路上遭遇了暴雨泥石流，有 20 万元的公司产品被泥石流冲走了，另外抢险救灾等花费了 10 万元，里外里损失了 30 万元，对于他们 300 万元的目标有非常重大的影响，他们觉得自己实在是难以承受这么大的损失，所以特别报告你，有意调减目标希望得到你的支持，这时你要不要同意呢？

第六步，原计划在拉萨集合的日子到了。A 队提前到达，收入完成了 500 万元，可谓时间和任务双双超额完成任务；B 队准时到达，收入完成了 270 万元，若剔除暴雨泥石流造成的损失 30 万元，基本达标；C 队准时到达，但收入只完成了 180 万元；D 队到达时间比集合日晚了 20 天，收入也没有完成，只做了 60 万元。会计把 4 队人马的完成情况汇总后面露喜色，跑去跟老板汇报：4 队人马收入合计做了 1 010 万元，经济效益任务完成 101%，此外还做了大量宣传、推广，公司知名度大幅提升。同时，员工们领略了沿路的名山大川、秀丽风光，开阔了视野，净化了心灵，对以后的工作有潜移默化的正面影响。老板看到如此成绩，当然是脸上乐开了花，嘴上像抹了蜜一样夸奖大家。当然，这都是面上的，开心之后还是得奖罚分明，给 A、B 队发奖金、晋级加薪是自然的事；同时也没忘给 C、D 队发一份安慰奖，安抚一下，但该扣的奖金和绩效毫不手软，另外话里话外地也敲打一下，以鞭策提高。

案例说完了，一些稍微接触过预算工作的朋友可能已经明白我用这个小例子串了一下预算的全过程。

预算的基础工作分为建立预算组织机构、明确预算基本内容、框定预算年度目标三部分。

1. 建立预算组织机构。企业要正儿八经做预算的话，起码要明确预算审批机构（负责预算审批、裁决争议事项等）和预算执行机构（负责干具体的预算工作等）。

2. 明确预算基本内容。全面预算包括业务预算、资本预算、筹资预算、财务预算等。业务预算是企业各业务部门的具体预算，比如工业企业的业务预算包括采购预算、生产预算、销售预算、人工预算、管理费用预算等。资本预算是企业对内对外的投资预算。筹资预算主要指企业债务筹资的预算，股权筹资预算应单独编制。财务预算主要是现金预算（预计现金流量表）、预计资产负债表和预计损益表。

3. 框定预算年度目标。从广州去拉萨，外带 1 000 万元营业收入，这就是年度目标。至于这个年度目标是怎么定下来的，那得问你们公司的长期规划。

预算的具体工作分为任务分解、计划与编制、执行与控制、预算调整、分析与考核等，我们再回头理一下。

第一，任务分解。目标定下来后，要把目标和责任一步步合理地分配到每一个组织和个人，要不然压力全在老板一个人头上，其他人没有压力和紧迫感。"老板（领导）急得团团转，吃不好睡不着，但是下属优哉游哉，好像事不关己一样"，这种情况就是没有传递责任和压力，是我们需要极力避免的。预算是该项分配工作的一种较好方法和工具。A、B、C、D队各自领了任务，至于为什么这样分配，肯定经过了"从上到下""从下到上"的多轮谈判和博弈，最后有可能是你以理服人，也可能是以权压人，还可能是其他手段，总之达到了某种妥协和平衡。

第二，计划与编制。目标分配完，需要落实为行动方案、工作计划，然后再量化为具体的预算金额。每一笔预算金额均按［单价（单次）×数量］模式拆解至最明细项。如此一来，看到预算金额就可以知道工作计划，明明白白，蒙混过关的项目再也无处藏身。核减预算不是减单价（单次）就是减数量，预算执行分析时很容易就知道是单价（单次）超支还是次数超支，单价（单次）、数量十分便于纵向比较、横向比较，成本管控的症结迎刃而解，公司经营管理水平会自然逐步提升。比如你D队走新藏线，为啥要途经东三省和内蒙古？人家搞一次类似的营销活动需要 10 个人，每人的差旅费是 1 000 元；为什么你举办这次营销活动需要 15 个人，每人的差旅费是 2 000 元？但是，如果预算编制时没有按［单价（单次）×数量］模式拆解，而是一个总金额，也没有详细的计划安排，那么，后续必然是"一锅炖"，分析和评价也无从着手。

根据不同的维度划分，预算编制方法可以分为零基预算和增量预算、固定预算和弹性预算、定期预算和滚动预算。

零基预算是以零为基点，对预算期内各项收入的可行性、各项支出的必要性、合理性，逐项审议从而确定收支水平的预算，一般适用于不经常发生或者预算编制基础变化较大的预算项目，如对外投资、对外捐赠等。

增量预算是在以前年份实际执行数的基础上做一定幅度或额度的加减，从而形成新一年的预算。比较而言，增量预算编制稍微简单一些，不过暗含了一个前提：认为以前年份的实际执行都是必要的、合理的，一些问题可能长期被掩盖。

固定预算一般适用于固定费用或金额比较稳定的预算项目，是根据预算内正常的、可实现的某一业务量水平编制的预算。

弹性预算一般适用于与业务量有关的成本（费用）、利润等预算项目，是按照成本（费用）的习性分类，根据量、本、利之间的依存关系编制的预算。

定期预算是固定做某一个期间的预算，比如年度预算，在下半年开始编制下一年 1 ~ 12 月的预算。

滚动预算是随时间的推移和市场条件的变化而自行延伸并进行同步调整的预算，比如 12 个月的滚动预算，是在 1 月底编制 2 月至下一年 1 月的预算，2 月底滚动更新 3 月至下一年 2 月的预算。

第三，执行与控制。有了工作计划、编制好预算后，还需要过程跟踪，了解进度，做到"一切尽在掌握"。因为有了行动计划，预算编制时明确到了单价和数量，所以非常方便追踪，非常容易判断合理性。比如你从甲地方到乙地方耗费汽油 1 万元，按照经验，一般是 6 000 元油费就够了，这怎么解释？比如 C 队第三季度末执行进度滞后，解释为途中遇到很多困难，但是实际上你看到 C 队有好几条工作计划没有组织实施，是怎么回事？到底是没有干活的原因，还是干了活没效果？或者是确实遇到了什么样的困难。原因一清二楚。

若想预算发挥管控作用（废话，不想预算发挥作用编制预算干什么），需要维护一定的预算刚性。编制预算时明确预算控制规则：哪些科目是超出一分钱就不能开支（刚性控制）；哪几个科目是联合在一起超出一分钱就不能开支（联合刚性控制），这几个项目之间允许调剂；哪些科目是可以随着收入的变化相应变化等（弹性控制）。

第四，预算调整。编制预算时事情还没有实际发生，再有远见的人也难以预见天灾人祸等意外情况，所以要给人留有一定余地，可作适当适度调节，这就是预算调整。预算调整分为两个层面：一是在总额度或总目标内，在科目之间进行调整；二是需要调整总额度或总目标。

比如 B 队遭遇了暴雨泥石流，在核查损失情况属实后，要允许人家调整预算。大风浪来了，人家"小舢板"经受不起，找你这个"航空母舰"求助，正是你应该发挥统筹协调作用的时候。但是，C 队要把原本用于汽车加油的开销挪作队伍吃饭的开销，一般来说这事不能由他说了算，因为事项的性质发生了明显改变，而且大吃大喝不一定对业务有直接帮助，所以你得管控。当然，如果他要把印"牛皮癣广告"的费用改为多制作几面彩旗（加印公司 logo 等）插在汽车上迎风招展，一般来说这个调整权限应该授权给他，因为事项的性质属于一类，而且这样的资金落入个人口袋的难度好像也大一些。

第五，分析与考核。胡萝卜和大棒是常见的激励手段。再完美的预算如果不与考核挂钩，都将被"挂在墙上""锁在柜筒"，无人理会。所以，预算执行完毕，一定要分析总结和奖惩考核。一年下来，有完成任务的队伍，也有没达标的队伍，但是公司整体下来完成了既定目标，这应该属于丰收的年份。有两支队伍完成了目标任务，A 队甚至超额达标，值得肯定和奖励的同时，更要把优秀经验总结出来，推广给所有人。C、D 队今年拖了后腿，扣奖金、扣绩效事小，找到原因事大。有可能是客观困难太大，也有可能是主观没努力，还有可能是主管不胜任，要深入分析，找到真正的原因，总结教训，以后避免、改善、提升。

预算就到此打住了。最后针对一种常见现象讲一点看法。经常听到一种说法：搞预算，花了大量时间、精力，劳民伤财，而结果准确性太差，根本没什么作用！我觉得，这种情况不少见，可以说普遍存在。这种情况，我觉得要问这么几个问题：

一是你们的目标定得是不是符合实际情况？如果定的目标是"把喜马拉雅山炸开一道口子，引入印度洋暖湿气流，把西藏建设成鱼米之乡"，那大概率是"失败天注定"。定的目标不是越高越好，也不是越低越好，是跳一跳刚好够得着最好。至于跳一跳够得着的具体目标是多少，这个你可以根据经验设置一些模型，但其实最重要的是你要掌握市场情况，懂经营；掌握队伍情况，了解团队及成员，对其有掌控力。

二是你们的目标分配是否合理，如果是有能力的团队任务轻，没条件的团队任务重，可能不仅是整体任务完不成，还有可能造成内部不公平，积累矛盾。

三是工作计划和预算编制是否具体？没有具体计划和预算明细支撑的"一锅粥"预算，不便于落地，也不便于后续跟踪、分析，只能昏昏然，完成了预算不知是怎么完成的，没完成也找不到根本原因。

四是预算控制机制是否合适？预算责任单位权限太低，很小的事情也要到总部来审批，审批效率又低下，难免会影响灵活性，不便于前线适时调整，错失战机；预算责任单位权限太大，容易失去控制，比如目标是去拉萨，编的工作计划也是去拉萨，但中途他改变计划去了黑龙江抚远市、内蒙古满洲里，偏离太严重。

五是预算调整是否太随意？快到年底了，目测不能完成任务，就去想方设法申请调整任务目标，关键是你也鬼使神差地同意。一旦这样的情形多了，大家自然不是去奋力完成任务，而是去钻研怎么公关了。

六是预算完成率是否与考核挂钩？没有考核约束的预算，没有形成预算闭环，前面环节做的一切，哪怕再辛苦也是徒劳。事实上，因为不考核，其他部门不会太辛苦，有辛苦的话也是预算工作组织部门。

以上六个问题只要有一个没有做好，预算没有效果是自然的事；如果六个问题都做好了，那就坚持做，用不了 3 年，预算的管控效果就会显现；如果每年总结、提高，不断精进，几年后，管理层坐在办公室就会有"一切尽在掌握"的管控力，公司经营管理水平逐步会提升至高效率、高效益的状态。这么说来，安排全局意识较强、善于沟通的会计负责预算工作是比较理想的选择。

# 3.5　税务服务

不管一个国家的税制怎么变化，设计多少税种，都是为了开拓税源、收回足够的税金，而且要控制在企业或个人可以承受的范围之内。

我们所有人在工作或生活中经常碰到涉及税的事项，尤其是开具发票给客户、从第三方收取发票以及缴纳个人所得税等。本节为大家介绍我国的收税整体情况及各个税种的简要情况，大家各取所需吧。

目前，我国的税有五大类共 18 个税种。新中国成立至今，先后经历了五次重大的税制改革才形成了目前的局面：第一次是 1950 年，在原有税制的基础上，建立了新中国的税制，统一设立 14 个税种。第二次是 1958 年税制改革，其主要内容是简化税制，以适应社会主义改造基本完成、经济管理体制改革以后的新形势。第三次是 1973 年税制改革，其主要内容仍然是简化税制，调整为 13 个税种。第四次是 1984 年税制改革，其主要内容是普遍实行国营企业"利改税"和全面改革税制，以适应发展有计划的社会主义商品经济的要求，到 1991 年我国的税制包含了 37 个税种。第五次是 1994 年税制改革，其主要内容是全面改革税制，以适应建立社会主义市场经济体制的要求，形成 25 个税种。之后继续完善税制，至 2013 年时设有 18 个税种。2016 年营改增，2018 年开征环境保护税，逐步形成目前的 18 个税种。[①]

## 3.5.1　目前我国税收情况概览

为了让大家对我国的税收有一目了然的全局感，先上一张统计表（见表 3 – 1）。

---

① 刘佐. 今天的18 个税种是怎么来的［N］. 中国税务报，2019 – 08 – 21（5）.

表 3 - 1

## 2019 年全国税收收入分税种统计表

| 序号 | 分类 | 税种 | 收入（亿元） | 占总收入比例（%） | 中央分成（亿元） | 中央分成比例（%） | 地方分成（亿元） | 地方分成比例（%） |
|---|---|---|---|---|---|---|---|---|
| 1 | 商品（货物）和劳务税 | 增值税 | 77 568 | 44.31 | 46 357 | | 31 211 | |
| 1.1 | | －国内增值税 | 62 423 | 35.66 | 31 212 | 50.00 | 31 211 | 50.00 |
| 1.2 | | －进口货物增值税 | 15 145 | 8.65 | 15 145 | 100.00 | — | |
| 2 | | 消费税 | 13 482 | 7.70 | 13 482 | | — | |
| 2.1 | | －国内消费税 | 12 693 | 7.25 | 12 693 | 100.00 | — | |
| 2.2 | | －进口消费品消费税 | 789 | 0.45 | 789 | 100.00 | — | |
| 3 | | 关税（由海关征收） | 2 889 | 1.65 | 2 889 | 100.00 | — | |
| 4 | 所得税 | 企业所得税 | 37 516 | 21.43 | 24 522 | 65.36 | 12 994 | 34.64 |
| 5 | | 个人所得税 | 10 389 | 5.93 | 6 233 | 60.00 | 4 156 | 40.00 |
| 6 | | 土地增值税 | 6 471 | 3.70 | — | | 6 471 | 100.00 |
| 7 | 财产和行为税 | 房产税 | 2 989 | 1.71 | — | | 2 989 | 100.00 |
| 8 | | 车船税 | 881 | 0.50 | — | | 881 | 100.00 |
| 9 | | 印花税 | 2 468 | 1.41 | 1 234 | 50.00 | 1 234 | 50.00 |
| 10 | | 契税 | 6 213 | 3.55 | — | | 6 213 | 100.00 |
| 11 | 资源税和环境保护税 | 资源税 | 1 821 | 1.04 | 53 | 2.91 | 1 768 | 97.09 |
| 12 | | 环境保护税 | 221 | 0.13 | — | | 221 | 100.00 |
| 13 | | 城镇土地使用税 | 2 195 | 1.25 | — | | 2 195 | 100.00 |

续表

| 序号 | 分类 | 税种 | 收入（亿元） | 占总收入比例（%） | 中央分成（亿元） | 中央分成比例（%） | 地方分成（亿元） | 地方分成比例（%） |
|---|---|---|---|---|---|---|---|---|
| 14 | 特定目的税 | 城市维护建设税 | 4 821 | 2.75 | 21 | 0.44 | 4 800 | 99.56 |
| 15 | | 车辆购置税 | 3 498 | 2.00 | 3 498 | 100.00 | — | |
| 16 | | 耕地占用税 | 1 390 | 0.79 | — | | 1 390 | 100.00 |
| 17 | | 船舶吨税（由海关征收） | 50 | 0.03 | 50 | 100.00 | — | |
| 18 | | 烟叶税 | 111 | 0.06 | — | | 111 | 100.00 |
| | | 其他税收 | 80 | 0.05 | 40 | 50.00 | 40 | 50.00 |
| | | 小计 | 175 053 | 100.00 | 98 379 | 56.20 | 76 674 | 43.80 |

注：分类依据为注册会计师考试《税法》教材；数据来源：《中国税务年鉴 2020》《中国财政年鉴 2020》；2019 年退税 15 834 亿元（出口及成品油消费税），所以实际上全年税收收入为 158 550 亿元。

简要解读：

1. 本书编撰时间主要是 2022 年下半年，为啥还是用 2019 年的数据而不是更新的 2021 年数据呢？因为《中国税务年鉴》是次年统计上一年，然后再次一年的三四月份出版。所以编撰时最新的是《中国税务年鉴 2021》（即 2020 年的税务数据），但由于 2020 年 GDP 及税收等受新冠肺炎疫情影响较大，用 2019 年的数据更有代表性，更有参考意义。

2. 中国目前在征的税种有五大类共 18 个，分别是：一是商品（货物）和劳务税 3 种：增值税、消费税、关税；二是所得税 3 种：企业所得税、个人所得税、土地增值税；三是财产和行为税 4 种：房产税、车船税、印花税、契税；四是资源税和环境保护税 3 种：资源税、环境保护税、城镇土地使用税；五是特定目的税 5 种：城市维护建设税、车辆购置税、耕地占用税、船舶吨税、烟叶税。其中：16 个税种由税务机关征收，数据源自《中国税务年鉴 2020》；此外的关税、船舶吨税由海关负责征收，数据源自《中国财政年鉴 2020》。

3. 税收占比情况。增值税占全部税收的比重为 44.3%，是名副其实的第一大税种；企业所得税占全部税收的比重为 21.4%，是当之无愧的第二大税种。增值税和企业所得税合计占税收的比重约 2/3，是税收的主干；排第三的是消费税，占比为 7.7%；排第四的是个人所得税，占比为 5.9%。前四大税种合计占税收的比重达到约八成，是税收的主要来源。

财政部官网公布的《2019 年财政收支情况》显示，全国一般预算收入 19.04 万亿元，其中税收收入 15.8 万亿元，占比 83%；非税收入 3.24 万亿元，占比 17%。可见，一般预算收入实际上绝大部分是税收收入。一般预算收入再加卖地的收入（政府性基金预算收入），占财政收入的绝大部分。

### 3.5.2 税种学习的基本套路

【专业表达】税法要素是指各种单行税法具有的共同的基本要素的总称。税法要素一般包括总则、纳税义务人、征税对象、税目、税率、纳税环节、纳税期限、纳税地点、减税免税、罚则、附则等项目。

**【阿山说】**学习每一个税种的基本套路就是去读懂、弄透、掌握该税种的税法要素。主要是以下几个问题：

1. 征税对象：税法规定对什么征税？是征税的客体。

2. 纳税义务人：谁有纳税义务？（注意：有些税种不是纳税义务人亲自缴纳的，比如存在代征、代扣、代缴等情况，这时候就存在扣缴义务人）

3. 税目：对征税对象的再分类，比如消费税又分为 15 个税目，每个税目分别规定了税率或税额。但是不一定每一个税种都有税目，比如企业所得税就没有再细分税目。

4. 计税基数：征税一般有两种方式：一是按金额计征，应交的税金 = 计税金额 × 税率；二是按数量计征，应交的税金 = 计税数量 × 单位税额。在此，把计税金额和计税数量统称为计税基数。

5. 税率：征税的比率或额度是多少？

6. 纳税期限：纳税义务发生的具体时间，在什么时间内应缴纳税款。纳税期限非常重要，因为不框定期限的话，你可以无期限拖延交税，这是绝对不允许的。

7. 纳税地点：应该把税交给哪个税务局。由于部分税种在中央和地方进行分成，所以纳税地点对地方政府是很重要的。

8. 减税免税：税法虽然是这么规定，但是在时间、空间两个维度上又会有较多的减税、免税政策，要高度关注，这是税务会计的核心价值。

### 3.5.3　18 个税种简要介绍

接下来，按照税种学习的基本套路，分别介绍 18 个税种。由于内容非常多，而各位同学作为非会计人士也没必要了解太深，所以，大众一点的税种介绍得细一些，小众的税种介绍得粗一些。文中标注了详细的税法文件，遇到有兴趣或有需要应用的税种，大家也就基本知道去查找哪个文件了。

#### 3.5.3.1　商品（货物）和劳务税类（3 种）

商品（货物）和劳务税类，包括增值税、消费税和关税，主要在生产、流通或者服务业中发挥调节作用。

（一）增值税

增值税是我国最大的税种，而且基本上与每个企业和个人都有或多或少的关系，稍微介绍多一些。

【专业表达】在中华人民共和国境内销售货物或者加工、修理修配劳务，销售服务、无形资产、不动产以及进口货物的单位和个人，为增值税的纳税人，应当依照增值税暂行条例缴纳增值税。增值税是以商品（含应税劳务）在流转过程中产生的增值额作为计税依据而征收的一种流转税。从计税原理上说，增值税是对商品生产、流通、劳务服务中多个环节的新增价值或商品的附加值征收的一种流转税。实行价外税，也就是由消费者负担，有增值才征税，没增值不征税。（摘自《中华人民共和国增值税暂行条例》及营改增相关通知）

【阿山说】实际工作中，商品新增价值或附加值在生产和流通过程中是很难准确计算的。因此，我国采用国际上普遍采用的税款抵扣办法，即根据销售商品或劳务的销售额，按规定税率计算出销售税额（销项税额），然后扣除取得该商品或劳务时所支付的增值税款（进项税额），销项税额与进项税额的差额就是增值部分应交的税额。我们先看一个案例初步感受一下。

比如你是电脑零售企业，你卖的电脑进货价是每台 5 000 元（含税，税率 13%），而你卖出该电脑的价格为 6 000 元（含税，税率 13%）。背景介绍完毕，我们可以据此计算出以下数据：（1）该电脑进货时不含税价为 4 424.78 元［5 000/（1 + 13%）］，增值税为 575.22 元（4 424.78 × 13%）。注意：这 575.22 元增值税上游企业已经交啦，你以后不需要再交这部分增值税。同时可计算出含税价赚了 20%［（6 000 − 5 000）/5 000］。（2）该电脑卖出时不含税价为 5 309.73 元［6 000/（1 + 13%）］，增值税为 690.26 元（5 309.73 × 13%）。问题来了：你是不是应向税务局交增值税 690.26 元呢？不是的，你只需要交增值税 115.04 元。有以下两种计算方法：

一是直接法。你只就赚取的差价部分交税，你只赚了 884.95 元［5 309.73 −

4 424.78；你看，不含税价也是赚了 20%（884.95/4 424.78），与含税价赚的比例完全一致]，你的交税基数就是 884.95 元，用交税基数乘以税率，就是你应交的增值税 115.04 元（884.95×13%）。

二是倒挤法。把你这个环节应交的增值税减去上游企业已交的增值税，就是你实实在在应交的增值税。我们常听会计说：销项税额减进项税额等于应交税金。销项税额（690.26 元）减进项税额（575.22 元）等于应交税费（115.04 元）。你看，这样计算出的应交税费与直接法算的应交税费分毫不差。由于我们不需要每一笔业务单独去交一次税，而是把一个月内发生的所有业务汇总后交一次税就可以，所以会计通常是采用倒挤法，把所有业务的销项税额和进项税额汇总起来，计算出差额，然后交税。

案例看完了，初步认识是建立起来了，但有可能又产生了一个疑问：增值税是就增值的部分交税，企业所得税是就盈利的部分交税，这是不是重复交税了？

税法是这么解释的：增值税是在生产和流通环节纳税，企业所得税是在分配环节纳税。

我觉得可以这么浅浅地理解：增值税是对毛利的征税，企业所得税是对利润总额的征税。什么意思呢？增值税是不管企业最终有没有盈利的，只要你的销售价比进货价高，你就挣了差价，就得交增值税。至于企业最终有没有盈利，那是经营管理水平的问题。管理得好，最终盈利了，那就再交企业所得税；管理得不好，最终亏损了，那企业所得税也就收不到了（虽然说营业税全面改征增值税后，三大期间费用也可以获得一些增值税专用发票用于抵扣，但是对于大部分企业来说，期间费用的占比是比较低的。所以"增值税是对毛利的征税"的表达虽然不是特别精确，但是这么朴素的理解还是可以的）。

好了，我们还是回到税种学习的基本套路，为大家介绍一下增值税。

1. 征税对象：货物或服务。

2. 纳税义务人：在我国境内销售货物或者加工、修理修配劳务、销售服务、无形资产、不动产及进口货物的单位和个人。

3. 税目及税率：1994 年 1 月 1 日至 2011 年 12 月 31 日，我国的增值税税率基本保持平稳；随着 2012～2017 年的营业税改征增值税、增值税税率减并及税率多次下调，形成了目前的增值税税率，具体如下。

（1）13% 档。纳税人销售货物、加工及修理修配劳务、有形动产租赁服务或者进口货物，税率为 13%。

（2）9% 档。纳税人销售交通运输、邮政、基础电信、建筑、不动产租赁服务，销售不动产，转让土地使用权，销售或者进口部分约定货物，税率为 9%。

（3）6% 档。纳税人销售服务、无形资产，除以上（1）、（2）另有规定外，税率为 6%。

（4）0 档。纳税人出口货物，境内单位和个人跨境销售国务院规定范围内的服务、无形资产，税率为零。

4. 应纳税额：应纳税额 = 当期销项税额 − 当期进项税额。当期销项税额小于当期进项税额，即不足抵扣时，其不足部分可以结转至下期继续抵扣。

5. 纳税期限：增值税纳税义务发生时间：销售货物或服务，为收到销售款项或者取得索取销售款项凭据的当天；先开具发票的，为开具发票的当天。进口货物，为报关进口的当天。增值税扣缴义务发生时间为纳税人增值税纳税义务发生的当天。

增值税的纳税期限可以为 1 日、3 日、5 日、10 日、15 日、1 个月或者 1 个季度。以 1 个月或者 1 个季度为 1 个纳税期的，自期满之日起 15 日内申报纳税；以 1 日、3 日、5 日、10 日或者 15 日为 1 个纳税期的，自期满之日起 5 日内预缴税款，于次月 1 日起 15 日内申报纳税并结清上月应纳税款。

6. 纳税地点。

（1）固定业户应当向其机构所在地的税务机关申报纳税。总机构和分支机构不在同一县（市）的，应当分别向各自所在地的主管税务机关申报纳税；经财政部、税务总局或者其授权的财政、税务机关批准，可以由总机构汇总向总机构所在地的主管税务机关申报纳税。

（2）固定业户到外县（市）销售货物或者劳务，应当向其机构所在地的税务机关报告外出经营事项，并向其机构所在地的税务机关申报纳税；未报告的，应当向销售地或者劳务发生地的税务机关申报纳税；未向销售地或者劳务发生地的税务机关申报纳税的，由其机构所在地的主管税务机关补征税款。

（3）非固定业户销售货物或者劳务，应当向销售地或者劳务发生地的税务机关申报纳税；未向销售地或者劳务发生地的税务机关申报纳税的，由其机构所在地或者居住地的税务机关补征税款。

（4）进口货物，应当向报关地海关申报纳税。扣缴义务人应当向其机构所在地或者居住地的税务机关申报缴纳其扣缴的税款。

7. 特别安排。

（1）小规模纳税人。上面介绍的增值税第 1～第 6 点规定是基于一个重要假设：你企业的会计核算健全，把销项税额和进项税额计算得明明白白，财务记账清清楚楚，能够提供准确的税务资料。如果你说："臣妾做不到啊"！那怎么办？放心，总有适合你的款。这不，轮到小规模纳税人"粉墨登场"了。小规模纳税人的认定标准由国务院另行规定。由于认定标准不是一成不变的，主要指标是营业收入的规模，作为非会计人士的你，不需要去细究了，就顾名思义理解成小企业吧。

小规模纳税人采用简易计税方法。

a. 小规模纳税人的增值税计税基数等于销售额。

b. 税率（专业表达：征收率）统一为 3%。

c. 小规模纳税人的应交增值税 = 销售额×税率。

简易计税方法就是这样，简简单单，一看就懂。也就没有什么销项税额、进项税额的说法了。当然，小规模纳税人跟人家做生意，也就只能提供增值税普通发票，人家拿到这种发票就没法抵扣进项税额了，所以有些企业会歧视小规模纳税人（为了自身利益设置条件避免从小规模纳税企业采购产品或服务）。不过小规模企业还有最后一条通道：可以去税务局，让其代开增值税专用发票。

此外，目前国家在鼓励大众创业、万众创新，推出一系列小企业减、免税政策。

（2）一般纳税人的简易计税方法①。部分增值税一般纳税人，因行业的特殊性，无法取得原材料或货物的增值税进项发票，如果按照销项税额减进项税额的一般计税方法缴纳增值税，税负过高。一般计税方法不科学、不合理，那就开辟一条绿色通道：也采用简易计税方法。

一般纳税人的简易计税方法与小规模纳税人的简易计税方法是一回事，应交增值税 ＝ 当期不含增值税销售额 × 征收率。所以重点是哪些情形可以选用该方法？怎么向税务局报备？征收率是多少？以及怎么开具发票？

a. 一般纳税人的哪些情形可以选择适用简易计税方法，由财政部和国家税务总局规定。你们企业遇到这些情形准备采用简易计税方法时，需要事先跟税务局报备，并且一经选择，36 个月内不得变更。采用简易计税方法计算缴纳增值税，就不得抵扣进项税额，在会计核算上，采用一般计税方法的收入与采用简易计税方法的收入要分开核算。

b. 简易计税征收率一般规定为 3%，有特别规定的除外。规定征收率为 5% 的情形：房地产开发企业出租、销售自行开发的房地产老项目。出租、销售其 2016 年 4 月 30 日前取得的不动产。提供劳务派遣服务、安全保护服务选择差额纳税的。收取试点前开工的一级公路、二级公路、桥、闸通行费。提供人力资源外包服务。转让 2016 年 4 月 30 日前取得的土地使用权，以取得的全部价款和价外费用减去取得该土地使用权的原价后的余额为销售额。2016 年 4 月 30 日前签订的不动产融资租赁合同。以 2016 年 4 月 30 日前取得的不动产提供的融资租赁服务。依 3% 征收率减按 2% 征收增值税的情形：一般纳税人销售自己使用过的之前未抵扣进项税额的固定资产以及销售旧货等情形。

---

① 纪玮，赵辉. 一般纳税人简易计税需注意九个问题［J］. 注册税务师，2018（6）.

c. 简易计税情形下的发票开具。在没有明确规定不能开具增值税专用发票的情形下，一般纳税人适用简易计税的，应当都可以开具增值税专用发票。允许开具增值税专用发票，也就意味着下游企业可以依法抵扣。

一般纳税人简易计税不得开具增值税专用发票主要包括以下情形：属于增值税一般纳税人的单采血浆站销售非临床用人体血液。纳税人销售旧货。销售使用过的固定资产适用简易计税，按照征收率3%减按2%征税的。对差额征税的，劳务派遣服务（含安全保护服务），选择差额纳税的纳税人，向用工单位收取用于支付给劳务派遣员工工资、福利和为其办理社会保险及住房公积金的费用，不得开具增值税专用发票，可以开具普通发票。人力资源外包服务，向委托方收取并代为发放的工资和代理缴纳的社会保险、住房公积金，不得开具增值税专用发票，可以开具普通发票。

8. 增值税发票。发票是单位和个人在购销商品、提供或者接受服务以及其他经营活动中，开具、取得的收付款凭证。尤其是增值税专用发票，是增值税一般纳税人抵扣进项税额的凭据。所以，各位务必记得：当你付款（或付款前）给其他单位或个人时，务必向对方索要发票，无论是回办公室报账，还是证明其他事情时，发票都是一个非常重要的凭据。

我们知道增值税有可以抵扣与不可以抵扣的区别，可以抵扣的发票中，又有税率13%、9%、6%、0的区别。看到这里，各位也许就能理解：为什么会计非常在意招标文件或合同文件中的业务性质界定和发票规定？因为同一项工作，你拿回税率13%的专用发票与拿回税率6%的专用发票或其他发票，简直就是巨大的利益差别呀。

（1）收到发票时需要检查哪些事项？敲黑板：对方给你一张发票，不要懵懵懂懂就放进口袋，至少要在现场检查以下事项：发票上书写的你们公司名称和税号是否正确，发票上的货物或服务名称是否与实际相符，税率是否相符，对方有无加盖"发票专用章"红章等，这些事项都检查无误后才可以安心地收进口袋。

（2）带大家认识一下各类增值税发票的具体模样。国家税务总局官网介绍了8种增值税发票，其中：增值税专用发票有增值税专用发票（纸质版）、增值税电子专用发票2种；增值税普通发票有增值税普通发票（纸质版）、增值税电子普通发票、增值税电子普通发票（通行费）、增值税普通发票（卷票）、机动车销售统一发票、二手车销售统一发票6种。接下来把票样贴上来让大家认识一下。

①增值税专用发票（纸质版）。目前大部分增值税专用发票是纸质版的，每张发票有三联：发票联、抵扣联和记账联，分别有不同的作用。票样如图3-1所示。

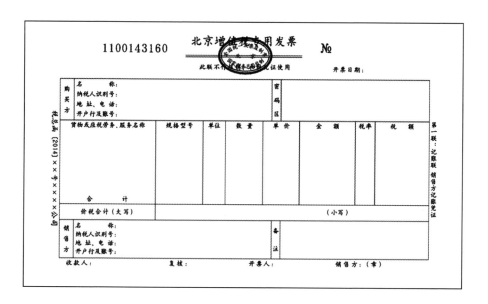

图3-1　增值税专用发票式样

②增值税电子专用发票。从2020年9月1日起在宁波、石家庄和杭州开展增值税专用发票电子化试点。发票电子化是大势所趋。增值税电子专用发票纵向分为票头、购买方、应税明细和合计、销售方和票尾五个部分，票样如图3-2所示。

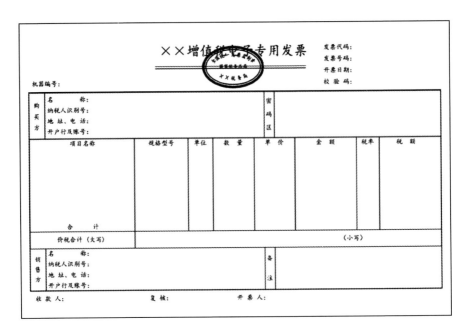

图 3 - 2　增值税电子专用发票式样

③增值税普通发票（纸质版）。小规模纳税人只能开具增值税普通发票。增值税普通发票分为二联票和五联票，票样如图 3 - 3 所示。

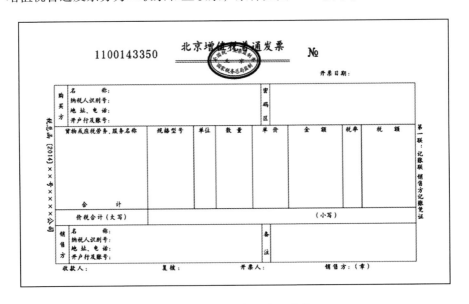

图 3 - 3　增值税普通发票式样

④增值税电子普通发票。该发票是增值税普通发票的电子版，票样如图3-4所示。

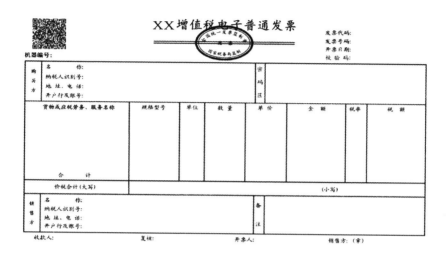

**图3-4 增值税电子普通发票式样**

⑤增值税电子普通发票（通行费）。高速公路通行费是电子普通发票的一种，在左上角有专门的"通行费"标识，票样如图3-5所示。

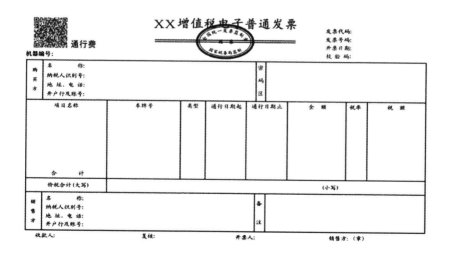

**图3-5 增值税电子普通发票（通行费）式样**

⑥增值税普通发票（卷票）。增值税普通发票（卷票）为定长发票，重点在生活性服务业纳税人中推广使用，票样如图 3 - 6 所示。

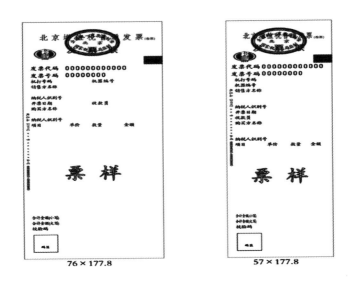

**图 3 - 6　增值税普通发票（卷票）式样**

⑦机动车销售统一发票。销售新的机动车开具该发票，为电脑六联式发票，票样如图 3 - 7 所示。

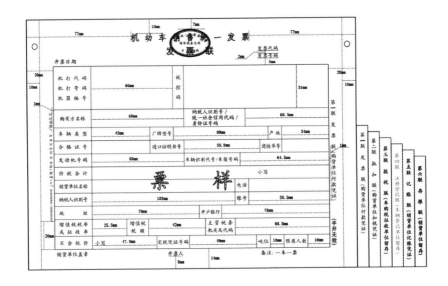

**图 3 - 7　机动车销售统一发票式样**

⑧二手车销售统一发票。销售二手车时开具该发票，为电脑五联式发票，票样如图 3 - 8 所示。

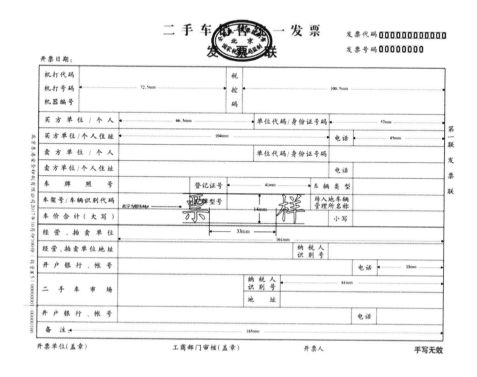

图 3 - 8　二手车销售统一发票式样

增值税部分洋洋洒洒写了这么多，可算是把一些常见的知识讲完了。增值税在我国税收中占的比重大，涉及的场景多，可以说是非常复杂的税种，税务局发布的增值税规范文件也特别多（目前，国家税务总局的税收政策库显示规范增值税的有效文件共 752 份。另外各省份还有大量地方性文件）。同时，《中华人民共和国增值税暂行条例》自 1993 年 12 月发布以来，虽然多次修订，但一直在暂行，尤其是营改增后，还没有一份统一的完整的法规。所以，负责增值税工作的会计需要极强的政策收集能力。

（二）消费税

【专业表达】在中华人民共和国境内生产、委托加工和进口本条例规定的消费品的单位和个人，以及国务院确定的销售本条例规定的消费品的其他单位和个人，为消费税的纳税人，应当依照本条例缴纳消费税（摘自《中华人民共和国消费税暂行条例》及相关补充通知）。

**【阿山说】** 消费税主要是对过度消费会危害健康的商品、奢侈商品以及严重影响环境的高耗能、高污染、资源性商品及消费行为进行调节。

（三）关税

**【专业表达】** 中华人民共和国海关是国家的进出关境监督管理机关。海关依照本法和其他有关法律、行政法规，监管进出境的运输工具、货物、行李物品、邮递物品和其他物品，征收关税和其他税、费，查缉走私，并编制海关统计和办理其他海关业务（摘自《中华人民共和国海关法》）。

中华人民共和国准许进出口的货物、进境物品，除法律、行政法规另有规定外，海关依照本条例规定征收进出口关税（摘自《中华人民共和国进出口关税条例》）。

**【阿山说】** 进、出我国边境的货物、物品都需要缴纳关税，但是根据量的不同适用不同的规定。比如进口方面：规定数额以内的个人自用进境物品，免征进口税；超过规定数额但仍在合理数量以内的个人自用进境物品，在海关放行前按照进境物品规定缴纳进口税；超过合理、自用数量的进境物品应当按照进口货物规定缴纳进口税。注意这里的物品和货物的表述，两者的含义截然不同。

关税纳税人包括进口货物收货人、出口货物发货人、进出境物品所有人（携带人、邮运进境收件人、邮运出境寄件人或托运人等）。

进口货物税率：最惠国税率、协定税率、特惠税率、普通税率、暂定税率、关税配额税率等，对于违反有关协定的国家还可以征收报复性关税。进、出口是国家（地区）与国家（地区）之间的贸易，讲究平等互惠，在关税税率方面充分体现这一点。

虽然说关税的学习还是可以遵循税种学习的基本套路，但是情形多、细节多，我们大部分人的工作和生活与关税的关联度不大，在此就不展开介绍了。

### 3.5.3.2　所得税类（3 种）

所得税类，包括企业所得税、个人所得税、土地增值税，主要是在国民收入形成后，对生产经营者的利润和个人的纯收入发挥调节作用。

（一）企业所得税

**【专业表达】**在中华人民共和国境内，企业和其他取得收入的组织为企业所得税的纳税人，依照本法的规定缴纳企业所得税。企业每一纳税年度的收入总额，减除不征税收入、免税收入、各项扣除以及允许弥补的以前年度亏损后的余额，为应纳税所得额。个人独资企业、合伙企业以及个体工商户不是企业所得税的纳税人，不缴纳企业所得税（摘自《中华人民共和国企业所得税法》）。

**【阿山说】**企业所得税是企业盈利之后应交的一种税。企业所得税实质上是国家参与企业利润的分配，参与分红。虽然国家没有向每一家企业直接投入本金，但是有间接投入，国家创造稳定和谐的大环境，企业才能安心做生意等。

1. 征税对象：就企业的盈利结果交企业所得税。亏损企业不需要交企业所得税。

2. 纳税义务人：我国境内的企业和其他取得收入的组织（有居民企业和非居民企业的区别，目的是界定应该交税的所得），不含个人独资企业、合伙企业以及个体工商户。

3. 征税基数：各项征税收入减各项合理扣除后的余额（利润）。

4. 税率：一般企业税率为25%；小型微利企业税率为20%（此外，非居民企业的其中一种情形，税率也是20%）；高新技术企业税率为15%；免税企业税率为0。

5. 纳税期限：企业所得税分月或分季预缴，企业应当在次年 5 月 31 日前通算全年企业所得税，多退少补。

6. 纳税地点：居民企业纳税地点一般是企业登记注册地；但登记注册地在境外的，以实际管理机构所在地为纳税地点。非居民企业可以选择在主要机构、场所汇总缴纳企业所得税。

综上所述,企业所得税有两个核心关注点:一是哪些收入可以不计入征税收入、哪些是免税收入;二是哪些是合理支出,应尽可能全面扣除。这两点其实涉及企业的所有收、支行为,细节非常多,考验真功夫。

(二)个人所得税

**【专业表达】** 个人取得下列所得,应当缴纳个人所得税:一是工资、薪金所得;二是劳务报酬所得;三是稿酬所得;四是特许权使用费所得;五是经营所得;六是利息、股息、红利所得;七是财产租赁所得;八是财产转让所得;九是偶然所得(摘自《中华人民共和国个人所得税法》)。

**【阿山说】** 个人所得税是国家参与个人所得的分配,也是对全社会个人收入差距的一种调节。从个人的角度来讲,收入越高交的个人所得税越高,对国家的贡献也就越大。

1. 征税对象:纳税义务人取得的各项所得。

2. 纳税义务人:取得各项所得的居民个人和非居民个人是纳税义务人。居民个人是在中国境内有住所,或者无住所而一个纳税年度内在中国境内居住累计满 183 天(即 365 天的一半以上)的个人。居民个人从中国境内和境外取得的所得,都要缴纳个人所得税。

非居民个人是在中国境内无住所又不居住,或者无住所而一个纳税年度内在中国境内居住累计不满 183 天的个人。非居民个人从中国境内取得的所得,依法缴纳个人所得税。

3. 征税基数:征税基数在个人所得税中称应纳税所得额。应纳税所得额一般是收入减扣除数的余额。分为居民个人和非居民个人两种情况:

第一,居民个人的应纳税所得额。

(1)免征个人所得税的收入:①省级人民政府、国务院部委和中国人民解放军军以上单位,以及外国组织、国际组织颁发的科学、教育、技术、文化、卫生、体育、环境保护等方面的奖金;②国债和国家发行的金融债券利息;③按照国家统一规定发给的补贴、津贴;④福利费、抚恤金、救济金;

⑤保险赔款；⑥军人的转业费、复员费、退役金；⑦按照国家统一规定发给干部、职工的安家费、退职费、基本养老金或者退休费、离休费、离休生活补助费；⑧依照有关法律规定应予免税的各国驻华使馆、领事馆的外交代表、领事官员和其他人员的所得；⑨中国政府参加的国际公约、签订的协议中规定免税的所得；⑩国务院规定的其他免税所得。

（2）个人的综合所得（含个人取得工资、薪金所得；劳务报酬所得；稿酬所得；特许权使用费所得四项所得），以每一纳税年度的收入额减除费用 6 万元以及专项扣除、专项附加扣除和依法确定的其他扣除后的余额，为应纳税所得额。

①减除费用 6 万元，即每月有 5 000 元免征税额度。

②专项扣除包括个人按照国家规定的范围和标准缴纳的基本养老保险、基本医疗保险、失业保险等社会保险费和住房公积金等。所以，单纯从个人所得税的角度看，个人交社会保险费和住房公积金的基数和比例都是越大越好，因为不用交税。

③专项附加扣除包括子女教育、继续教育、大病医疗、住房贷款利息或住房租金、赡养老人、3 岁以下婴幼儿照护 7 项扣除。一是子女教育，每个子女每月可扣除 1 000 元。二是继续教育，如果是接受学历或学位继续教育的支出，每月可以扣除 400 元；符合要求并取得相关证书的，可在当年定额扣除 3 600 元。三是大病医疗，符合条件的，每年可以在 80 000 元限额内据实扣除。四是贷款利息，符合条件的可以每月扣除 1 000 元。五是住房租金，符合条件的，根据工作城市不同，每月可以扣除 800~1 500 元。注意：纳税人及其配偶在一个纳税年度内不能同时享受住房贷款利息和住房租金的扣除。六是赡养老人，不管家里有几个 60 岁以上的老人，都是每月 2 000 元的扣除额度。如果是非独生子女的，2 000 元额度要在子女间进行分摊，每人分摊的额度不能超过每月 1 000 元。纳税人照护 3 岁以下婴幼儿子女的相关支出，按照每个婴幼儿每月 1 000 元的标准定额扣除。

④个人将其所得捐赠给教育、扶贫、济困等公益慈善事业，捐赠额未超

过纳税人申报的应纳税所得额 30% 的部分，可以从其应纳税所得额中扣除。

⑤个人从中国境外取得的所得，可以从其应纳税额中抵免已在境外缴纳的个人所得税税额，但抵免额以该纳税人境外所得应纳税额为限。

⑥劳务报酬所得、稿酬所得、特许权使用费所得是收入减除 20% 的费用后的余额。稿酬所得的收入额减按 70% 计算。

（3）经营所得，以每一纳税年度的收入总额减除成本、费用以及损失后的余额，为应纳税所得额。

（4）财产租赁所得，每次收入不超过 4 000 元的，减除费用 800 元；4 000 元以上的，减除 20% 的费用；其余额为应纳税所得额。

（5）财产转让所得，以转让财产的收入额减除财产原值和合理费用后的余额，为应纳税所得额。

（6）利息、股息、红利所得和偶然所得，以每次收入额为应纳税所得额。

第二，非居民个人的应纳税所得额。

非居民个人的工资、薪金所得，以每月收入额减除费用 5 000 元后的余额为应纳税所得额；劳务报酬所得、稿酬所得、特许权使用费所得，以每次收入额为应纳税所得额。港澳居民在内地的个人所得税，各地推出了较多优惠政策，此处不一一摘录。

4. 税目及税率。

（1）个人取得综合所得，适用 7 级超额累进税率，见表 3－2。

表 3－2　　　　　个人所得税税率表一（综合所得适用）

| 级数 | 全年应纳税所得额 | 税率（%） | 速算扣除数 |
|------|------------------|-----------|------------|
| 1 | 不超过 36 000 元的 | 3 | 0 |
| 2 | 超过 36 000 元至 144 000 元的部分 | 10 | 2 520 |
| 3 | 超过 144 000 元至 300 000 元的部分 | 20 | 16 920 |
| 4 | 超过 300 000 元至 420 000 元的部分 | 25 | 31 920 |
| 5 | 超过 420 000 元至 660 000 元的部分 | 30 | 52 920 |
| 6 | 超过 660 000 元至 960 000 元的部分 | 35 | 85 920 |
| 7 | 超过 960 000 元的部分 | 45 | 181 920 |

从表 3-2 可知，年薪超百万元的部分，达到最高税率 45%。单看税率，税负确实不低了；不过我们也要看到，薪酬达到这个水平，在工薪族中已属凤毛麟角，多为税收做贡献也是合情合理的；同时我们也要明白，工薪族就算做到"打工皇帝"的层次，个人所得的天花板也是肉眼可见的。

超额累进税率是把全部应纳税所得额分成若干区段，每个区段分别按相应的税率计征，税额计算比较复杂。速算扣除数是为解决超额累进税率分级计算税额的复杂技术问题，而预先计算出的一个数据，即先将全部应纳税所得额按其适用的最高税率计税，然后再减去速算扣除数，其余额就是应该交的税额。举例：假设 A 君全年应纳税所得额为 250 000 元。如果按照一般的方法，那么不超 36 000 元的部分按 3% 的税率，即 36 000 × 3% = 1 080（元）；超过 36 000 元至 144 000 元的部分按 10% 的税率，即（144 000 - 36 000）× 10% = 10 800（元）；超过 144 000 元至 250 000 元的部分按 20%，即（250 000 - 144 000）× 20% = 21 200（元），然后汇总，得出应交税费 33 080 元（1 080 + 10 800 + 21 200）。如果按照速算扣除数的办法怎么计算呢？全年应纳税所得额 250 000 元，对应的税率为 20%，那么计算公式为：250 000 × 20% - 16 920（速算扣除数）= 33 080（元）。经验证：计算结果一样。是不是简单了很多呢？是的，感谢税务专家的贴心服务。

（2）纳税义务人取得的经营所得，适用 5 级超额累进税率，见表 3-3。

表 3-3　　　　　　　　个人所得税税率表二（经营所得适用）

| 级数 | 全年应纳税所得额 | 税率（%） |
| --- | --- | --- |
| 1 | 不超过 30 000 元的 | 5 |
| 2 | 超过 30 000 元至 90 000 元的部分 | 10 |
| 3 | 超过 90 000 元至 300 000 元的部分 | 20 |
| 4 | 超过 300 000 元至 500 000 元的部分 | 30 |
| 5 | 超过 500 000 元的部分 | 35 |

（3）纳税义务人取得利息、股息、红利所得；财产租赁所得；财产转让所得和偶然所得，均适用比例税率，税率均为 20%，这四项所得分别计税、

交税。

5. 纳税期限：关于纳税期限，个人所得税法分别不同情形做了详细规定。简单归纳就是及时交税，有按次交、按月交，或者月度、季度预缴，然后年度清算。

6. 纳税地点：个人所得税的纳税地点情形较多，法规根据各种情形做了详细规范。简而言之，有固定场所的在固定场所所在地申报；没有固定场所的在获得收入所在地申报；从两处以上地方获得收入的选择一地申报；总之，要在一地申报，不能漏！

在此，我们上一个案例感受一下税后工资与企业开支的差距。假如老王是广州一家国企的员工，税前月薪 2 万元。那么老王税后工资是多少、企业的开支又是多少呢？先看个人月度应纳税所得额的计算过程及单位交的社保、公积金等，见表 3－4。

表 3－4　　　　　　　　个人所得税纳税计算案例　　　　　　　单位：元

| 项目 | 个人部分 | 单位部分 | 备注 |
|---|---|---|---|
| 税前收入① | 20 000 | | 社保医疗等基数 2 万元 |
| 免征税额度② | 5 000 | | |
| 专项扣除③ | 4 400 | 6 500 | |
| －养老保险 | 1 600 | 3 000 | 个人 8%，单位 15% |
| －医疗保险 | 400 | 1 100 | 个人 2%，单位 5.5% |
| －住房公积金 | 2 400 | 2 400 | 个人 12%，单位 12% |
| －工伤、失业等其他 | — | | 忽略 |
| 专项附加扣除④ | 3 000 | | |
| －子女教育 | 1 000 | | 负担一个子女 |
| －继续教育 | — | | 无 |
| －大病医疗 | — | | 无 |
| －贷款利息 | 1 000 | | |
| －赡养老人 | 1 000 | | 不是独生子女 |
| 扣除小计⑤＝②＋③＋④ | 12 400 | | |
| 应纳税所得额⑥＝①－⑤ | 7 600 | | |

全年应纳税所得额 = 7 600 × 12 = 91 200（元），根据综合所得税税率表，对应的税率为 10%、速算扣除数为 2 520 元，从而可计算出老王全年应交个人所得税 = 91 200 × 10% − 2 520 = 6 600（元）。老王全年税后工资 = 20 000 × 12 − 4 400 × 12 − 6 600 = 180 600（元）；企业一共支付老王的人力费用 = 20 000 × 12 + 6 500 × 12 = 318 000（元），其中 180 600 元发到了老王手里、130 800 元社保及公积金（单位及个人部分）交给了相关单位、6 600 元个人所得税交给了税务局；企业一共支付老王的人力费用是其税后工资的 1.76 倍（318 000/180 600）。

看到这个 1.76 倍是不是吓了一跳呢？是的，所以不要说：我到手工资一年才 18 万元。实际上企业为你花了约 32 万元。当然，这只是一个案例，可能你会反驳：我们公司交社保及公积金的基数不是全额工资，或者我们的社保及公积金比例没这么高，此外，住房公积金可以提取出来当现金使用等。

对，这些情况的确存在，这个 1.76 倍不是一成不变的，各家企业不同。在此环节，把企业默默承担的其他一些开支也披露出来，目的是告诉大家：不要想着你为企业赚到的利润能覆盖税后工资，就是养活了自己。远远不够，仅仅算上企业为你承担的社保及公积金，你为企业赚的利润就至少要等于税后工资的 2 倍才能养活你自己。如果算上企业为你提供的办公场地、办公设备、培训等成本，你为企业赚的利润要等于税后工资的 3 倍，才算开始为企业利润作贡献。老板当然更加明白这笔账，我希望各位也心里有数。

（三）土地增值税

**【专业表达】** 为了规范土地、房地产市场交易秩序，合理调节土地增值收益，维护国家权益，推出土地增值税。转让国有土地使用权、地上的建筑物及其附着物（简称转让房地产）并取得收入的单位和个人，为土地增值税的纳税义务人，应当依照本条例缴纳土地增值税（摘自《中华人民共和国土地增值税暂行条例》）。

**【阿山说】** 土地对于国家来说是稀缺资源，而且土地交易是大宗买卖，金额不小。如果土地实现了增值，那么，为了合理调节土地增值收益，要分一部分收益给国家。

1. 征税对象：转让国有土地使用权、地上的建筑物及其附着物。

2. 纳税义务人：转让国有土地使用权、地上的建筑物及其附着物并取得收入的单位和个人。

3. 征税基数：就增值额纳税。增值额等于纳税人转让房地产所取得的收入减扣除项目金额（合理成本）后的余额。

4. 税率：实行四级超率累进税率。增值额未超过扣除项目金额 50% 的部分，税率为 30%；超过 50% ~ 100% 的部分，税率为 40%；超过 100% ~ 200% 的部分，税率为 50%；超过 200% 的部分，税率为 60%。

5. 纳税期限及纳税地点：纳税人应当自转让房地产合同签订之日起 7 日内向房地产所在地主管税务机关办理纳税申报，并在税务机关核定的期限内缴纳土地增值税。

### 3.5.3.3 财产税和行为税类（4 种）

财产和行为税类，包括房产税、车船税、印花税、契税，主要是对某些财产和行为发挥调节作用。

（一）房产税

【专业表达】房产税在城市、县城、建制镇和工矿区征收。纳税人为产权所有人、经营管理单位、承典人、房产代管人或者使用人。其中注意，个人所有非营业用的房产，暂时不用缴纳房产税（摘自《中华人民共和国房产税暂行条例》）。

【阿山说】房产税是在房屋持有期间征收的一种税。

1. 征税对象：房屋。

2. 纳税义务人：房屋的产权所有人、经营管理单位、承典人、房产代管人或者使用人。

3. 征税基数：依照房产余值缴税的，按房产原值减除 10% 至 30% 后的余值计算缴纳，具体减除比例由省级人民政府规定。

4. 税率：依照房产余值计算缴纳的，税率为 1.2%；依照房产租金收入计算缴纳的，税率为12%。

5. 纳税期限：房产税按年征收、分期缴纳。

6. 纳税地点：由房产所在地的税务机关征收。

看到这里，有同学可能有一个疑问：已经有《中华人民共和国房产税暂行条例》并且在征房产税，为什么还常常看到媒体有"房产税即将全面开征""房产税正在立法"等报道？

大家注意三点：一是目前的房产税是国务院制定的暂行条例，房产税立法是指全国人大正在制定《中华人民共和国房产税法》，拟取代该条例。二是目前的条例规定：个人所有非营业用的房产免征房产税，就是说个人所有的房屋，如果不是营业用途，比如空置、自住等，那是不用交税的。三是房产税已经在多地试点多年，但还没有全面开征。比如上海、重庆在2011年1月开始试点房产税；上海房产税的要点如下，本市居民家庭在本市新购且属于该居民家庭第二套及以上的住房和非本市居民家庭在本市新购的住房；纳税人是产权持有人；纳税基数是应税住房市场交易价格的70%；年税率为0.6%。

（二）车船税

【专业表达】在中华人民共和国境内属于本法所附《车船税税目税额表》规定的车辆、船舶的所有人或者管理人，为车船税的纳税人，应当依照本法缴纳车船税（摘自《中华人民共和国车船税法》）。

【阿山说】与车辆购置税的一次性交税不同，车船税是持有阶段的一种税，每年都要交，一般在每年购买车辆保险时一并缴纳。

1. 征税对象：车辆、船舶。

2. 纳税义务人：车辆、船舶的产权人或管理人。

3. 税目及税率：有专门的税目税额表。以排量2.5升的小汽车为例，每年的车船税区间为660～1 200元。

4. 纳税期限：纳税义务发生时间为取得车船所有权或者管理权的当月，按年申报缴纳。

— 77 —

5. 纳税地点：车船税的纳税地点为车船的登记地或者车船税扣缴义务人所在地。依法不需要办理登记的车船，车船税的纳税地点为车船的所有人或者管理人所在地。

（三）印花税

【专业表达】在中华人民共和国境内书立应税凭证、进行证券交易的单位和个人，为印花税的纳税人，应当依照本法规定缴纳印花税。在中华人民共和国境外书立在境内使用的应税凭证的单位和个人，应当依照本法规定缴纳印花税。应税凭证是指本法所附《印花税税目税率表》列明的合同、产权转移书据和营业账簿。证券交易是指转让在依法设立的证券交易所、国务院批准的其他全国性证券交易场所交易的股票和以股票为基础的存托凭证（摘自《中华人民共和国印花税法》）。

【阿山说】书立凭证和证券交易，与土地、房屋及车辆的交易不同，政府部门不会给你产权证书，但是双方或多方的交易难免会有纠纷，法律的保护肯定是必要的。而且，与契税和车辆购置税的税负比较，印花税税负也是很轻的。

1. 征税对象：书立应税凭证、进行证券交易。

2. 纳税义务人：同一应税凭证由两方以上当事人书立的，按照各自涉及的金额分别计算应纳税额。纳税人为境外单位或个人，在境内有代理人的，以其境内代理人为扣缴义务人；在境内没有代理人的，由纳税人自行申报缴纳印花税，具体办法由国务院税务主管部门规定。证券登记结算机构为证券交易印花税的扣缴义务人，应当向其机构所在地的主管税务机关申报解缴税款以及银行结算的利息。证券交易印花税对证券交易的出让方征收，不对受让方征收（2008 年以前向出让方、受让方双边征收）。

3. 税目及税率：具体可查询印花税税目税率表。比如买卖合同，买卖双方各自按合同金额的万分之三缴纳印花税。

4. 纳税期限：印花税的纳税义务发生时间为纳税人书立应税凭证或者完成证券交易的当日。证券交易印花税扣缴义务发生时间为证券交易完成的当日。印花税按季、按年或按次计征。

5. 纳税地点：纳税人是单位的，应当向其机构所在地的主管税务机关申报缴纳印花税；纳税人是个人的，应当向应税凭证书立地或者纳税人居住地的主管税务机关申报缴纳印花税。不动产产权发生转移的，纳税人应当向不动产所在地的主管税务机关申报缴纳印花税。

（四）契税

**【专业表达】** 在中华人民共和国境内转移（包括买卖、赠与、互换等）土地、房屋权属，承受的单位和个人为契税的纳税人，应当依照本法规定缴纳契税（摘自《中华人民共和国契税法》）。

**【阿山说】** 契税的纳税义务人是承受土地、房屋权属的单位和个人，在权属变更后，自然资源部门会发一本新的不动产权证书给你，证明该土地、房屋的权利人是你。颁发不动产权证书的前提之一是你已经足额缴纳契税。不动产权证是政府部门提供给你的证明文件，为你做的背书，据此可以保障你的权利。当然，请缴纳一定的契税。另外，有能力承受土地、房屋的单位和个人，自然有财力交税，这是拓展税源的重点对象。

1. 征税对象：权属转移的土地或房屋。

2. 纳税义务人：谁接收该权属，谁就是契税的纳税人。

3. 征税基数：契税的计税依据。比如房屋或土地买卖，征税基数就是成交价（若成交价明显偏低且无正当理由，税务机关有权核定价格）。

4. 税率：一般是 3% ~ 5% 。契税完全由地方独享，所以各地根据房地产调控需要可灵活出台减免政策。

5. 纳税期限：纳税义务发生时间为签订土地、房屋权属转移合同的当日，或者取得其他具有土地、房屋权属转移合同性质凭证的当日。纳税人应当在依法办理土地、房屋权属登记手续前申报缴纳契税。

6. 纳税地点：纳税地点是土地、房屋所在地的税务局。

### 3.5.3.4 资源税和环境保护税类（3 种）

资源税和环境保护税类，包括资源税、环境保护税和城镇土地使用税，主要是对因开发和利用自然资源差异而形成的级差收入发挥调节作用。

（一）资源税

**【专业表达】**在中华人民共和国领域和中华人民共和国管辖的其他海域开发应税资源的单位和个人，为资源税的纳税人，应当依照本法规定缴纳资源税（摘自《中华人民共和国资源税法》）。

**【阿山说】**资源税既是一个大类，也是一个具体税种。

1. 征税对象：在中华人民共和国领域和中华人民共和国管辖的其他海域开发的应税资源。

2. 纳税义务人：在中华人民共和国领域和中华人民共和国管辖的其他海域开发应税资源的单位和个人。

3. 计税基数：资源税按照《税目税率表》实行从价计征或从量计征。从价计征就是以价格为基数乘以税率，从量计征就是以吨、立方等数量乘以单位税额。

4. 税目及税率：资源税的税目、税率依照《税目税率表》执行。比如开采石油，按原矿销售额的6%交税。

5. 纳税期限：纳税人销售应税产品，纳税义务发生时间为收讫销售款或者取得索取销售款凭据的当日；自用应税产品的，纳税义务发生时间为移送应税产品的当日。资源税按月或者按季申报缴纳；不能按固定期限计算缴纳的，可以按次申报缴纳。

6. 纳税地点：纳税人应当向应税产品开采地或者生产地的税务机关申报缴纳资源税。

（二）环境保护税

**【专业表达】**为了保护和改善环境，减少污染物排放，推进生态文明建设，在中华人民共和国领域和中华人民共和国管辖的其他海域，直接向环境排放应税污染物的企业事业单位和其他生产经营者为环境保护税的纳税人，应当依法缴纳环境保护税。应税污染物是指本法所附《环境保护税税目税额表》《应税污染物和当量值表》规定的大气污染物、水污染物、固体废物和噪声（摘自《中华人民共和国环境保护税法》）。

【阿山说】环境保护税最早是英国经济学家庇古（Arthur Cecil Pigou）提出的，他的观点已经为西方发达国家普遍接受。改革开放以来，我国经济持续高速发展，但是单位 GDP 能耗和主要污染物排放等指标超标严重，我们赖以生存的生态环境越来越糟糕。绿水青山就是金山银山。为了大家的身体健康，推动高质量发展，给子孙后代留下一片蓝天和净土，在各方力量的推动下，我国制定了《中华人民共和国环境保护税法》，于 2018 年 1 月 1 日起施行。

1. 征税对象：应税污染物。

2. 纳税义务人：在中华人民共和国领域和中华人民共和国管辖的其他海域，直接向环境排放应税污染物的企业事业单位和其他生产经营者为环境保护税的纳税人。

3. 计税基数：应税污染物的计税依据，按照下列方法确定：应税大气污染物按照污染物排放量折合的污染当量数确定；应税水污染物按照污染物排放量折合的污染当量数确定；应税固体废物按照固体废物的排放量确定；应税噪声按照超过国家规定标准的分贝数确定。污染当量、排污系数是根据该污染对环境的有害程度以及处理的技术经济性设置的一些系数和参数。

4. 税目及税率：环境保护税的税目、税额依照《环境保护税税目税额表》执行。比如排放危险废物每吨税额 1 000 元。

5. 纳税期限：纳税义务发生时间为纳税人排放应税污染物的当日。环境保护税按月计算，按季申报缴纳，在季度终了之日起十五日内完成。不能按固定期限计算缴纳的，可以按次申报缴纳，自纳税义务发生之日起十五日内完成。

6. 纳税地点：纳税人应当向应税污染物排放地的税务机关申报缴纳环境保护税。

（三）城镇土地使用税

【专业表达】为了合理利用城镇土地，调节土地级差收入，提高土地使用效益，加强土地管理，在城市、县城、建制镇、工矿区范围内使用土地的单位和个人，为城镇土地使用税的纳税义务人，应当依照本条例的规定缴纳土地使用税（摘自《中华人民共和国城镇土地使用税暂行条例》）。

【阿山说】如果说耕地是保饭碗、保基本民生的重要基石的话，城镇土地就应该是出效益的地方，毕竟城镇人口多，基础设施投入大，寸土寸金的地方，那得征收城镇土地使用税，每年都得交。

1. 征税对象：在城市、县城、建制镇、工矿区范围内使用的土地。

2. 纳税义务人：在城市、县城、建制镇、工矿区范围内使用土地的单位和个人。

3. 计税基数：土地使用税以纳税人实际占用的土地面积为计税依据。

4. 税额：土地使用税每平方米每年税额如下：大城市 0.5～10 元；中等城市 0.4～8 元；小城市 0.3～6 元；县城、建制镇、工矿区 0.2～4 元。具体由省级人民政府或财政部审批决定。

5. 纳税期限：土地使用税按年计算、分期缴纳。缴纳期限由省级人民政府确定。

6. 纳税地点：土地使用税由土地所在地的税务机关征收。

### 3.5.3.5　特定目的税类（5 种）

特定目的税类，包括城市维护建设税、车辆购置税、耕地占用税、船舶吨税和烟叶税，主要是为了达到特定目的，对特定对象和特定行为发挥调节作用。

（一）城市维护建设税

城市维护建设税与教育费附加、地方教育费附加统称为附加税费。

【专业表达】城市维护建设税：在中华人民共和国境内缴纳增值税、消费税的单位和个人，为城市维护建设税的纳税人，应当依照本法规定缴纳城市维护建设税。城市维护建设税专款专用，用来保证城市的公共事业和公共设施的维护和建设（摘自《中华人民共和国城市维护建设税法》）。

教育费附加：为加快发展地方教育事业，扩大地方教育经费的资金来源，凡缴纳消费税、增值税的单位和个人，都应当依照本规定缴纳教育费附加（摘自《征收教育费附加的暂行规定》）。

地方教育费附加是经财政部同意后由省级政府规定的，如广州市是依据《广东省地方教育附加征收使用管理暂行办法》）。

【阿山说】俗话说：皮之不存毛将焉附。所谓附加税，就是没有独立的征税对象，它的"皮"是增值税、消费税，所以又称"税中税"。不过只有城市维护建设税是税，而且专门有立法。教育费附加和地方教育费附加是依据部门或地方规定收取的费。

1. 征税对象：同增值税、消费税。

2. 纳税义务人：同增值税、消费税。

3. 计税基数：增值税、消费税的实际缴纳税额。

4. 税率：城市维护建设税税率：市区 7%；县、镇 5%；其他区域 1%。教育费附加为 3%。地方教育费附加一般为 2% 左右。

5. 纳税期限：同增值税、消费税。

6. 纳税地点：同增值税、消费税。

（二）车辆购置税

【专业表达】在中华人民共和国境内购置汽车、有轨电车、汽车挂车、排气量超过一百五十毫升的摩托车的单位和个人，为车辆购置税的纳税人，应当依照本法规定缴纳车辆购置税。购置是指以购买、进口、自产、受赠、获奖或者其他方式取得并自用应税车辆的行为（摘自《中华人民共和国车辆购置税法》）。

【阿山说】车辆购置税的设置理由可参考契税，不再赘述。车辆购置税是在购置时点交的一次性税收。

1. 征税对象：车辆。

2. 纳税义务人：谁购置，谁负责交车辆购置税。

3. 征税基数：购买新车的征税基数为购买人实际支付给销售者的全部价款，不含增值税税款。

4. 税率：一般为 10%。为鼓励消费，有时有减、免政策。

5. 纳税期限：纳税义务发生时间为纳税人购置应税车辆的当日。纳税人应当自纳税义务发生之日起六十日内申报缴纳车辆购置税。

6. 纳税地点：向车辆登记地的主管税务机关申报缴纳车辆购置税。

（三）耕地占用税

【专业表达】为了合理利用土地资源，加强土地管理，保护耕地，在中华人民共和国境内占用耕地建设建筑物、构筑物或者从事非农业建设的单位和个人，为耕地占用税的纳税人，应当依法缴纳耕地占用税。占用耕地建设农田水利设施的，不缴纳耕地占用税。耕地是指用于种植农作物的土地（摘自《中华人民共和国耕地占用税法》）。

【阿山说】有些人一直以为我国地大物博，其实不是这样的。自然资源部 2021 年 8 月 26 日公布第三次全国国土调查结果：目前我国耕地面积 19.18 亿亩。与我们要坚守的 18 亿亩耕地红线比较，并不宽裕。我国有 14 亿人，要把饭碗牢牢地端在自己手里，很不容易，所以我们出台了一系列加强土地管理、保护耕地的政策措施，征收耕地占用税就是其中的一项。

1. 征税对象：占用耕地建设建筑物、构筑物或者从事非农业建设的耕地。

2. 纳税义务人：占用耕地建设建筑物、构筑物或者从事非农业建设的单位和个人。

3. 征税基数：以纳税人实际占用的耕地面积为计税依据，按照规定的适用税额一次性征收。

4. 税额：人均耕地不超过一亩的地区（以县、自治县、不设区的市、市辖区为单位，下同），每平方米为十元至五十元；人均耕地超过一亩但不超过二亩的地区，每平方米为八元至四十元；人均耕地超过二亩但不超过三亩的地区，每平方米为六元至三十元；人均耕地超过三亩的地区，每平方米为五元至二十五元。具体由省级人民政府提出方案，报同级人民代表大会常务委员会决定。

5. 纳税期限：纳税义务发生时间为纳税人收到自然资源主管部门办理占用耕地手续的书面通知的当日。纳税人应当自纳税义务发生之日起三十日内申报缴纳耕地占用税。

6. 纳税地点：向耕地所在地税务机关申报缴纳。

各位同学，讲到这里，围绕土地的税种已经全部介绍完了，我们再回头梳理一下：

（1）如果你占用耕地搞非农业建设，那需要交耕地占用税，在开始占用耕地的时候一次性缴纳。

（2）如果你占用的是城镇土地，那需要交城镇土地使用税，使用多久就要缴纳多久，每年都要交。

（3）如果土地或房屋需要转移权属关系，那需要交契税，每次转移都要交。

（4）如果转移国有土地使用权、地上的建筑物及附着物获得了差价，那需要交土地增值税，每次转移只要获得了差价就要交（注意：大家平时买的商品房，如果你仅买商品房的某一套房，不是整栋房屋连着土地一起买，那是不需要交土地增值税的，这种情况下的土地增值税由房地产开发商负责交）。

（5）转移土地、房屋权属，这属于销售不动产，该不动产进入了流通环节，需要交增值税。按理来说只要卖出价比你之前的买入价高，就要交增值税。不过很多地方通过是否减免增值税来调控房地产市场。比如不动产权证登记满 2 年后再出售可以免交增值税等，以此促进二手房交易。同时，交了增值税的话，附加税（含城市维护建设税）也要一并缴纳。

（6）转移土地、房屋权属是大宗交易，肯定是要签订合同的，那还需要交印花税，转移一次就要交一次。

（7）买卖土地、房屋的频率是比较低的，持有土地、房屋的时间则较长。持有环节需要交房产税，使用多久就要缴纳多久，每年都要交。当然，目前房产税还没有全面开征，部分地区个人持有的不用于经营的房屋，免征房产税。

（8）转移土地、房屋权属，如果是个人产权且卖出价比买入价高的，那么需要按照财产转让所得交纳个人所得税。当然，有些地方设置了免税的情况，比如卖方名下唯一且不动产权证满五年的房子出售，可以免征个人所得税。

（9）转移土地、房屋权属，如果是公司产权的房屋，那么转让所得要合并计入营业收入，然后交企业所得税。

对于政府而言，把土地转让给单位或个人，当然是需要收对价（专业表达：土地出让金）的，这笔钱进入政府的非税收入（政府性基金科目）。由于不是税收收入，所以我们这里只交代一下，不细说了。

你看看，围绕土地、房屋的税有多种，在用地、买卖、持有、获得差价等环节都涉及交税，此外还涉及一些收费。

（四）船舶吨税

**【专业表达】** 自中华人民共和国境外港口进入境内港口的船舶，应当依照本法缴纳船舶吨税（摘自《中华人民共和国船舶吨税法》）。

**【阿山说】** 港口也是一种资源，而且是有限资源，向进港的船舶征收一定的税是应该的。

1. 征税对象：自境外港口进入境内港口的船舶。

2. 纳税义务人：应税船舶负责人。

3. 税目：按船舶净吨位划分税目。

4. 税率：有优惠税率和普通税率的区别，可查明细表。

5. 纳税期限：吨税纳税义务发生时间为应税船舶进入港口的当日。应税船舶在吨税执照期满后尚未离开港口的，应当申领新的吨税执照，自上一次执照期满的次日起续缴吨税。应税船舶负责人应当自海关填发吨税缴款凭证之日起十五日内缴清税款。未按期缴清税款的，自滞纳税款之日起至缴清税款之日止，按日加收滞纳税款万分之五的税款滞纳金。

6. 纳税地点：吨税由海关负责征收。海关征收吨税应当制发缴款凭证。

（五）烟叶税

【专业表达】在中华人民共和国境内，依照《中华人民共和国烟草专卖法》的规定收购烟叶的单位为烟叶税的纳税人。纳税人应当依法缴纳烟叶税。烟叶是指烤烟叶、晾晒烟叶（摘自《中华人民共和国烟叶税法》）。

【阿山说】烟草是我国的一个传统产业，烟叶作为一种特殊产品，具有较高的经济价值，是烟农也是地方政府收入的一大来源。在 2006 年取消农业税的背景下，为了调节烟叶生产，保护烟草生产地政府的财源，我国于 2006 年 4 月开征了烟叶税，当时执行的是《中华人民共和国烟叶税暂行条例》。后来推动立法，2017 年 12 月颁布《中华人民共和国烟叶税法》，于 2018 年 7 月 1 日起施行。

1. 征税对象：烤烟叶、晾晒烟叶。

2. 纳税义务人：在中华人民共和国境内，依照《中华人民共和国烟草专卖法》的规定收购烟叶的单位。

3. 计税基数：纳税人收购烟叶实际支付的价款总额。

4. 税率：20%。

5. 纳税期限：纳税义务发生时间为纳税人收购烟叶的当日。按月计征，纳税人应当于纳税义务发生月终了之日起十五日内申报并缴纳税款。

6. 纳税地点：纳税人应当向烟叶收购地的主管税务机关申报缴纳烟叶税。

至此，18 个税种的简要情况就介绍完了。

## 3.5.4　税务筹划的基本思路

【专业表达】税务筹划主要是指企业为了充分利用国家税收的优化政策以及赋予企业的一些特殊权利，在充分遵循国家税收政策法规的前提下，对生产经营以及管理中的部分涉税经济业务进行提前的规划和统筹，最终实现降低企业总体税负或者推迟缴税时间的管理目标。税务筹划一般具有合法性、适时性和预测性三个主要特点，其中合法性是指企业的税务筹划不得违背国家的税收法规；适时性是指企业的税务筹划要随纳税环境、企业业务变化而不断变化；预测性是指税务筹划一般是在业务发生之前就提前进行预测和规划。

【阿山说】税务筹划是一个非常大的课题，涉及的细节纷繁复杂，在此我们不展开来讲，只介绍一些基本理念和思路。

1. 要树立正确的税务筹划观。

（1）税务筹划的前提是严格遵守税收法律法规。税务筹划是在法律许可的范围内，对经营事项的安排和策划，以达到节税目的。税务筹划不是偷税、逃税、漏税等违法行为。

偷税是纳税人伪造、变造、隐匿、擅自销毁账簿、记账凭证，或者在账簿上多列支出或者不列、少列收入，或者经税务机关通知申报而拒不申报或者进行虚假的纳税申报，不缴或者少缴应纳税款的行为；或者扣缴义务人采取前款所列手段，不缴或者少缴已扣、已收税款的行为（摘自《中华人民共和国税收征收管理法》）。

逃税罪是对纳税人采取欺骗、隐瞒手段进行虚假纳税申报或者不申报，逃避缴纳税款数额较大情形，或者扣缴义务人采取前款所列手段，不缴或者少缴已扣、已收税款数额较大情形的一种处罚（摘自《中华人民共和国刑法》）。

漏税是由于纳税人不熟悉税法规定，或者由于工作粗心大意等原因造成的漏缴或者少缴税款的行为。

从以上定义看，偷税和逃税规范的是同一种情形，只是程度不同，适用的法律不同，目前已没有偷税罪，只有逃税罪。偷税是纳税人以不缴或者少缴税款为目的，采取各种不公开的手段，隐瞒真实情况，欺骗税务机关的行为。逃税是纳税人欠缴应纳税款，采取转移或者隐匿财产的手段，致使税务机关无法追缴欠缴税款的行为。纳税人必须有欠缴税款的事实，即在税务机关核定的期限内没有按时缴纳税款（如果在这个环节补缴了税款、罚金及滞纳金等，则不再追究逃税罪）；同时，纳税人有转移、隐匿财产的行为，并且这一行为产生了税务机关无法追缴所欠税款的后果。

而漏税是一种无心之过，不是有意为之，通常情况下补缴税款及滞纳金就没事了。

（2）税务筹划要有系统性。税务筹划是一项全局性、系统性工作，需要站在全局高度，从整体的角度统筹规划。税务筹划的目的是实现整体税务负担的最小化，而不是局部，不是个别子公司或分支机构税负的最小化。

（3）税务筹划要事前谋划。税务筹划是在企业的纳税义务尚未发生之前，对将可能面临的税收待遇所做的一种策划与安排。若是在纳税义务已经发生之后，已成既定事实，再做所谓的筹划，那就不是税务筹划，而可能是偷税、逃税了。

2. 企业集团的税务筹划思路。

（1）设置恰当的企业组织形式。企业在设立及进行对外投资时，可以选择不同的企业组织形式。可以选择公司制、合伙制或独资经营；也可以选择设立子公司（或多个子公司、孙公司等），开设分公司等。企业组织形式设置是顶层设计，是顶尖的税务筹划。

比如应交消费税的生产企业，由于消费税是在生产环节征税，那就要设法降低生产环节的毛利。但是，如果为节税降低的毛利让渡给了非关联方企业，那当然不行。那么可以考虑成立一个营销公司，专门负责本单位产品销售，将产品毛利在生产环节降低，转移到营销公司，这样一来集团内整体利润不受影响，而生产环节的消费税会大大降低。

（2）选择合适的注册地点。不论是注册集团企业、下属子公司，还是对外投资，在选择注册地点时都要周密筹划。世界各国、我国的各地区有很大的税收差异，表现在优惠税率、税收抵免、亏损结转期限、加速折旧等方面，企业应结合自身业务情况尽量选择具有较多税收优惠政策的国家或地区进行投资。

世界上有一些沿海国家和内陆小国号称"避税天堂"，这些地方为了吸引外国资本流入，对在此地区获得的收入或拥有的财产不征税或征收很低的税率，吸引大批企业前往注册，比如开曼群岛，有近 10 万家公司在此注册。

全球著名的避税天堂有开曼群岛、英属维京群岛、百慕大群岛、巴拿马、卢森堡等。我国新疆的霍尔果斯开发区也曾因为税收优惠吸引大量娱乐明星把公司或工作室注册于此。

（3）合理使用转让定价。转让定价是指关联企业之间销售货物、提供劳务、转让无形资产等设定的价格。通过转让定价进行税务筹划的方式主要有：通过关联企业之间的产品购、销，以低进高出或高进低出的方式，将收入转移到税负率低的企业，或将成本或费用转移到税负率高的企业，从而达到降低税负的目的；通过对专利、专有技术等无形资产的特许权使用费的高低来调节关联企业的成本和利润；通过关联企业间资金借贷来调节利息的方式影响关联企业的成本或费用等。

在经济全球化的背景下，税基侵蚀和利润转移愈演愈烈，引起了全球范围内的广泛关注，各个国家对转让定价的监管在加强。企业宜采用科学合理的转让定价方法，并在必要的情况下聘请会计师事务所等中介机构，出具《转让定价报告》，以此作为向税务机关证明转让定价设计合理性的证明文件，从而避免税务机关的罚款。

《中华人民共和国税收征收管理法实施细则》第五十三条规定，纳税人可以向主管税务机关提出与关联企业之间业务往来的定价原则、计算方法，主管税务机关审核批准后，与纳税人预先约定有关定价事项，监督纳税人执行。纳税人遵守了预约定价安排并符合安排条件，主管税务机关应当认可预约定价安排所述关联交易的转化定价原则和方法。

3. 具体企业的税务筹划思路。

（1）控制企业的资本结构。根据税法规定，企业支付的股息红利是在企业所得税之后支出，而债务利息则可以计入企业成本。所以，单从税收角度看，借债筹资比股本筹资更为有利。

（2）充分应用各种税收优惠政策。国家或地方政府为鼓励某些行业或地区的发展而制定了一系列的减、免、退、抵等政策，逐渐形成了我国的税收优惠政策体系。税务会计要做好本企业涉及经营业务和本地区的税收优惠政策收集，尽量以优惠政策所要求的条件为指导，对业务进行合理安排和规划，以充分利用这些税收优惠政策，有效降低税负成本。

（3）尽量使企业适用较低的税率或控制税率的爬升。一是降低企业所适用的税率。比如一般企业所得税率为25%，但是小规模纳税人有税收减免、高新技术企业的企业所得税税率为15%、符合条件的小型微利企业所得税税率为20%等，我们可以根据业务实际，把相关业务拆分成不同的纳税主体，从而适用较低的税率，控制企业总体税负率。二是控制税率的爬升。比如个人所得税实行超额累进税率，收入越高税率越高。我们可以通过一些跨期的安排，控制税率爬升到更高的比例；或者工资可以安排现金加其他的组合方式，比如现金加股权激励的方式。又比如年终奖金，通过反复测算，避免突破某些临界值而税负猛增的情形。

（4）缩小计税基数。如果计税基数等于应税收入减成本扣除，那么就可以从两头入手。一是让企业尽量取得不被税法认定为应税所得的经济收入。例如一般是经过交易实现了的所得才需要纳税，资产不变现就不对其增值所得课税。企业可以用银行贷款购买土地、房屋等具有增值潜力的不动产，然后长期持有，只要不出售该不动产，企业就不必缴纳资本利得税，而且还可以享受银行贷款利息可以在税前扣除所带来的税收利益，同时，雄厚的实物资产会给企业带来较多无形的正面影响。二是用足成本扣除政策。用足扣除政策或者通过期间变动来筹划扣除额的扣除时间。比如工会经费、职工福利费、职工教育经费的充足计提等。

（5）推迟应税所得的实现。我们知道资金有时间价值，假如今年应交的1 000万元税金可以推迟到5年后再交，那收益是相当可观的。比如采用加速折旧法，加大当年的折旧费用，减少利润，把企业所得税往后延。

（6）强化发票管理，提高企业的增值税进项税抵扣率。全面营改增后，增值税抵扣链条全部打通，所以要努力提高进项税抵扣率，而提高抵扣率最有效的办法就是强化发票管理，确保企业在经济活动中能够取得足额合规的可抵扣进项税发票。

（7）充分利用融资租赁。从税务角度看，融资租赁是一个非常好的工具。不仅可以融资，零投入快速获得所需的资产、扩大产能，更重要的是租入的资产可以计提折旧，折旧作为成本费用，减少所得税的征税基数，少纳所得税。同时，支付的租金利息也可在所得税前扣除，进一步减少了纳税基数。

（8）做好股利分配形式的选择。企业的股利分配形式一般有现金股利和股票股利两种。根据税法规定，股东取得现金股利须交个人所得税，而取得股票股利却不交税。因此，企业要从发展前景和企业实际情况来筹划如何发放现金股利与股票股利，从而形成对企业和股东都有利的局面。

（9）紧盯税务政策变化。世界各国税收政策各不相同，且处于不断变化中，我国也是如此。企业应时刻关注世界各国税收政策变化，尤其是关注我国和企业所在地税收政策的变化，使税务筹划方案与税收政策相适应，并根据税收政策的变化及时调整税务筹划方案。

（10）与税务部门、中介机构保持密切联系。企业要与当地税务部门、会计师事务所、税务师事务所等保持密切沟通与联系，及时获取最新税务信息及监管要求，在税务筹划过程中积极主动沟通，获取专业、权威指导意见，保证税务筹划的合法性、有效性，不断提升企业税务筹划水平。

税务筹划的内容非常丰富，以上仅仅是一些思路和方向，如果可以引起各位同学的一些思考，那就功德无量啦。

总体说来，税务会计要有较强的政策研究能力、较强的沟通能力。

# 3.6　会计监督

在 1.2.1 小节我们讲了：会计监督是会计的基本职能之一。下面我们从会计监督的职责所在、主要内容、主要措施及与内部控制的关系等方面予以详细介绍。

## 3.6.1　会计监督职责所在

【专业表达】较多的法律法规从不同侧面明确了会计监督职责，比如：

1.《中华人民共和国会计法》相关规定。

《会计法》从总体要求、会计核算、会计监督、会计机构及会计人员、法律责任等方面进行了详细规定。其核心是企业必须根据实际发生的经济业务事项，按照国家统一的会计制度的规定确认、计量和报告。违反规定，构成犯罪的，依法追究刑事责任；违反规定，情节严重的，终身不得从事会计工作，或者五年内不得从事会计工作；其他还有诸如罚款、降级、撤职、开除等处罚处分。

第五条规定：会计机构、会计人员依照本法规定进行会计核算，实行会计监督。任何单位或者个人不得对依法履行职责、抵制违反本法规定行为的会计人员实行打击报复。

第四十条规定：因有提供虚假财务会计报告，做假账，隐匿或者故意销毁会计凭证、会计账簿、财务会计报告，贪污，挪用公款，职务侵占等与会计职务的有关违法行为被依法追究刑事责任的人员，不得再从事会计工作。

2.《中华人民共和国税收征收管理法》相关规定。

《税收征收管理法》从总体要求、税务管理、税务登记、账簿及凭证管理、纳税申报、税款征收、税务检查、法律责任等方面进行了详细规定。其核心是企业要依法纳税、按时缴税。违反规定，构成犯罪的，依法追究刑事责任；违反规定，由税务机关追缴其不缴或者少缴的税款、滞纳金，最高可并处不缴或者少缴税款五倍的罚款；其他还有诸如罚款、降级、撤职等处罚处分。

3.《中华人民共和国审计法》相关规定。

第四十七条规定：被审计单位违反本法规定，拒绝、拖延提供与审计事项有关的资料的，或者提供的资料不真实、不完整的，或者拒绝、阻碍检查、调查、核实有关情况的，由审计机关责令改正，可以通报批评，给予警告；拒不改正的，依法追究法律责任。

第四十八条规定：被审计单位违反本法规定，转移、隐匿、篡改、毁弃财务、会计资料以及与财政收支、财务收支有关的业务、管理等资料，或者转移、隐匿、故意毁损所持有的违反国家规定取得的资产，审计机关认为对直接负责的主管人员和其他直接责任人员依法应当给予处分的，应当向被审计单位提出处理建议，或者移送监察机关和有关主管机关、单位处理，有关机关、单位应当将处理结果书面告知审计机关；构成犯罪的，依法追究刑事责任。

4.《会计人员管理办法》相关规定。

财政部印发的《会计人员管理办法》第六条规定：因发生与会计职务有关的违法行为被依法追究刑事责任的人员，单位不得任用（聘用）其从事会计工作。因违反《中华人民共和国会计法》有关规定受到行政处罚五年内不得从事会计工作的人员，处罚期届满前，单位不得任用（聘用）其从事会计工作。

5.《中华人民共和国刑法》相关规定。

第一百六十一条：【违规披露、不披露重要信息罪】依法负有信息披露义务的公司、企业向股东和社会公众提供虚假的或者隐瞒重要事实的财务会计报告，或者对依法应当披露的其他重要信息不按照规定披露，严重损害股东或者其他人利益，或者有其他严重情节的，对其直接负责的主管人员和其他直接责任人员，处三年以下有期徒刑或者拘役，并处或者单处二万元以上二十万元以下罚金。

第一百六十二条：【妨害清算罪、隐匿、故意销毁会计凭证、会计账簿、财务会计报告罪；虚假破产罪】隐匿或者故意销毁依法应当保存的会计凭证、会计账簿、财务会计报告，情节严重的，处五年以下有期徒刑或者拘役，并处或者单处二万元以上二十万元以下罚金。

第二百零一条：【逃税罪】纳税人采取欺骗、隐瞒手段进行虚假纳税申报或者不申报，逃避缴纳税款数额较大并且占应纳税额百分之十以上的，处三年以下有期徒刑或者拘役，并处罚金；数额巨大并且占应纳税额百分之三十以上的，处三年以上七年以下有期徒刑，并处罚金。

第二百零五条：【虚开增值税专用发票、用于骗取出口退税、抵扣税款发票罪】虚开增值税专用发票或者虚开用于骗取出口退税、抵扣税款的其他发票的，处三年以下有期徒刑或者拘役，并处二万元以上二十万元以下罚金；虚开的税款数额较大或者有其他严重情节的，处三年以上十年以下有期徒刑，并处五万元以上五十万元以下罚金；虚开的税款数额巨大或者有其他特别严重情节的，处十年以上有期徒刑或者无期徒刑，并处五万元以上五十万元以下罚金或者没收财产。

第二百七十一条：【职务侵占罪；贪污罪】公司、企业或者其他单位的人员，利用职务上的便利，将本单位财物非法占为己有，数额较大的，处五年以下有期徒刑或者拘役；数额巨大的，处五年以上有期徒刑，可以并处没收财产。

【阿山说】会计并不是天生"爱管闲事"，也不是主观想做"讨厌鬼"，毕竟谁还不想每天开开心心上班，做一个"人美心善、人见人爱的小仙女"，或者做一个"懂事、会做人、豪爽阔气的帅小伙"呢。可是职责所在、使命所然呀，你见或者不见，这么些法律法规就摆在那，尤其是《会计法》和《会计人员管理办法》，这是专门为会计这个职业和工作而颁布的法律和规定，请审视一遍三百六十行，"享受"这种待遇的职业还有哪些？会计如果不全力履职尽责，等着的或者是罚款，或者是禁业，甚至是刑事责任，谁敢怠慢呢。

有些人会问：你个小会计凭什么这么牛？凭什么要求这个要求那个？这里可以很明确地告诉你：会计凭的是财经政策、法律条文，凭的是为企业、为领导"守住底线""不踩红线"的出发点和落脚点，凭的是为你我后续的工作和生活少一分烦恼或痛苦。你提供给会计的每一张单据，不是拿到钱就完事了、就销毁了，而是会装订成册，像宝贝一样珍藏 30 年以上（现在的要求是终身追责呢），随时供各层级各方面的检查者审查，任何检查者发现有任何问题，都可能请你过去了解情况！了解到这一层，你还敢敷衍了事吗？还敢抱着"只要能从会计手里拿到钱就行"的心态吗？当然，在这里也要再一次悄悄地提醒各位亲爱的会计：会计并不是执法者，会计监督也是一种服务。服务当然要注意态度，注意方式和方法。所以，安排外圆内方、性格坚毅的会计负责监督审核工作较为妥当。

## 3.6.2 会计监督主要内容

【专业表达】会计工作的企业内部监督内容十分广泛，涉及人、财、物等诸多方面，要监督企业经济业务是否合法、合理、有效；监督资金收入和资金支出是否符合有关规定；监督财产物资是否安全、完整；监督会计资料是否真实可靠等。各单位应当建立、健全本单位内部会计监督制度。

单位内部会计监督制度应当符合下列要求：重大对外投资、资产处置、资金调度和其他重要经济业务事项的决策和执行的相互监督、相互制约程序应当明确；财产清查的范围、期限和组织程序应当明确；记账人员与经济业务事项和会计事项的审批人员、经办人员、财务保管人员的职责权限应当明确，并相互分离、相互制约；对会计资料定期进行内部审计的办法和程序应当明确。

【阿山说】企业开展的各项业务活动（比如产品开发，提供商品和劳务，对外投资等）都涉及合法、合理、有效的问题。首先要遵纪守法，这是企业生存和发展的前提。违法乱纪的话，只能送你一句"法网恢恢，疏而不漏"。其次要合理，要遵循局部利益服从全局利益、眼前利益服从长远利益的原则，遵循规律，不违背基本常识，符合业务发展实际。最后要有效，平衡投入与产出关系，为企业长期健康稳定发展奠定经济基础。企业毕竟是营利组织，不是慈善机构，"只投入、不产出"或者"投入大、产出少"，那迟早逃不过关门倒闭的命运。

监督资金收入和资金支出是否符合有关规定。监督有无虚列或者隐瞒收入、推迟或者提前确认收入的情形；监督企业内部各部门有没有开设银行账号和私设"小金库"，对外投资的收益有没有不入账、中饱私囊现象，有没有其他账外资金；监督成本费用是否有效控制。要按目标成本管理的要求，严格控制不合理支出，对于超标准支出的费用，会计人员要坚决拒付。

监督和维护企业财、物的安全与完整。固定资产、产成品、半成品、低值易耗品、原材料、包装物等财、物是企业赖以生存和发展的物质基础，需要加强管理，分清责任，定期、不定期盘点，以防财物丢失、毁损。

监督会计资料是否真实可靠。记账凭证要依据真实而完整的原始资料进行编制，不符合手续、记录不真实的原始凭证，不能作为编制记账凭证的依据。会计账簿须以审核无误的会计凭证为依据。会计报表要以会计账簿及其他资料为依据，按统一格式编报。会计的真实性应包括以下三个层次：会计信息的可验证性。它指独立的第三者对特定的会计现象进行多次独立操作得出相同或相似的结论的特性，是衡量一个单位会计信息质量的重要标准。这一方面要求单位有完整真实的凭证体系，账簿体系和科学的会计处理方法，另一方面也要求会计人员在会计计量中，对个别会计现象不予高估或低估。会计资料如实反映性。企业不能伪造或变造会计凭证或账簿；不能以计划或预算数据代替实际数据；不能混淆会计事项归属的期间。会计行为的中立性。会计处理方法前后各期应一致，不得随意变更，避免人为操纵会计结果。总之，要做到数据真实，内容完整，计算准确，编报及时，保证账证、账账、账表相符。

### 3.6.3　会计监督主要措施

1. 增强单位负责人会计法治观念。

【专业表达】"官出数字，数字出官""真账假算，假账真算""小金库"等腐败现象在某些地方和企业时有发生，这与企业负责人法治观念淡薄不无关系，因此，加强会计监督首先要提高企业负责人的法律意识。

《会计法》第四条：单位负责人对本单位会计工作和会计资料的真实性，完整性负责。第二十八条：单位负责人应当保证会计机构、会计人员依法履行职责，不得授意指使、强令会计机构，会计人员违法办理会计事项。

【阿山说】火车跑得快，全靠车头带。企业是走正道，还是走野路子，主要是一把手决定的。一把手对会计监督工作有不可推卸的责任，增强其会计法治观念可从源头上遏制会计监督不力，会计信息失真的现象。一把手必须在思想上高度重视，在行动上切实贯彻执行《会计法》。一是要支持、保障会计人员依法进行监督，为会计人员撑腰，帮助解决会计人员在监督工作中遇到的困难和问题，并在企业内部为会计人员实施有效监督提供良好的环境；二是要以身作则，带头支持会计人员履行监督职责。对一把手来说，会计监督不是"绊脚石"，不是"拦路虎"，而是"护身符""黄金铠甲"。会计监督不一定会帮助你跑得快，但一定会帮助你跑得稳、跑得远。

2. 明确经济业务事项的决策和执行程序。

【专业表达】明确经济业务事项的决策和执行程序，确保业务处理流程制度化，尤其重大对外投资、资产处置、资金调度等经济业务事项，既是企业重大的经济活动，也是极为重要的财务管理问题。

1996 年第十四届中央纪委第六次全会公报，对党员领导干部在政治纪律方面提出的四条要求的第二条要求：认真贯彻民主集中制原则，凡属重大决策、重要干部任免、重要项目安排和大额度资金的使用（后来简称为"三重一大"），必须经集体讨论作出决定。

【阿山说】其实无论是国家单位、国有企业，还是民营企业及其他所有制企业，都要建立和完善重大经济业务事项的决策程序，而且决策程序要制度化、规范化，体现监督和制衡原则。这是一家企业做大做强的前提，不是一定要求集体决策，而是要防止头脑发热、随心所欲、朝令夕改，努力做到历久弥坚、行稳致远。

执行层面的操作流程也要明确。尤其要建立财务收支审批制度，明确财务收支审批程序、审批人员、审批权限、审批责任等。对企业中与会计有关的业务，规定标准的处理程序，以防止财产物资的浪费和损失，使企业各部门之间在处理各项业务时，都能有条不紊，协调配合，相互监督，提高效率。

3. 企业应建立会计稽核制度和内部牵制制度。

【专业表达】企业应建立会计稽核制度和内部牵制制度，明确会计事项相关人员的职责权限。

【阿山说】通过建立和完善会计稽核制度，强调相互勾稽印证，认真审核原始凭证的真实性，对日常会计核算工作中出现的疏忽、差错等及时加以制止、纠正，发现或防止会计人员的舞弊行为或者其他侵害企业财产利益的行为。

内部牵制制度是指凡涉及款项或财物的收付、结算以及登记工作，须由两人或两人以上分工办理，以相互制约的工作制度。记账人员与经济业务事项和会计事项的经办人员、审批人员、财物保管人员要实行职务分离，有效地防止因权限集中，职务重叠而造成贪污、舞弊和决策失误。出纳人员不得兼任稽核、账目登记（包括收入、支出、费用、债权、债务等账目登记）及会计档案保管，保证资金的安全和凭证的正确传递。

建立健全内部会计管理体制和会计人员岗位责任制度，明确各会计工作岗位的职责和标准，使责权利相结合，充分调动会计人员当家理财的主动性和积极性。经济业务事项经办人员、审批人员、财物保管人员、记账人员应做到责权明确，程序规范，以避免因职责不清相互扯皮、推诿，也不能一人或一个部门包揽一个事项所有环节的工作，失去制衡，造成管理失控。

4. 建立企业财产清查与控制制度。

【专业表达】企业要明确财产清查的范围、期限和组织程序。对单位货币资金、财产物资和债权要定期进行清理和查证，这是掌握有关财产实有金额，防止资产流失的主要手段，也是账实核对的基础。

【阿山说】对资产进行控制的主要措施有：一是接触控制，即严格限制无关人员对实物资产及与实物资产有关文件的接触，如限制接近现金、存货等，以保证资产的安全。货币资金的收支管理只能限于特定的出纳人员。会计印鉴必须指定专人保管，个人印章必须是有关人员自己保管，股票、债券等有价证券必须确保两人以上同时接触的方式加以控制，存货的实物应由专职仓库保管员负责控制，特殊存货必须有特殊的保证措施。二是定期盘点控制，即定期进行财产清查，对现金、银行存款、债权和债务进行清查核对，并将盘点结果与会计记录进行核对，两者如不一致，说明资产可能出现登记错误、浪费损失或其他不正常现象。

5. 选派专人对会计资料进行内部审计。

【专业表达】在单位负责人领导下，在企业内设置相对独立的审计机构和配备专职审计人员，根据财经法规、纪律和有关财务制度对企业会计资料进行再监督，重点对财务收支、资金使用、收入、成本费用、资产、负债、所有者权益及财务成果等进行审计（主要参考《广东省内部审计工作规定》）。

【阿山说】制止乱设账，杜绝账外账，对一段时期的会计管理工作做出客观公正的评价，以便企业内部财会部门更好地做好会计核算和会计监督工作，为加强企业管理，降低成本，提高企业经济效益服务。

总之，企业在明确会计监督内容的基础上，建立健全内部控制制度，落实以上会计监督措施，不断增强会计工作的规范性，确保会计资料的真实性，避免会计工作的失误，做到防患于未然。在企业内部形成单位负责人向所有者负责，并负责监督会计；会计受单位负责人的委托监督业务经办人员的层层负责的会计监督体系，以保证《会计法》的贯彻实施，从而达到挖掘潜力，防止内部跑冒滴漏，夯实企业基本功，为行稳致远打下坚实基础。

### 3.6.4 会计监督与内部控制的关系

看完会计监督的职责所在、主要内容及措施，有些同学可能有一个疑问：这里所说的会计监督与我们常说的企业内部控制有什么区别和联系？

【专业表达】企业内部控制是由企业董事会、监事会、经理层和全体员工实施的、旨在实现控制目标的过程。内部控制的目标是合理保证企业经营管理合法合规、资产安全、财务报告及相关信息真实完整，提高经营效率和效果，促进企业实现发展战略（摘自《企业内部控制基本规范》）。

企业内部控制内容包含组织架构、发展战略、人力资源、社会责任、企业文化、资金活动、采购业务、资产管理、销售业务、研究与开发、工程项目、担保业务、业务外包、财务报告、全面预算、合同管理、内部信息传递、信息系统 18 个方面，基本上涵盖了企业经营管理的各个环节（摘自《企业内部控制应用指引》）。

会计监督的定义请见 1.2.1 小节。

【阿山说】浅浅地说，内部控制与会计监督是包含与被包含的关系。内部控制中的资金活动、财务报告、全面预算等大量内容也是会计监督工作的重点，但内部控制的范围更广，还包含更多其他部门或环节的控制工作。

| 第4章 |

# 会计的参与决策职能

1.2.2 小节介绍了会计参与决策职能的基本内容，下面我们来看一些具体的工作。

## 4.1 参与经营活动决策

会计在经营活动决策中最应该关注的是企业可持续发展。可持续发展是会计分期的基本前提，也是企业永恒的主题。很多企业立志要做百年老店，核心问题都是可持续。企业可持续发展最重要的是现金流可持续和利润可持续两方面。

现金流可持续是企业可持续发展的首要前提，也是自由现金流估值的基石。每年有多少资金流入、流出；根据公司目前的财力可以支撑多少投资；若要加大投资，可以带来多少收益，资金缺口怎么解决等，这些是会计工作的重中之重，会计应在经营决策中有明确意见建议。

利润可持续是公司可持续发展的重要前提，是市盈率估值的基石。按照目前的行业形势及企业实际，匡算企业的年度利润合理区间，清楚多少年度利润可以向上级部门、监管机构解释交代，了解股东或公众投资者的业绩预期，避免公司估值大幅波动并充分反映公司的内在价值等，这些是高段位会计需要综合考虑的重点事项。

### 4.1.1 建立和完善盈利模型

会计参与经营活动决策的首要工作是根据企业商业模式，建立和完善企业盈利模型。

【专业表达】商业模式是描述价值主张、价值创造和价值获取等活动连接的一个架构，该架构涵盖了企业为满足客户价值主张而创造价值，最终获取价值的概念化模式。①

盈利模式指按照利益相关者划分的企业的收入结构、成本结构以及相应的目标利润。盈利模式是对企业经营要素进行价值识别和管理，在经营要素中找到盈利机会，即探求企业利润来源、生产过程以及产出方式的系统方法。而会计要负责把盈利模式转化为盈利模型。

【阿山说】做企业首先要有自己的商业模式，这没说的。盈利模式是商业模式的重要组成部分，这也是没有争议的。那么，会计要协助老板把盈利模式量化、模型化，这是义不容辞的职责。实际上，三大财务报表就是很好的财务模型。不过就模型而言，财务报表的项目太细了，在做盈利模型的时点不太可能具体到这么细的项目，也没必要。盈利模型是把商业模式里的基本假设、固定成本、自变量、因变量等进行分类、抽象、量化，在业务、资源、成果之间建立连接，并据以进行管控，以帮助企业达到目标。建立财务模型最重要的是深刻而透彻地理解商业本身，梳理和推导其内在逻辑，建立连接。

这时就考验会计建立模型的能力。也许你发现：各行各业很多岗位都需要建立模型。而建模是数学的基本功，所以有数学基础的同学转行到很多岗位，可以很快适应，然后冒尖。会计领域也是如此，很多理工科的同学，尤其是数学专业的同学"半路出家"做会计，比很多"科班出身"的会计做得更出色。上学时老师苦口婆心地劝我们学好数学：《孙子算经》认为数学是天地万物最根本的东西，是"四时之终始，万物之祖宗"。无论你将来从事什么职业，数学都会让你受益终身。

有时候，会计加班加点做了大量核算、统计、测算等工作，好不容易向九段会计交付了"最终产品"，但是他只瞄了一眼结果，就果断地说：这个数据有误！请再核实。会计当时肯定蒙了，灰溜溜地走出领导办公室，难免

---

① 魏江，刘洋，应瑛．商业模式内涵与研究框架建构［J］．科研管理，2012（8）.

会在心里抱怨：忙活了这么久，领导都没仔细看就武断地下了结论。接着可能会不服气：我要证明自己是对的，那个武断的家伙是错的。然后开始认真核实。当然，结局是一定的：你确实错了。为什么会这样呢？因为九段会计对企业的财务模型烂熟于心（也可能就是他建立的模型），资源分配是按照模型去做的（计划与预算），"三重一大"经过他签批（执行与控制），计划外事项也是他先知道你后知道（或者他知道，你永远也不会知道），所以，大致结果他一定是心中有数的，偏离太大的话肯定哪里有问题。

看到这里，再次提醒各位亲爱的会计，除了要兢兢业业做好手头的具体工作，同时也要用心观察、思考、梳理本企业的核心财务逻辑。要懂得埋头拉车，眼见为实；更要懂得抬头看路，掌握内在规律和底层逻辑。因为：无形比有形重要，看不见的比看得见的重要。我想其他部门其他岗位大抵也是如此。

## 4.1.2　货币时间价值

【专业表达】货币时间价值是指一定量货币资本在不同时点上的价值量差额。通常情况下，是指没有风险也没有通货膨胀情况下的社会平均利润率。

【阿山说】你今天（2023 年 5 月 1 日）给我 100 元，与一年后的今天（2024 年 5 月 1 日）给我 100 元，这两个 100 元明显不是等值的。因为你 2023 年 5 月 1 日给我的 100 元，我可以转身就存进银行，假设银行一年期定期存款利率为 2%，那么，到了 2024 年 5 月 1 日，存进去的 100 元就变成了 102 元 $[100 \times (1 + 2\%)]$。你看，2023 年 5 月 1 日的 100 元到了 2024 年 5 月 1 日值 102 元，与你 2024 年 5 月 1 日给的 100 元有差价 2 元，这个差价就是 100 元货币 1 年的时间价值。

注意，以上是把两个时点的 100 元都折算到 2024 年 5 月 1 日这个时点来比较，会计上叫作终值比较（终值差价 2 元）。我们也可以把两个时点的 100 元都折算到 2023 年 5 月 1 日这个时点来比较，会计上叫作现值比较。同样假设银行一年期定期存款利率为 2%，那么 2024 年 5 月 1 日的 100 元折算到

2023 年 5 月 1 日就相当于 98.04 元［100/（1 + 2%）］，现值差价 1.96 元（100 - 98.04）。也许有人会提出疑惑：刚才说 100 元 1 年的时间价值是 2 元，现在怎么又说是 1.96 元？没错，你按照终值比较的思路再理一下，其实这 1.96 元是 98.04 元货币 1 年的时间价值。这么理解，疑问就烟消云散啦。

　　这样说起来，我相信大家都能明白，因为这是生活中的基本常识，十分常见。问题的关键是企业在作决策的时候要时刻牢记考虑该因素，会计在作决策参考时需要时刻提醒。

　　也许你会说，果然是会计，斤斤计较。其实也不尽然，会计对 1 年期以下的短期项目一般不考虑资金时间价值，而在 1 年及以上的中长期项目才普遍考虑资金时间价值。但是银行家就不一样了，他们甚至"夜夜计较"，即隔夜的资金拆借都要计算利息。国际上有伦敦同业拆借利率（london interbank offered rate，Libor），是在伦敦银行内部交易市场上的商业银行对存于非美国银行的美元进行交易时所涉及的利率，期限最短的是隔夜利率。国内则有上海银行间同业拆放利率（shanghai interbank offered rate，Shibor），是由信用等级较高的 18 家商业银行组成报价团自主报出的人民币同业拆出利率计算确定的算术平均利率，期限最短的也是隔夜利率。为什么银行家这么"计较"呢，因为资金体量大，哪怕是隔夜利息也是不小的金额。所以，是否考虑资金时间价值需要综合考虑金额大小和期限长短两个因素，而不是看他是会计还是银行家。大家先记住这个货币时间价值，接下来在资金成本和投资评价等多方面都会用到。

### 4.1.3　现金周期与经营周期

　　【专业表达】经营周期是指从取得存货开始到销售存货并收回现金为止的时期。库存周期是从收到原材料到将产品卖出的时期。应收账款周期是产品卖出后到收到顾客支付的货款的时期。应付账款周期是购买原材料到支付款项的时期。现金周期是支付原材料款项到收取顾客现金之间的时期。

　　经营周期是你从上游拿到货，到把货物卖出去并收到货款所需要的时间。

库存周期是你从上游拿到货，到把货物交给买家所需要的时间。现金周期是从你把货款付给上游，到你收到买家货款所需要的时间。

【阿山说】这么说感觉还是有点绕，我们看一个案例。还是回到前面所说的便利店，你3月1日从上游供应商那儿进货一个玩具，当时跟他谈好，一个月之后（4月1日）再给他付款。然后你把玩具摆在了货架上，一个半月之后（4月15日），隔壁老王买下这个玩具送给他儿子。但是他说：这个玩具太贵了，一个月之后（5月15日）我发了工资再付钱给你，好吗？你想了想，大家做邻居这么久，知根知底的，就让他赊账一个月吧，于是答应了。

我们来捋一下时间线（见图4-1）。

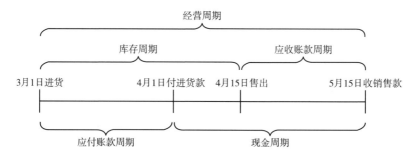

**图4-1 便利店案例**

你看，从上游拿货（3月1日），到你收到老王的货款（5月15日），这个过程总共花了2个半月（76天），这就是你的经营周期。也可以说经营周期＝库存周期（46天）+应收账款周期（30天）＝应付账款周期（31天）+现金周期（45天）＝76（天）。

什么是库存周期？从你把玩具摆在货架上（3月1日），到老王把玩具买走（4月15日）的这一个半月（46天），就叫作库存周期。换句话说，库存周期就是货物在你手上停留的时间。

什么是现金周期？你把货款付给上游企业（4月1日），过了半个月老王把货买走，又过了一个月，老王把钱付给你（5月15日），这一个半月（45天），就是现金周期。换句话说，现金周期是你的资金被占用的时间，就是你需要有垫付45天货款的本金才能做这盘生意。

什么是应收账款周期？你把玩具销售给老王（4 月 15 日），但是老王过了一个月才把款项付给你（5 月 15 日），这一个月（30 天），就是应收账款周期。换句话说，应收账款周期就是你给顾客的信用周期，也可以说是顾客占用你资金的时间。

什么是应付账款周期？你从上游供应商那儿购进玩具（3 月 1 日），一个月之后再给他付款（4 月 1 日），这一个月（31 天），就是应付账款周期。换句话说，应付账款周期就是供应商给你的信用周期，也可以说是你占用供应商资金的时间。

看到这里，也许你恍然大悟，做生意，要努力缩短经营周期，经营周期越短周转越快嘛。更加要努力缩短现金周期，现金周期越短，你的资金压力越小。那么，有哪些办法实现呢？假设以进货日为基准，那我们可以在后面三个日期做文章。比如能不能把售出货物和收到款项安排在同一个时点？当然可以，一手交钱一手交货，不赊账，超市、便利店等都是这么干的。又比如能不能把现金周期变成一个负数？当然可以，只要你在供应链上、下游都够强势，成为像茅台、老干妈、京东商城这样的企业。

那世界上有没有生意是正好跟零售生意相反：进货环节一手交钱一手交货，而卖货环节的付款账期却很长呢？也有。大宗贸易，比如塑料。上游的企业很强势，进货的时候必须现款结算，一手交钱一手交货。下游的客户也很强势，要你 60 天账期。你发货 60 天，他才给你付款。这个时候，你的现金周期 = 库存周期 + 60 天。你就需要自己垫资几个月。所以，大宗贸易的秘密是你的资金成本。

理解了这个逻辑，你在做定价的时候，就不能只考虑生产成本和运营成本，你还要考虑资金成本。很多老板说，我这东西买进来也挺便宜，卖出去也有利润，可为什么最后亏钱了呢？可能就是因为他没有考虑资金成本。你的资金成本越低，你才越能在大宗贸易里如鱼得水。

会计在参与经营决策时，要深刻理解行业的本质，要为企业牢牢把握住经营周期、现金周期的密码，为管理层提供这方面的决策参考。

### 4.1.4　量本利分析

【专业表达】1. 量本利分析是在成本性态分析和变动成本计算模式的基础上，通过研究企业在一定期间内的成本、业务量和利润三者之间的内在联系，揭示变量之间的内在规律性，为企业预测、决策、规划和业绩考评提供必要的财务信息的一种定量分析方法。

2. 量本利分析的基本假设：一是总成本由固定成本和变动成本两部分组成；二是销售收入与业务量呈完全线性关系；三是产销平衡；四是产品产销结构稳定。

3. 量本利分析的基本关系式：

利润 = 销售收入 – 总成本

　　 = 销售收入 – （变动成本 + 固定成本）

　　 = 销售量 × 单价 – 销售量 × 变动成本 – 固定成本

　　 = 销售量 × （单价 – 变动成本） – 固定成本

以下是基本的量本利分析（见图 4 – 2）。

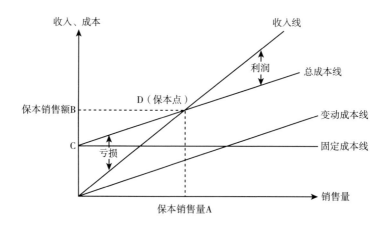

图 4 – 2　量本利分析

【阿山说】宋志平在《经营方略》一书中指出：企业一把手必须是经营高手。一把手可以把管理工作全部授权下去，但对经营工作要了如指掌。经营能力是企业家的核心能力。要建立和形成以多赚钱为荣、不赚钱为耻的内部文化。

日本"经营之神"松下幸之助指出：盈利是企业最基本的社会责任。企业不赚钱就是犯罪。企业要把盈利作为经营核心。

那么，怎么去经营呢？从会计的角度讲，经营首先是要弄清楚企业的量本利关系，然后努力拓宽图 4 - 2 中的"利润区"。

1. 量本利分析是一种揭示成本、业务量、利润三者关系的模型。实践中，业务部门单纯拿收入或者成本来说事的现象是比较常见的，理由是销售部门更多地掌握收入情况、制造部门更多地掌握成本情况，他们往往不掌握"全貌"、不直接面对"全貌"，也不用对"全貌"负责。这时，会计又开始焦虑了，所以必须想办法把收入、成本、利润关联起来，以说明"全貌"，这就有了量本利模型，见图 4 - 2。

2. 根据量本利分析的基本关系式，我们知道，提高利润有且只有四种方法：一是提高销售单价；二是提高销售量；三是降低固定成本；四是降低变动成本。当然，四种方法还可以做一些组合，理论上来说也应该是有联动关系的，但为了简单说明问题，此处不深究了。

3. 我们要对企业的总成本进行分析，把所有成本分成固定成本和变动成本两大类。

固定成本的特征是它在一定时间范围和业务量范围内其总额维持不变。这样的话，单位业务量所分摊（负担）的固定成本与业务量的增减就会呈反向变动。当然，固定成本只有在一定时间范围和一定业务量范围内才是固定的，就是说固定成本的固定性是有条件的。若时间和业务量的变动超过这个范围，固定成本也会发生变动。

固定成本又可分为约束性固定成本和酌量性固定成本。约束性固定成本：为维持企业提供产品和服务的经营能力而必须开支的成本，如厂房和机器设备的折旧、房屋租金、管理人员的工资等。由于这类成本与维持企业的经营能力相关联，也称为经营能力成本。这类固定成本的数额一经确定，不能轻易加以改变，因而具有相当程度的约束性。酌量性固定成本：企业管理当局在会计年度开始前，根据经营、财力等情况确定的预算而形成的固定成本，如新产品开发费、广告费、职工培训费等。由于这类成本的预算数只在预算期内有效，企业领导可以根据具体情况的变化，确定不同预算期的预算数，所以也称为自定性固定成本。这类固定成本的数额可以斟酌不同的情况加以确定。

总之，固定成本在一定条件下也可以变动。比如你说人力成本是固定成本，但其实万不得已时也可以裁员；比如你说职场租金是固定成本，但其实万不得已时也可以缩减办公区域。为了简化起见，本模型不考虑以上情况，假设固定成本是固定的，一成不变的。

变动成本指支付各种变动生产要素的费用，比如购买原材料、支付车间工人工资等，这种成本随产量的变化而变化。当然，变动成本与固定成本一样，变动成本与业务量之间的线性依存关系也是有条件的，即有一定的适用区间。也就是说，超出相关范围时，线性关系的斜率可能发生变化，或者变动成本发生额可能呈非线性变动。

根据变动成本发生的原因，变动成本也可分为技术性变动成本和酌量性变动成本。技术性变动成本是指单位成本由技术因素决定，总成本随着消耗量的变动而呈正比例变动的成本，比如产品的直接物耗成本。酌量性变动成本是指可由企业管理当局决策加以改变的变动成本，比如采购厂家不同、要求的品质不同等，可改变变动成本。

总之，变动成本线的斜率在一定条件下可以改变，正所谓"规模经济"；或者变动成本线有可能不是一根直线。但为了简化，量本利模型不考虑以上情况，假设变动成本是随销售量线性变动的。

4. 收入＝销售量×单价，这个数学公式我想大家都看得懂。

5. 先活下来，然后再考虑诗与远方。亏损（放血）终究是不能长久的，企业经营管理的第一个目标就是收入与成本"打平"，即盈亏平衡。任何一家企业都要找到自己的保本点销售量和销售额，这时是会计"显身手"的时候，要做好统计，提供数据，与业务部门一道：建立模型、明确保本点。当然，这个盈亏平衡点也不是一成不变的，它随着固定成本、变动成本、单价和销量的调整而相应变化。而这种调整，就是经营活动本身。

6. 活下来后，自然会想活得更好，追求活的品质。企业经营要尽量使销售量大于保本点销售量，这个差额越大，利润就越高，日子就过得越舒坦。此外，越过保本点后，意味着固定成本已全部消化完毕，产品成本只剩变动成本，所以产品单价有较大下降空间，更有能力做大规模。理解了这一点，再来看一些市场现象，就更容易看懂其底层逻辑。

比如我们看到新上市的手机比较贵，过不了多久，该手机就开始推出大比例的折扣优惠活动，为什么？不是厂家一开始想赚你更多、后来又大发慈悲。而是保本点之前销售的手机需要分摊高额固定成本（假如保本点是 50 万台），比如说流片成本很贵，待到销量过了 50 万台，固定成本已消化完毕，那么，价格只要高于手机的变动成本就有利润，那当然就有了降价空间；到了后期，为了抢占市场份额，一台手机赚 100 元、200 元也是可以卖的。

再比如衣服。新品衣服比较贵，到了换季可以搞大甩卖。有些同学就会想：哇，原来卖这么低的价格都有赚，新品价格真心黑啊！其实未必如此，因为固定成本要靠新品消化，待到过了保本点，衣服的成本就只剩材料和人工了，所以说不定换季衣服的利润率反而高过新品。清理库存的衣服，利润就更高了。因为固定成本和变动成本都在前期的销售收回了，处理最后的库存衣服，利润率 100%，能收回一元就多了一元的利润。所以有些商家虽然贴着"跳楼价""破产大甩卖"，但实际上可能心里乐开了花。

### 4.1.5　成本管理

【专业表达】成本管理是指企业在营运过程中实施成本预测、成本决策、成本计划、成本控制、成本核算、成本分析和成本考核等一系列管理活动的总称。成本管理领域应用的管理会计工具方法，一般包括目标成本法、标准成本法、变动成本法、作业成本法等（摘自《管理会计应用指引》）。

【阿山说】成本核算是成本管理的基石。产品定价的方法其实有很多，归类起来主要有三类：成本毛利法、竞品参考法、客户价值法。成本毛利法就是在产品成本的基础上，加上预期的毛利，形成产品的单价。竞品参考法就是参考竞品的价格来设定自身产品的价格（目标价格），减去预期的毛利，倒挤出产品的成本（目标成本）。在目前的买方市场背景下，敢采取成本毛利法定价的一般是市场地位很牛的企业；更多的企业会采取竞品参考法，在目标价格已知的情况下去"死磕"成本。不管怎样，这两种方法都要求企业首先做到成本核算准确。这话说起来简单，但是要真正做到却是相当不容易的。尤其是原材料多、零部件多、工序复杂的制造企业，要把成本归集准确是一件非常有挑战的工作。

客户价值法是根据产品为客户创造的价值进行产品定价，最终确定的价格取决于客户对产品价值的感知。营销界流行一句话：价值决定价格，而不是成本决定价格。比如你是某合同能源管理供应商，一年下来为甲客户节约了1 000万元电费。你跟甲客户事前商定节约的电费按5∶5分成，因此你获得500万元回报。你看这500万元与你投入了多少成本没有关系，而与客户节约了多少电费直接关联。

成本核算的主要工作是成本归集和成本分配。企业要加强和完善成本数据的收集、记录、传递、汇总和整理工作，确保成本基础信息记录真实、完整。把产品研究与开发、工程、采购、生产、营销、售后服务等环节成本归集起来。从另一个角度讲，企业投入产品的资源无非就是人（人力）、财（资金）、物（材料）等，把这些资源归集起来后再合理地分配到每一个产品上去，就形成了产品的单位成本。所谓合理，就是找到资源消化的"自变量"（会计术语叫"动因"），然后根据该自变量把消耗的资源分配给每一个产品。该自变量在不同的企业、不同的车间有可能是不一样的，有的是时间、有的是数量、有的是作业活动等，所以会计上形成了多种成本分配方法。

产品的总成本和各环节的成本归集和分配清楚之后，成本预测、成本决策、成本计划、成本控制、成本分析和成本考核等工作就有了坚实的基础。

成本预测是以现有条件为前提，在历史成本资料的基础上，根据未来可能发生的变化，利用科学的方法，对未来的成本水平及其发展趋势进行描述和判断的成本管理活动。

成本决策是在成本预测及有关成本资料的基础上，综合经济效益、质量、效率和规模等指标，运用定性和定量的方法对各个成本方案进行分析并选择最优方案的成本管理活动。

成本计划是以营运计划和有关成本数据、资料为基础，根据成本决策所确定的目标，通过一定的程序，运用一定的方法，针对计划期企业的生产耗费和成本水平进行的具有约束力的成本筹划管理活动。

成本控制是成本管理者根据预定的目标，对成本发生和形成过程以及影响成本的各种因素条件施加主动的影响或干预，把实际成本控制在预期目标内的成本管理活动。

成本分析是利用成本核算提供的成本信息及其他有关资料，分析成本水平与构成的变动情况，查明影响成本变动的各种因素和产生的原因，并采取有效措施进行控制的成本管理活动。

成本考核是对成本计划及其有关指标实际完成情况进行定期总结和评价，并根据考核结果和责任制的落实情况，进行相应奖励和惩罚，以监督和促进企业加强成本管理责任制，提高成本管理水平的成本管理活动。

说了这么多，相信你也看出了以下两点：一是成本管理是一项需要企业全员参与的工作。成本管理涉及研究与开发、工程、采购、生产、营销、售后、核算、人员配备等闭环流程的每一个环节，这些环节上的每一个部门和员工都要主动成为成本管理者，而且越是上游越重要、越是前期介入越主动，因为很多工作不可逆、上游设计决定了下游配置、各环节没有匹配好就会出现木桶原理的短板效应等。二是会计在成本管理中扮演重要角色。会计要在成本核算方面发挥专业价值，同时要把成本预测、成本决策、成本计划、成本控制、成本分析、成本考核等工作串联起来，在成本管理各个环节献计献策，助力企业成本管理工作不断迈上新台阶。

最后，当然是希望你所在的企业做"赚钱不辛苦"的生意，直接采用客户价值法定价，让成本管理可以"放飞自我"。毕竟，最硬气的产品定价跟成本没有半毛钱关系。努力做追求生活品质的人；做追求苛刻品质的企业，让"利润飞一会"。

## 4.1.6　风险管理

【专业表达】风险管理是指企业为实现风险管理目标，对企业风险进行有效识别、评估、预警和应对等管理活动的过程。企业风险是指对企业的战略与经营目标实现产生影响的不确定性。风险管理领域应用的会计工具方法，一般包括风险矩阵、风险清单等。企业应建立健全能够涵盖风险管理主要环节的风险管理制度体系。通常包括风险管理决策制度、风险识别与评估制度、风险监测预警制度、应急处理制度、风险管理评价制度、风险管理考核制度等。需要注意的是，企业风险管理并不能替代内部控制（摘自《管理会计应用指引》）。

【阿山说】1. 风险是不确定性。正是因为有不确定性，企业才有机会，才有经营空间。所以，企业是天生不惧风险，而喜欢风险的。比如：如果你觉得永远也拼不过腾讯，那就不用去创业、创新了；而如果腾讯以为自己永远都是巨无霸，那就没有危机感，可以躺平了。实际上，每时每刻都有大量企业在寻找机会、创造机会，以期超越；腾讯也没有闲着，时刻在精进，以防被人赶超。

2. 风险无处不在。风险像空气一样无处不在，贯穿于企业生产经营的全过程。比如研发有可能失败、采购有可能买到假冒伪劣产品、资产有可能遭遇天灾人祸、销售有可能被骗、工程施工有可能搞成豆腐渣工程、财务报告有可能造假、签合同有可能产生纠纷等。

3. 风险管理包括风险识别、风险评估、风险预警和风险应对四部分。

（1）风险识别是明确风险在哪里，哪里有风险。比如，大量的经验或教训表明，管理公司现金或银行账户的岗位是高风险点，毕竟金钱的诱惑太大。

（2）风险评估是在风险识别的基础上对风险进行计量、分析、判断、排序的过程，是风险应对的主要依据。

（3）风险预警是风险评估的基础上，针对需重点关注的风险，设置风险预警指标体系，对风险的状况进行监测，并通过将指标值与预警临界值的比较，进行预警分级，标识预警信号。比如台风有蓝、黄、橙、红四种级别的预警。

（4）风险应对是根据风险评估的结果，结合风险承受度，权衡风险与收益，确定采取的应对策略。风险应对策略主要有规避风险、降低风险、转移风险和承受风险等。

规避风险是采取措施退出会给企业带来风险的活动。就是觉得万一该风险发生了，那是企业无法承受之重，所以干脆不冒这个险，不干了。

降低风险是减少风险发生的可能性，减少风险的影响，或者两者同时减少。比如这段公路陡坡多又急拐弯，那么出车祸的概率就会骤然增加。但是路已至此，是不是见到这种情形就掉头走其他的路呢？选择这么干的人肯定是极少数，绝大部分的人会鼓足勇气继续前行。但是在这种路段可以做点什么降低风险呢？打起十二分精神、减速慢行、鸣笛、亮灯等措施会明显降低车祸的概率，或者减轻车祸的影响。

风险转移是通过转嫁或与他人共担一部分风险来降低风险发生的可能性或影响。比如购买保险，把风险转移给保险公司。

风险承受是不采取任何改变风险发生的可能性或影响的行动。就是说通过风险识别和风险评估，你对风险有了足够的认识，然后你再看看自己"虎背熊腰"的样子，说：这算什么风险，该干什么还干什么去，直接忽视风险。

4. 企业应根据相关法律法规的要求和风险管理的需要，建立组织架构健全、职责边界清晰的风险管理结构。明确股东会、董事会、监事会、管理层、业务部门、风险管理责任部门等组织和人员在风险管理中的职责分工。建立风险管理决策、执行、监督与评价等职能既相互分离与制约，又相互协调的运行机制。企业应建立健全能够涵盖风险管理主要环节的风险管理制度体系，通常包括风险管理决策制度、风险识别与评估制度、风险监测预警制度、风险应急处理制度、风险管理评价制度、风险管理考核制度等。

# 4.2　参与投资活动决策

投资是企业以本金回收并获利为基本目的，将货币、实物资产等作为资本投放于某一个具体对象，以在未来较长时间内获取预期经济利益的经济行为。例如购建厂房、建造生产线等对内投资，以及购买股权、债权及其他资产等对外投资，均属于投资行为。根据不同的分类，投资分为直接投资和间接投资、项目投资和证券投资、对内投资和对外投资等。但笔者不打算按这个思路来介绍，而是围绕企业有没有能力投资、是否值得投资、会计关注的其他投资事项等三方面展开。

## 4.2.1　有没有能力投资

提供做生意的本金，是会计职责范围内的事；把本金花出去并连本带利挣回来，是业务部门职责范围内的事。

也许你会说：本金应该是由股东提供吧？是的，没错，最初的本金是创始股东提供的。但是新晋股东呢，他很少是不请自来的，需要工作人员去开推介会、做路演、向潜在投资人介绍企业或项目，从而吸引更多投资人投出真金白银，为企业增加股权本金；债权资金呢，同样需要工作人员去接触金融机构，让金融机构认为把钱借给你是安全的，到期能连本带利收回来，从而把真金白银借给公司，为企业增加债权本金。目测市面上的企业职能分工，这里所说的工作人员大概率是会计。虽然很多公司有专门的融资人员，上市公司有董秘，但这些人都在本书的会计范畴内（广义上的会计）。

遇到投资机会时，老板首先会问一个问题：我们有能力投资吗？对于会计来说，这里说的能力就是资金实力，有没有资金去投资（注意：有没有能力投资是一个很大的课题，比如说业务部门有没有这方面的运营能力、技术部门能不能提供这方面的技术支撑、人力部门有没有相应的人才储备等，但我们现在是介绍会计，就围绕会计方面的能力来回应）。

这时候，如果会计气定神闲地回答：公司资金充足，大家重点分析项目是不是值得投资，如果值得投资，随时可以提供资金。这样的回答非常提气！非常帅气！不过话可不是信口胡说的，"台上三分钟，台下十年功"，会计要想在会议现场对答如流，至少要在会场外做好以下准备：公司现在有多少资金？保持现状正常周转需要多少资金？若公司业务增长了相应需要补充多少流动资金？目前公司筹资的资金成本是多少？若公司扩大再生产，回报率至少要达到多少才可行？诸如此类的核心财务事项，会计心里是要随时有数的。

企业存量资金是很容易统计的，筹资的问题安排在 4.3 节专题讲解，现在要介绍的是测算资金需求量。企业的资金需求量包括流动资金需求量和项目资金需求量两部分。

1. 流动资金需求量预测。流动资金需求量预测有销售百分比法、资金习性预测法、因素分析法等方法。我们重点介绍销售百分比法，其他方法不逐一介绍。

【专业表达】销售百分比法假设企业某些资产和负债与销售收入存在稳定的百分比关系，根据这个假设预计外部资金需要量的方法。企业的销售规模扩大时，要相应增加流动资产；如果销售规模增加很多，还需要增加长期资产。为取得扩大销售所需增加的资产，企业需要筹措资金。这些资金，一部分来自随销售收入同比例增加的流动负债，还有一部分来自预测期的收益留存，其余的就需要通过外部筹资取得。

【阿山说】比如你们公司去年的销售收入是 1 000 万元，今年增长了50%，达到 1 500 万元。那么，依我们朴素的感觉：收入规模快速扩张了，周转资金得增加一些。你看啊，车间生产的原材料库存需要多备一些吧，产成品要多备一些在仓库吧，应急的周转金也要稍微增加一点吧。当然，销出去后应收账款会增加一些，购买原材料增加后应付账款也会增加一些，以及其他一些项目也会有一些变化。是的，没错，但是究竟需要增加多少流动资金呢？请看以下具体测算方法。

随着销售收入的变化，经营性资产项目（包括库存现金、应收账款、原材料库存、产成品存货等）将占用更多的资金；同时，相应的经营性负债也会增加，如原材料库存增加导致应付账款增加等，此类债务称之为"自动性债务"，可以为企业提供暂时性资金，这些资金不需要我们特意去融资，也没有显性的资金成本；此外，销售收入增加，理论上利润也会增加，净现金跟着增加，那么企业会自我积累一部分资金。所以，如果企业的经营模式比较稳定，企业资金周转的营运效率保持不变，则需要增加的流动资金 = 经营性资产增加额 − 经营性负债增加额 − 净现金留存额。计算公式：流动资金需求预

$$测量 = \left( \frac{随销售收入变化的敏感性资产}{基期销售收入} - \frac{随销售收入变化的敏感性负债}{基期销售收入} \right) \times 销$$

售变动额 − 预测期销售收入 × 销售净利率 × 利率留存率。

原理就是这样。作为非会计人士，掌握以下两点就够了：一是对基本原理有认知、有印象，有需要时安排会计去具体测算。二是大家要明白，这个原理说起来简单，甚至连公式都写出来了，但是实际测算时，每家企业都会不一样，各家都要去分辨哪些是敏感性资产、哪些是敏感性负债，销售净利率也不是一成不变的，所以每家企业都要结合实际，建立初步的测算模型，然后用多年的数据反复验证，不断修正相关系数，做出一个八九不离十的测算模型（准确性达到80%以上，基本就可以用于指导实践了；能达到90%以上当然更好；但是想100%准确那是绝对不可能的）。

2. 项目资金需求预测。此处所说的项目包含由企业亲自经营运作的项目和纯粹的对外投资项目。纯粹的对外投资项目的资金需求比较简单，准备投资多少金额就需要多少资金，没有后续其他事项，所以以下只介绍由企业亲自经营运作的项目资金需求预测。

由企业亲自经营运作的项目资金需求预测可以参照盈利模型的方法处理。核心是找到内行的人，摸清楚有哪些收入、影响收入的关键因素是什么；有哪些支出、影响支出的关键因素又是什么；这些关键因素的市场行情如何；

以及摸清该项目的定位和目标。然后把这些自变量、因变量的逻辑关系梳理清楚，形成量化模型，测算出项目现金流量表，即可知该项目的资金需求是多少。

隔行如隔山。新项目上马，能够找到行业中经验丰富的人操盘，当然是最佳选择；实在找不到内行的人来掌舵，那也一定要找到行业内有闭环管理经验的资深人士深度参与。因为项目运作最关键的事项是摸清楚完整的项目现金流（参考 4.2.2 小节的表 4－1、表 4－2），充分评估项目资金需求与自我资金实力，避免陷入资金无底洞。先设法让项目实现资金良性循环，保证活下来；然后再精心打磨产品，提升运营能力，提高效率，在行业摸爬滚打一定时间，有足够沉淀，才有可能站稳脚跟、华丽转型。

## 4.2.2　是否值得投资

投资要有回报，不过有些是经济效益回报，有些是社会效益回报，有些是其他回报。我们在此讲的当然是经济效益回报。"要有一定的回报才值得投资"是定性的说法，而会计是讲究定量的，要求可计量的。那么，怎样定量的评价是否值得投资呢？常用的评价指标有净现值法、内含报酬率法、回收期法等。

1. 净现值法。

【专业表达】一个项目的净现值是其未来现金净流量现值与原始投资额现值之间的差额。计算公式为：

净现值＝未来现金净流量现值－原始投资额现值

【阿山说】净现值法是把这个项目预计能收回的现金与投入的现金做比较。如果预计能收回的现金大于投入的现金，项目可行；否则，项目不可行。为了增强可比性，两个拿来比较的现金要折算到一个统一时点。不过，如果投入大于产出就算可行的话，要求实在是有点低，所以又有一些修正的指标。

（1）比如，某一个项目的净现值为 1 万元。项目确实赚钱了，但该项目投入的本金是 100 万元。那么，该项目可行吗？很多时候，绝对数是不太好比较的，于是修正出一个相对数评价指标：现值指数，计算公式为：现值指数 $=\dfrac{未来现金净流量现值}{原始投资额现值}$。从计算公式可以看出，现值指数考虑了投入金额大小的因素，所以投入金额不一样的项目也可以做比较了。现值指数越大，说明项目越好。

（2）又比如，两个项目都获得可观的净现值，但 A 项目用了 5 年时间，B 项目花了 8 年时间，这时候怎么评价哪个项目更优？这就要看另一个相对数评价指标：年金净流量。计算公式为：年金净流量 $=\dfrac{未来现金净流量现值-原始投资额现值}{年金现值系数}=\dfrac{未来现金净流量终值-原始投资额终值}{年金终值系数}$。

从计算公式可以看出，分子就是净现值（或净终值），分母是年金系数，就是把你获得的净现值再与年限关联起来，计算结果是说明每年获得了多少净现金。这样的话年限不同的项目也可以直接比较了。年金净流量越大，说明项目越好。

2. 内含报酬率法。

【专业表达】内含报酬率是对投资方案未来的每年现金净流量进行贴现，使所得的现值恰好与原始投资额现值相等，从而使净现值等于零的贴现率。

【阿山说】内含报酬率是一个贴现率。用该贴现率把未来每年的现金净流量折算到今天，然后汇总，刚好等于今天的投入额。也许有人会问：这样的话，产出等于投入，我没赚钱呀？这样理解有点似是而非。产出金额在与投入金额比较之前进行了贴现，这个贴现率就是该项目的内含报酬率。但是 X 项目的贴现率和 Y 项目的贴现率可能有大小之别，这就是需要我们充分研究、论证并作出决策的地方。比如估算出 Z 项目的贴现率是 10%，而银行贷款的年利率是 6%，那么，你用银行贷款去经营该项目，是不是有 4%（10%－6%）的差额可以赚呢？对的，有利差，差额还不小，说明 Z 项目大有可为。

3. 回收期法。

【专业表达】回收期是指投资项目的未来现金净流量与原始投资额相等

时所需要的时间，即原始投资额通过未来现金流量回收所需要的时间。按照未来现金净流量是否考虑时间价值，回收期又分为静态回收期和动态回收期两种。

$$静态回收期 = \frac{原始投资额}{每年现金净流量}，若每年的现金净流量不同，可逐年累加，$$

最后一年按比例计算。

$$动态回收期 = \frac{原始投资额现值}{现金净流量现值}，若每年的现金净流量不同，可逐年累加，$$

最后一年按比例计算。

**【阿山说】** 投资人当然是希望投入的本金能尽快地收回来，收回的时间越长，面临的潜在风险就越大，所谓夜长梦多嘛。回收期法就是一个衡量多久可以把本金收回来的评价指标。静态回收期不考虑资金的时间价值，不管是在未来几年收回现金，只要收到的现金等于投入的现金，就算回本了。动态回收期是说静态回收期有点粗糙，资金肯定是有时间价值的，所以得考虑进来，未来几年收回的现金要用贴现率进行折算，经过折算的现金等于投入的现金，才算是回本。这当然是比静态回收期更精细更符合实际了。

我们注意到：所有涉及折现的测算，选择适当的折现率是非常关键的，因为它的影响太大了。选择折现率需要综合考虑无风险报酬率、通货膨胀率、项目机会成本、项目风险情况、市场资金成本、公司资金成本等因素。目前一部分企业在评价项目投资时只考虑自身企业的情况，利用自身企业的加权平均资本成本作为项目的折现率。因为企业过去的资金成本情况未必适合本项目。这种主观的判断导致在计算项目财务指标时出现较大的差异甚至差错，这样评价出来的结果，更是不能为项目决策提供可靠的参考价值，甚至可能误导项目决策者。

投资的基本评价指标就介绍这些了。需要说明的是，这些评价指标各有优、缺点，而且以上的评价指标不一定都适合每一个项目，评价指标只是提供了一些角度或数据参考，实际工作还是要坚持具体问题具体分析，选用最科学最合理的评价指标，或者用多个评价指标进行相互验证、综合平衡。

下面用一个例子把以上的评价指标再温故一下。

假设你公司计划增添一条生产线以扩充生产能力，现有甲、乙两个方案可供选择，详细的假设如下：

甲方案需要投资 500 000 元，预计使用寿命 5 年，采用直线法折旧，预计残值 20 000 元，预计年销售收入 1 000 000 元，第一年付现成本 660 000 元，以后在此基础上每年增加维修费 10 000 元。项目投入营运时，需要垫支营运资金 200 000 元，企业所得税税率为 25%。

乙方案需要投资 750 000 元，预计使用寿命 5 年，采用直线法折旧，预计残值 30 000 元。预计年销售收入 1 400 000 元，年付现成本 1 000 000 元。项目投入营运时，需要垫支营运资金 250 000 元。企业所得税税率为 25%。

假设说完了，甲、乙两方案的现金流量分别是怎样的呢？

甲方案营业期间现金流量的具体测算过程见表 4-1。

**表 4-1　　　　甲方案营业期间现金流量的具体测算过程**　　　单位：元

| 项目 | 第 1 年 | 第 2 年 | 第 3 年 | 第 4 年 | 第 5 年 |
|---|---|---|---|---|---|
| 销售收入（1） | 1 000 000 | 1 000 000 | 1 000 000 | 1 000 000 | 1 000 000 |
| 付现成本（2） | 660 000 | 670 000 | 680 000 | 690 000 | 700 000 |
| 折旧（3） | 96 000 | 96 000 | 96 000 | 96 000 | 96 000 |
| 营业利润（4）=（1）-（2）-（3） | 244 000 | 234 000 | 224 000 | 214 000 | 204 000 |
| 所得税（5）=（4）×25% | 61 000 | 58 500 | 56 000 | 53 500 | 51 000 |
| 税后营业利润（6）=（4）-（5） | 183 000 | 175 500 | 168 000 | 160 500 | 153 000 |
| 营业现金净流量（7）=（6）+（3） | 279 000 | 271 500 | 264 000 | 256 500 | 249 000 |

注：年折旧 =（500 000 - 20 000）/5 = 96 000；营业现金净流量（7）需要在税后营业利润（6）的基础上加回折旧（3），因为折旧是不需要支付现金的成本，购买资产时一次性计入投资现金流出了。

甲方案全过程的现金流量测算见表 4-2。

**表 4-2　　　　　甲方案全过程的现金流量测算**　　　单位：元

| 项目 | 第 0 年 | 第 1 年 | 第 2 年 | 第 3 年 | 第 4 年 | 第 5 年 | 小计 |
|---|---|---|---|---|---|---|---|
| 固定资产投资（1） | - 500 000 | | | | | | - 500 000 |
| 运营资金垫支（2） | - 200 000 | | | | | | - 200 000 |

续表

| 项目 | 第 0 年 | 第 1 年 | 第 2 年 | 第 3 年 | 第 4 年 | 第 5 年 | 小计 |
|---|---|---|---|---|---|---|---|
| 营业现金净流量（3） | | 279 000 | 271 500 | 264 000 | 256 500 | 249 000 | 1 320 000 |
| 固定资产残值（4） | | | | | | 20 000 | 20 000 |
| 营运资金收回（5） | | | | | | 200 000 | 200 000 |
| 现金流量合计（6）= (1)+…+(5) | －700 000 | 279 000 | 271 500 | 264 000 | 256 500 | 469 000 | 840 000 |
| 折现系数（7）－假设折现率为5% | 1.00 | 0.95 | 0.91 | 0.86 | 0.82 | 0.78 | |
| 现金流量现值（8）= (6)×(7) | －700 000 | 265 714 | 246 259 | 228 053 | 211 023 | 367 474 | 618 523 |

注：第 0 年是方案建设期，一般的项目都有一段建设期，该案例假设建设期较短，第 0 年底建设，第 1 年初就开始投产，所以第 0 年的折现系数为 1，其他年份的现金都折现到第 0 年底；固定资产投资（1）和运营资金垫支（2）是现金流出，在本表中用负号表示现金流出；营业现金净流量（3）引用自表 4 - 1。

根据表 4 - 1、表 4 - 2 计算出甲方案的相关评价指标如下：

1. 净现值等于 618 523 元，就是说 5 年下来净赚了 618 523 元（而且是折算后的现值）。

2. 现值指数 $= \dfrac{未来现金净流量现值}{原始投资额现值}$

$$= \frac{265\,714 + 246\,259 + 228\,053 + 211\,023 + 367\,474}{700\,000} = 1.88（倍）$$

3. 年金净流量 $= \dfrac{未来现金净流量现值 - 原始投资额现值}{年金现值系数} = \dfrac{618\,523}{4.4518} = 138\,937$

（元）（注：5 年，年利率 5%，则可查得年金现值系数 = 4.4518），计算结果表明平均每年净赚了 138 937 元（而且是折算后的现值）。

4. 内含报酬率计算公式如下：

$$\frac{279\,000}{(1+X)^1} + \frac{271\,500}{(1+X)^2} + \frac{264\,000}{(1+X)^3} + \frac{256\,500}{(1+X)^4} + \frac{469\,000}{(1+X)^5} = 700\,000（元）$$

运算后得出 X = 30.81%，即内含报酬率等于 30.81%。拿这个报酬率与 4.3.3 小节所说的资金成本比较一下，或者与 5.5 节所统计的 A 股头部企业及国有企业净资产收益率比较一下，就知道这是一个暴利项目。如果你确定该预测的假设比较靠谱，市场条件在短期内也不会急剧变化，那就赶紧安排项目上马，机会稍纵即逝。有先发制人的机会，当然不会选择后发制人。

5. 静态回收期 $= \dfrac{原始投资额}{每年现金净流量} = 1 + 1 + \dfrac{(700\,000 - 279\,000 - 271\,500)}{264\,000} =$ 2.57（年），第 1 年收回 279 000 元，第 2 年收回 271 500 元，剩下的在第 3 年收回，但第 3 年收回剩余本金后还有结余，所以第 3 年收回本金所占时间就按比例进行计算。

6. 动态回收期 $= \dfrac{原始投资额现值}{现金净流量现值} = 1 + 1 + \dfrac{(700\,000 - 265\,714 - 246\,259)}{228\,053} =$ 2.82（年），第 1 年收回 265 714 元，第 2 年收回 246 259 元，剩下的在第 3 年收回，第 3 年收回剩余本金后还有结余，所以第 3 年收回本金所占时间就按比例进行计算。

乙方案营业期间现金流量的具体测算过程见表 4 - 3。

表 4 - 3　　　　　　　乙方案营业期间现金流量的具体测算过程　　　　　单位：元

| 项目 | 第 1 年 | 第 2 年 | 第 3 年 | 第 4 年 | 第 5 年 |
|---|---|---|---|---|---|
| 销售收入（1） | 1 400 000 | 1 400 000 | 1 400 000 | 1 400 000 | 1 400 000 |
| 付现成本（2） | 1 000 000 | 1 000 000 | 1 000 000 | 1 000 000 | 1 000 000 |
| 折旧（3） | 144 000 | 144 000 | 144 000 | 144 000 | 144 000 |
| 营业利润（4）=（1）-（2）-（3） | 256 000 | 256 000 | 256 000 | 256 000 | 256 000 |
| 所得税（5）=（4）×25% | 64 000 | 64 000 | 64 000 | 64 000 | 64 000 |
| 税后营业利润（6）=（4）-（5） | 192 000 | 192 000 | 192 000 | 192 000 | 192 000 |
| 营业现金净流量（7）=（6）+（3） | 336 000 | 336 000 | 336 000 | 336 000 | 336 000 |

注：年折旧 =（750 000 - 30 000）/5 = 144 000；营业现金净流量（7）需要在税后营业利润（6）的基础上加回折旧（3），因为折旧是不需要支付现金的成本，购买资产时一次性计入投资现金流出了。

乙方案全过程的现金流量计算见表 4 - 4。

表 4 - 4　　　　　　　　乙方案全过程的现金流量计算　　　　　　单位：元

| 项目 | 第 0 年 | 第 1 年 | 第 2 年 | 第 3 年 | 第 4 年 | 第 5 年 | 小计 |
|---|---|---|---|---|---|---|---|
| 固定资产投资（1） | - 750 000 | | | | | | - 750 000 |
| 运营资金垫支（2） | - 250 000 | | | | | | - 250 000 |
| 营业现金净流量（3） | | 336 000 | 336 000 | 336 000 | 336 000 | 336 000 | 1 680 000 |
| 固定资产残值（4） | | | | | | 30 000 | 30 000 |
| 营运资金收回（5） | | | | | | 250 000 | 250 000 |
| 现金流量合计（6）=（1）+ … +（5） | - 1 000 000 | 336 000 | 336 000 | 336 000 | 336 000 | 616 000 | 960 000 |
| 折现系数（7）- 假设折现率为5% | 1.00 | 0.95 | 0.91 | 0.86 | 0.82 | 0.78 | |
| 现金流量现值（8）=（6）×（7） | - 1 000 000 | 320 000 | 304 762 | 290 249 | 276 428 | 482 652 | 674 091 |

注：第 0 年是方案建设期，一般的项目都有一段建设期，该案例假设建设期较短，第 0 年底建设，第 1 年初就开始投产，所以第 0 年的折现系数为 1，其他年份的现金都折现到第 0 年底；固定资产投资（1）和运营资金垫支（2）是现金流出，在本表中用负号表示现金流出；营业现金净流量（3）引用自表 4 - 3。

根据表 4 - 3、表 4 - 4 计算出乙方案的相关评价指标如下：

1. 净现值等于 674 091 元，即净赚了 674 091 元。

2. 现值指数 $= \dfrac{未来现金净流量现值}{原始投资额现值}$

$$= \frac{320\,000 + 304\,762 + 290\,249 + 276\,428 + 482\,652}{1\,000\,000} = 1.67（倍）$$

3. 年金净流量 $= \dfrac{未来现金净流量现值 - 原始投资额现值}{年金现值系数} = \dfrac{674\,091}{4.4518} =$

151 419（元）

4. 内含报酬率计算公式如下：

$$\frac{336\,000}{(1+X)^1} + \frac{336\,000}{(1+X)^2} + \frac{336\,000}{(1+X)^3} + \frac{336\,000}{(1+X)^4} + \frac{616\,000}{(1+X)^5} = 1\,000\,000（元）$$

运算后得出 X = 24.79%，即内含报酬率为 24.79%。

5. 静态回收期 $= \dfrac{原始投资额}{每年现金净流量} = 1 + 1 + \dfrac{(1\,000\,000 - 336\,000 - 336\,000)}{336\,000} =$

2.98（年），第 1 年收回 336 000 元，第 2 年收回 336 000 元，剩下的在第 3 年收回，但第 3 年收回剩余本金后还有结余，所以第 3 年收回本金所占时间就按比例进行计算。

6. 动态回收期 $= \dfrac{原始投资额现值}{现金净流量现值} = 1 + 1 + 1 + \dfrac{(1\,000\,000 - 320\,000 - 304\,762 - 290\,249)}{276\,428} =$

3.31（年），第 1 年收回 320 000 元，第 2 年收回 304 762 元，第 3 年收回 290 249 元，剩下的在第 4 年收回，但第 4 年收回剩余本金后还有结余，所以第 4 年收回本金所占时间就按比例进行计算。

到这里，甲、乙两个方案的相关评价指标都计算出来了，我们来看看比较结果。

1. 净现值：甲方案 618 523 元，乙方案 674 091 元。该指标乙方案占优。大家可能发现了，甲方案投入 75 万元，乙方案投入 100 万元，由于投入金额不一样，以净现值这个绝对数来比较评价不尽合理。我们接着往下看。

2. 现值指数：甲方案 1.88 倍，乙方案 1.67 倍，该指标甲方案占优。

3. 年金净流量：甲方案 138 937 元，乙方案 151 419 元，该指标乙方案占优，不过还是存在两个方案投入金额不一样，不便比较绝对数的问题。

4. 内含报酬率：甲方案 30.81%，乙方案 24.79%，该指标甲方案占优。

5. 静态回收期：甲方案 2.57 年，乙方案 2.98 年，该指标甲方案占优。

6. 动态回收期：甲方案 2.82 年，乙方案 3.31 年，该指标甲方案占优。

综合这些指标来看，如果是在甲、乙两个方案中二选一的话，明显是甲方案优于乙方案；但是如果可以选多个方案的话，乙方案也是相当不错的，内含报酬率 24.79%、动态回收期 3.31 年，属于非常优秀的项目了。

### 4.2.3　投资的其他关注点

【专业表达】不管是对外投资还是对内投资，投资项目一般金额较大，占用时间较长，一旦投资后具有不可逆转性，对企业的财务状况和经营成果影响较大，因此，投资决策前必须经历严格的投资决策程序，进行科学的可行性分析。可行性分析是投资管理的重要组成部分，主要包括环境可行性、技术可行性、市场可行性、财务可行性等方面。投资决策后要实施项目动态监控，进行过程控制。

【阿山说】投资是一项复杂的工作。因为投资是对未来事项的决策，时间一长，再加之信息不对称，大家就要在分析能力、远见卓识和胆量气魄方面进行比拼了。由于现在介绍的是会计，所以就只讲会计在投资过程中的关注点，其他专业的关注点请另寻秘籍。会计的关注点在前面已介绍了有没有能力投资、是否值得投资等方面，下面讲讲其他的一些关注点。

1. 投资决策程序是否规范合理。科学的投资决策离不开规范合理的决策程序。也许你会说：我们公司就是一家中小微企业，看到一个市场机会，我就拍板决定了，哪需要那么多繁文缛节的程序。正是由于中小微企业投资决策者自身知识限制或事务太过繁忙，而主动选择便捷的决策模式，致使投资决策基于不完整的决策数据和不科学的决策流程，进而大大增加了投资的风险。

不管你的企业再小，投资决策前务必做到两点：一是深思熟虑、三思而后行。尤其是一些重大决策，务必要充分酝酿，再三探讨，反复推演，不能一时头脑发热就盲目决策。正所谓事缓则圆。被誉为华人管理教育第一人的余世维博士提倡：重大决定要隔夜。这是避免非理性决策的一种方法。二是务必要博采众长。你可以乾纲独断，但务必要听听其他人的意见。不是要求你一定要采纳其他人的意见，但其他人反映的意见可能会弥补你的"智者千虑，必有一失"，如果你听完其他人的意见后，仍然觉得这些我都考虑到了，这些都不是问题，那也是可以的。而博采众长的过程也会促进第一点所说的深思熟虑。买股票的人也许有一条避免踩坑原则：尽量避开个人绝对控股且核心团队不稳定的公司。老板在公司有绝对权力，其实也是一种风险，风险还挺高。尤其是核心团队不稳定的话，很可能是老板刚愎自用，所以有能力有抱负的人会选择默默离开。

不管怎样，身负监督职责的会计，要推动建立和完善投资决策程序，发挥机制的威力。

2. **警惕多元化投资。** 多元化成功的企业并不多。较多企业的跨界项目很快就败了。随着全球经济一体化的发展，企业之间的竞争日趋激烈。为了迅速做大做强，部分企业决策者不顾自身能力，向多元化和国际化方向发展，将资金投向不熟悉的经营领域，表面看是开发了新的增长点，实则伤害了主业发展的积极性。丢掉了专和强，所谓的大就是无本之木，无源之水。一旦投资失败就可能出现资金链断裂，使企业陷入财务危机。

3. **统筹考虑税务筹划问题。** 税务筹划我们在 3.5.6 小节已经作了介绍。投资决策的税务筹划主要包括选择投资主体的组织形式、注册地点等。组织形式选择主要考虑是投资子公司（又或者是参股），还是投资设立分部。地点选择主要考虑产业政策、主要税种、税收优惠等。总之是为了降低总体税负水平。此外，控股、参股或设立分部还涉及是否要纳入合并报表范围的问题，也是需要提前谋划的。税务筹划应该说是会计的主责，没有其他部门或人员比会计更专业了，所以要奋勇担当，主动作为。

4. **关注投资总额，而不仅仅是本次投资。** 有些项目是"一锤子"买卖，投资金额就这么多了，这种情况属于总额可控，风险也是可控的。但有些项目是分期的，本次投资只是一个开端，后面还需要继续投资。这时候，会计尤其要关心投资总额，避免被人拉上"贼船"，进退维谷。作为"观全局"的会计，遇到投资总额不明确的项目，务必发扬谨慎性精神，做足功课。

5. **关注风险及其应对。** 按照 4.1.6 小节学习的风险管理知识，充分识别风险、认真评估风险、建立和完善风险预警机制、采取相应的风险应对策略。做到"心里有底""手里有预案"。投资决策后，做好持续追踪管理（投后管理），也是非常重要的。

6. **关注退出机制安排。** 投资是为了盈利。退出是投资闭环中非常重要的一环。投资获利了怎么获取收益、投资失利了如何止损、投资结束了如何安全平稳退出等，这些问题在投资前就要做好相应的安排，设置好通道。作为讲究投入、产出的会计，"肉包子打狗，有去无回"的项目是肯定不干的，我们对"你想的是他的收益，他想的是你的本金"的勾当保持高度警惕，并追求"一分耕耘，一分收获"。

# 4.3　参与筹资活动决策

在 4.2.1 小节我们知道了企业需要筹集多少资金，包括流动资金需求和项目资金需求。传统的教科书把资金需求量放在筹资章节来讲解，但本书却把其归入了投资章节，因为这样的结构安排更能体现需求驱动、业务驱动，而不是融资部门自说自话。当然，紧接着的，从哪里筹集资金、怎么合理安排资金结构、怎样获得成本更低廉的资金等问题就是筹资环节要解决的问题，而这些正是会计熟门熟路的工作，也正是更加彰显会计价值的工作，级别越高的会计越醉心于此。

## 4.3.1　经营杠杆与财务杠杆

古希腊物理学家阿基米德说：给我一个支点，我可以翘起整个地球。这是阿基米德杠杆原理的内核。

财务管理中存在类似的杠杆效应，表现为由于特定固定支出或费用的存在，当某一财务变量以较小幅度变动时，另一相关变量会以较大幅度变动。包括经营杠杆、财务杠杆和总杠杆三种效应。杠杆效应可以产生杠杆利益，也可能带来杠杆风险，我们要掌握该效应并巧妙地予以应用。

1. 经营杠杆。

【专业表达】经营杠杆是指由于固定性经营成本的存在，而使得企业的资产报酬变动率大于业务量变动率的现象。经营杠杆系数越高，表明息税前利润受产销量变动的影响越大，经营风险也就越大。经营杠杆系数 = $\dfrac{\text{息税前利润变动率}}{\text{产销业务量变动率}} = \dfrac{\text{基期边际贡献}}{\text{基期息税前利润}}$。

【阿山说】只要企业存在固定性经营成本，那么就一定存在经营杠杆效应。你想想，当产品成本中存在固定成本，产销业务量的增加虽然不会增加固定成本总额，但是会降低单位产品分摊的固定成本，从而提高单位产品利润，使得息税前利润的增长率大于产销业务量的增长率。来看一个案例：

假设你是一家企业的老板，企业年固定成本为 500 万元，变动成本率为 70%。那么当你一年产销额为 5 000 万元时，你的盈利情况如何呢？固定成本 500 万元，变动成本 3 500 万元（5 000×70%），年息税前利润 1 000 万元（5 000 − 500 − 3 500）。第二年，产销额提升为 8 000 万元，你的盈利情况又如何呢？固定成本还是 500 万元，变动成本 5 600 万元（8 000×70%），年息税前利润等于 1 900 万元（8 000 − 500 − 5 600）。套用公式，经营杠杆系数 = $\dfrac{息税前利润变动率}{产销业务量变动率} = \dfrac{（1\,900 − 1\,000）/1\,000}{（8\,000 − 5\,000）/5\,000} = 1.5$ 倍。

怎么解读这个数据呢？你的产销业务量从 5 000 万元变成 8 000 万元，变动率为 60%；你的息税前利润从 1 000 万元变成 1 900 万元，变动率 90%。息税前利润的变动率是不是比产销业务量大，是不是刚好大 1.5 倍，为什么？背后深层次的原因就是经营杠杆效应。大家想一想、算一算，如果产销业务量从 5 000 万元降为 3 000 万元，又会是什么结果？

必须指出的是：经营杠杆系数的大小虽然能用来描述公司的经营风险大小，但是它所描述的仅仅是公司总经营风险的一部分。导致公司经营风险的主要原因是销售端和成本端的不确定性，经营杠杆系数本身并不是这种变化的根源，只是会对公司销售或成本不确定导致营业利润的不确定产生放大作用。"扩大镜只是一个工具，扩大了的观察对象才是主角"，这个道理我相信你懂，温馨提示一下而已。

不管怎样，杠杆是一柄锋利的"双刃剑"，经营杠杆亦是如此。企业固定成本比重愈大（注意，这里说的是比重，不是金额大小），经营杠杆愈高，抵御销量下降的能力越差；能接受价格下降的幅度越小，抵御价格下降的能力越弱。虽然在产销量不断扩大的环境下可以收获杠杆效益，但在产销量日益下滑的环境中要承担杠杆负担。没学过经营杠杆的同学，在日常工作中也能体会到：在市场需求旺盛或者经济繁荣时期，多一点固定成本好像也没太多感觉；但在市场需求疲软或者经济衰退时期，固定成本难以及时削减（再迅捷的裁员、再果断的职场缩减，也要一段时间，而且对员工不负责任，要背负较大的社会压力），成为挺过难关的沉重包袱。会计应向决策层充分地阐释经营杠杆正面效应和负面后果，在经营决策建议中提出合理控制资本性支出、人力费用、职场租金等固定成本支出，降低经营杠杆，降低经营风险，促进企业行稳致远。

2. 财务杠杆。

【专业表达】财务杠杆是指固定性资本成本的存在，使得企业的每股收益变动率大于息税前利润变动率的现象。财务杠杆反映了股权资本报酬的波动性，用以评价企业的财务风险。财务杠杆系数 $=\dfrac{普通股盈余变动率}{息税前利润变动率}=$

$\dfrac{基期息税前利润}{基期息税前利润 - 利息}$。

【阿山说】财务杠杆实际上说的是剩余资本收益问题。如果借款利息是年利率 5%，而用这笔钱可以赚到年化收益 5% 以上的话，理论上借的钱越多越好，因为有差价，差价就是剩余资本收益。但是反过来想一想，天有不测风云，谁又能保证每一年都能赚到年化收益 5% 以上呢？假如这一年实在是出乎预料的难，你赚到的年化收益只有 3%，你看，净亏 2%。

3. 总杠杆。我们再来回看以下两个公式：经营杠杆系数 $=$ $\dfrac{息税前利润变动率}{产销业务量变动率}$，财务杠杆系数 $=\dfrac{普通股盈余变动率}{息税前利润变动率}$。细心的你也许发现了：息税前利润变动率是经营杠杆系数的分子，也是财务杠杆系数的分母。把这两个公式相乘，就可以消除它。即：经营杠杆系数 × 财务杠杆系数 $=$ $\dfrac{普通股盈余变动率}{产销业务量变动率}$，这个算式代表什么意思呢？答案：总杠杆系数。只要企业同时存在固定性经营成本和固定性资本成本，就存在总杠杆效应，总杠杆系数是经营杠杆系数和财务杠杆系数的乘积。就是说，产销变动通过息税前利润的变动，传导至普通股收益，使得每股收益发生更大的变动。我们前面分别介绍了经营杠杆系数与财务杠杆系数，总杠杆系数是这两个系数的综合而已，不再细述。

## 4.3.2　筹资渠道和筹资方式

掌握到需要筹集多少资金的需求，于是可以开始制定筹资方案、操办筹资的具体工作了。

**【专业表达】** 筹资渠道是指企业筹集资金的来源方向和通道。一般来说，企业最基本的筹资渠道有两条：直接筹资和间接筹资。直接筹资是企业与投资者签订协议或通过发行股票、债券等方式直接从社会取得资金；间接筹资是企业通过银行等金融机构以信贷关系间接从社会取得资金。

筹资方式是企业筹集资金所采取的具体方式，总体来说由企业外部和企业内部两种方式取得。企业内部筹资主要依靠利润留存积累；企业外部筹资主要分为股权筹资和债务筹资两种。

**【阿山说】** 筹资渠道说的是企业筹集资金的方向，是从企业与资金最终所有者的关系这个角度来说的，直接筹资就是企业直接从资金所有者那里取得资金；间接筹资就是企业从金融机构那里取得资金，金融机构是专门做资金生意的主，归根溯源，它的钱绝大部分不是自有的，也是从其他的资金所有者那里取得的资金，你可以理解它是"资金的中介"。比如说商业银行，除了资本金外，它主要是吸收别人（老百姓或企业）手上的余钱（支付给储户一定的利息），然后再把吸收的钱贷给急需用钱的人（收取更高的利息），从中赚取差价。明白为什么叫间接筹资了吧，就是因为企业通过这种渠道取得资金，只与资金中介（金融机构）建立关系，而金融机构再与资金所有者建立关系，存在这种间接关系。

筹资方式是企业筹集资金的具体方式，他受到法律环境、经济体制、融资市场等筹资环境制约，特别是受国家对金融市场和融资行为方面的法律法规制约。

利用留存收益是企业从税后净利润中提取的盈余公积金，以及企业从可供分配利润中留存的未分配利润。企业实现净利润后，要强制提取法定盈余公积金，一般是 10%，这是法律规定的，不容商议；剩下的可供分配利润，一般也不会全部分配给股东，那么给股东分红后再剩余的可供分配利润，就是企业积累下来（攒下来）的钱，可以用于企业以后的发展。实际上，这可以理解为股东对企业追加投资的过程。这应该是比较好理解的，我们个人在购买基金、保险等产品时，也有每年的分红是提取现金还是继续用于投资的选择，除非资金比较紧张，一般会选择继续用于投资，争取"利滚利"的效果。

吸收直接投资是企业以投资协议等形式定向地吸收国家、法人单位、自然人等投资主体资金的股权筹资方式，但不以股票这种融资工具为载体，而是通过签订投资协议规定双方的权利和义务，主要适用于非股份制公司筹集股权资本。比如投资 1 000 万元，占公司 10% 股权比例。与发行股票比较，吸收直接投资在退出方面更难操作一些。

发行股票是企业以发售股票的方式取得资金的股权筹资方式。只有股份有限公司才能发行股票。股票是股份有限公司发行的，表明股东按其持有的股份享有权益和承担义务的可转让的书面投资凭证。发行股票，可以面向社会公众，比如上市公司的增发股票；也可以面向特定的投资主体，比如上市公司的定向增发。

发行债券是企业以发售公司债券的方式取得资金的筹资方式。公司债券是依照法定程序发行、约定还本付息期限、标明债权债务关系的有价证券。按我国的公司法、证券法等法律法规规定，只有股份有限公司、国有独资公司、由两个以上的国有企业或者两个以上的国有投资主体投资设立的有限责任公司，才有资格发行公司债券。

向金融机构借款是企业根据借款合同从银行或者非银行金融机构取得资金的筹资方式。有长期贷款也有短期融通资金，比较灵活。

融资租赁是企业与租赁公司签订租赁合同，从租赁公司取得的不是货币性资金，而是直接取得租赁资产实物，从而快速形成生产经营能力，然后向出租人分期支付款项。融资租赁通过对租赁资产的占有、使用而变相取得资金，是一种债务筹资方式。比如飞机单价高，部分航空公司采用融资租赁方式融资。

商业信用是企业之间在商品和劳务交易中，由于延期付款或延期交货所形成的借贷信用关系，在财务报表上就是应收账款、应付账款等。

筹资渠道和筹资方式的联系和区别，详见表4-5。

表4-5　　　　　　　　　　筹资渠道和筹资方式的联系和区别

| 筹资渠道 | | 筹资方式 | |
|---|---|---|---|
| 直接筹资 | 1. 企业自身积累<br>2. 资本市场筹集<br>3. 其他法人单位或自然人投入<br>4. 国家财政投资和财政补贴 | 内部筹资 | 利用企业留存收益（相当于股东追加投资） |
| 间接筹资 | 1. 银行等金融机构借款<br>2. 融资租赁 | 外部筹资 股权筹资 | 1. 吸收直接投资<br>2. 发行股票 |
| | | 外部筹资 债券筹资 | 1. 向银行等金融机构借款<br>2. 发行债券<br>3. 利用商业信用（汇票、应付款等）<br>4. 融资租赁 |

注：发行可转换债券等筹集方式，属于兼有股权筹资和债券筹资性质的混合筹资方式。

### 4.3.3　资金成本

【专业表达】资金成本是指企业为筹集和使用资本而付出的代价，包括筹资费用和资金占用费。一般说资金成本率是指一年的资金成本率，如果期限短于一年，通常换算成年化资金成本率。

$$1.\ 资金成本率 = \frac{年资金占用费}{筹资总额 - 筹资费用} = \frac{年资金占用费}{筹资总额 \times (1 - 筹资费用率)}$$

筹资费用是企业在资本筹措过程中为获得资本而付出的代价，如向银行借款时支付的借款手续费，因发行股票、债券而支付的发行费等，筹资费用一般是一次性费用。

资金占用费是企业在资本使用过程中因占用资本而付出的代价，如向银行借款时每年支付的利息，向股东支付的股利等。

2. 加权平均资金成本率 $= \sum_{j=1}^{n} K_j W_j$

（$K_j$ 是第 j 种个别资本成本率；$W_j$ 是第 j 种个别资本在全部资本中的比重）

【阿山说】不管资金提供方再怎么讲得天花乱坠、包装得再怎么完美，计算资金成本率时只要牢牢坚守一条原则即可：分子是你一年需要支付的成本，分母是你一年的时间段里实实在在占用的资金。

理解了这条原则，一般的资金成本计算相信你已不在话下。下面列举两个等额本息的案例，大家见识一下。

假设你向 A 银行申请消费贷款 12 000 元，月利率 0.5%，分 12 个月以等额本息方式归还。又假如老王向 B 公司申请信用贷款 12 000 元，月利率 0.5%，分 12 个月以等额本息方式归还，即每月还款 1 000 元本金及 60 元利息。两笔贷款的资金成本计算过程见表 4-6。

表 4-6　　　　　　　　　两笔贷款的资金成本计算　　　　　　　单位：元

| A 银行的等额本息（正牌） | | | | | B 公司的等额本息（冒牌） | | | | |
|---|---|---|---|---|---|---|---|---|---|
| 本金 | 12 000 | | | | 本金 | 12 000 | | | |
| 月利率 | 0.50% | | | | 月利率 | 0.50% | | | |
| 期数 | 12 | | | | 期数 | 12 | | | |
| 月均还款 | 1 033 | | | | 月均还款 | 1 060 | | | |
| 期数 | 月均还款① | 当月占用资金② | 当月归还利息③ | 当月归还本金④ | 当月归还本金折算成年本金⑤ | 月均还款⑥ | 当月占用资金⑦ | 当月归还利息⑧ | 当月归还本金⑨ | 当月归还本金折算成年本金⑩ |
| 第 1 月 | 1 033 | 12 000 | 60 | 973 | 81 | 1 060 | 12 000 | 60 | 1 000 | 83 |
| 第 2 月 | 1 033 | 11 027 | 55 | 978 | 163 | 1 060 | 11 000 | 60 | 1 000 | 167 |
| 第 3 月 | 1 033 | 10 050 | 50 | 983 | 246 | 1 060 | 10 000 | 60 | 1 000 | 250 |
| 第 4 月 | 1 033 | 9 067 | 45 | 987 | 329 | 1 060 | 9 000 | 60 | 1 000 | 333 |
| 第 5 月 | 1 033 | 8 080 | 40 | 992 | 414 | 1 060 | 8 000 | 60 | 1 000 | 417 |
| 第 6 月 | 1 033 | 7 087 | 35 | 997 | 499 | 1 060 | 7 000 | 60 | 1 000 | 500 |
| 第 7 月 | 1 033 | 6 090 | 30 | 1 002 | 585 | 1 060 | 6 000 | 60 | 1 000 | 583 |

续表

| 期数 | 月均还款① | 当月占用资金② | 当月归还利息③ | 当月归还本金④ | 当月归还本金折算成年本金⑤ | 月均还款⑥ | 当月占用资金⑦ | 当月归还利息⑧ | 当月归还本金⑨ | 当月归还本金折算成年本金⑩ |
|---|---|---|---|---|---|---|---|---|---|---|
| 第8月 | 1 033 | 5 087 | 25 | 1 007 | 672 | 1 060 | 5 000 | 60 | 1 000 | 667 |
| 第9月 | 1 033 | 4 080 | 20 | 1 012 | 759 | 1 060 | 4 000 | 60 | 1 000 | 750 |
| 第10月 | 1 033 | 3 068 | 15 | 1 017 | 848 | 1 060 | 3 000 | 60 | 1 000 | 833 |
| 第11月 | 1 033 | 2 050 | 10 | 1 023 | 937 | 1 060 | 2 000 | 60 | 1 000 | 917 |
| 第12月 | 1 033 | 1 028 | 5 | 1 028 | 1 028 | 1 060 | 1 000 | 60 | 1 000 | 1 000 |
| 小计 | 12 394 | | 394 | 12 000 | 6 559 | 12 720 | | 720 | 12 000 | 6 500 |
| A银行的年化利率=③/⑤=394/6 559=6.0% | | | | | | B公司的年化利率=⑧/⑩=720/6 500=11.1% | | | | |

注：月均还款①是根据等额本息的每月还款计算公式得出，在此不详细阐述。当月占用资金②＝上期占用资金－上月归还本金；当月占用资金⑦同理。当月归还利息③＝当月占用资金②×月利率。当月归还本金④＝月均还款①－当月归还利息③。当月归还本金折算成年本金⑤，就是说当月归还的本金你没有占用一年，通过公式：当月归还的本金×（占用的月份/12），把当月归还的本金折算成年本金；当月归还本金折算成年本金⑩同理。月均还款⑥是固定的本金1 000元加利息60元。当月归还利息⑧是固定的60元；当月归还本金⑨是固定的1 000元。

从表4-6可知，A银行的年化利率就是月利率乘以12个月=0.5%×12=6.0%，分毫不差。我们在银行做的房屋按揭贷款，若你选择的是等额本息还款方式的话，正是这样计算利息的。B公司的年化利率为11.1%，差不多是6%的一倍，是冒牌的等额本息，是坑人的。

那么，两者的主要区别在哪里呢？主要在于计算利息的基数不同，A银行每一个月的计息基数是你这个月还实实在在占用的资金数，你已还款的本金不再算入计息基数；但是B公司的利息是固定的60元，就是说第一个月你占用12 000元资金是60元的利息，以后每月占用的资金在减少，利息却没有变化，直到最后一个月你只占用1 000元资金了，利息还是60元，这样一来年化利率肯定拉高了。所以，不管产品包装得多么诱人、多么花哨，我们要记得牢牢坚守的原则：看看贷款期间支付了多少利息、一共占用了多少资金（没有占用一年的资金要折算成年度资金），这样算出的年化利率才是实打实的，不会被人忽悠。

最后，整理了一些年利率数据如下，供大家决策时参考。

1. 目前商业银行的长期贷款年利率在 4.3% 左右。中国人民银行 2022 年 9 月 20 日贷款市场报价利率（LPR）为：5 年期以上 LPR 为 4.3%。此外，中国货币网披露，2022 年 9 月 20 日 10 年期国债收益率为 2.67%；经统计，2019~2021 年的 10 年国债收益率在 2.53%~3.48%。

2. 目前公司债券 5 年期年利率在 4% 左右。联合资信评估公司发布的《2021 年度债券市场发展报告》披露，2021 年 3 年期、5 年期、7 年期公司债平均发行利率分别为 3.90%、3.97%、5.63%，而 2020 年分别为 4.00%、3.87% 和 5.66%（注意：3 年期与 5 年期差别不大，2020 年因新冠肺炎疫情影响甚至出现倒挂现象）。

3. 资金密集的房地产企业，资金成本差别大。例如保利发展（证券代码 600048）2021 年年报披露：2021 年末平均年资金成本为 4.46%；万科（证券代码 000002）2021 年年报披露：2021 年末存量融资综合资金成本为 4.11%；中国恒大（证券代码 03333）2020 年年报披露（截至 2022 年 10 月 6 日尚未发布 2021 年年报）：2020 年末借款平均年资金成本为 9.49%；融创中国（证券代码 01918）2020 年年报披露（截至 2022 年 10 月 6 日尚未发布 2021 年年报）：2020 年末借款平均年资金成本为 8.28%。

4. 法院支持年利率在 24% 以内的借贷关系。《最高人民法院关于审理民间借贷案件适用法律若干问题的规定》明确：借贷双方约定的利率未超过年利率 24%，出借人请求借款人按照约定的利率支付利息的，人民法院应予支持。借贷双方约定的利率超过年利率 36%，超过部分的利息约定无效。借款人请求出借人返还已支付的超过年利率 36% 部分的利息的，人民法院应予支持。

### 4.3.4　企业估值

【专业表达】企业估值又叫公司估值或企业价值评估，是着眼于企业本身，对企业的内在价值进行评估。企业估值是并购、融资等工作的定价基础，交易价格是定价的结果。传统的估值方法有收益法、市场法和成本法。

【阿山说】企业估值就是定量的评估出这家公司值多少钱。股权融资也好，企业并购也罢，公司目前的评估值是决定投资方或并购方占有公司股权比例的重要基础，所以企业估值对各方都是特别重要的。

那么具体的估值方法有哪些呢？传统的估值方法有三种：收益法、市场法和成本法。但是目前新产业新业态不断涌现，有些企业的估值用传统的方法难以适用，于是又出现一些新的估值方法，比如实物期权法价值评估。而传统的市场法下，也出现一些新的评估指标，比如市值用户比较法、储量比较法等。

1. 收益法。

【专业表达】收益法是通过将评估企业预期收益资本化或折现来确定被评估企业价值。主要运用现值技术，即一项资产的价值是利用其所能获取的未来价值的现值，其折现率反映了投资该项资产并获得收益的风险回报率。

【阿山说】收益法就是把一家企业以后每一年的收益通过一个折现率折现到今天（现值），然后汇总每一年的现值就是该企业的评估值。用收益法评估某一项资产的评估值也是同样的方法。所谓收益，一般采用"自由现金流量"指标，自由现金流量＝（税后净营业利润＋折旧及摊销）－（资本支出＋营运资金增加额）。

这是一个方法论，具体操作起来还会遇到很多细节问题。比如"以后每一年的收益"，一般来说收益这个数据是企业预测的，预测数当然就有准确率高或低的问题，然而这个数据对评估值有决定性影响。怎么防止公司操纵这个数据呢？市面上就出现业绩对赌的方法，明确约定如果你做不到这个收益就如何处理。又比如说"以后每一年"到底是要预测多少年？10 年、15 年或 20 年？这个双方要做好约定。另外，折现率到底取哪个值比较合适，虽然有一些行业惯例，但也存在谈判空间。

2. 市场法。

【专业表达】市场法是将被评估企业与参考企业、在市场上已有交易案例的企业、股东权益、证券等权益性资产进行比较，以确定被评估企业的价值。市场法在我国应用较多的主要是可比企业分析法。可比企业分析法是以交易活跃的同类企业的股价或财务数据为依据，计算出一些主要的财务比率（比如常见的市盈率），然后用这些比率作为乘数计算得到非上市企业或交易不活跃上市企业的价值。

【阿山说】市场法其实就是参考、比较市场上相同或类似企业或项目的价值，从而估算出本企业（项目）的价值。比较的关键是找到可以比较的核心要素。比如一家科研企业和一家代工厂，你去比较他们两家的员工数量，然后说员工多的那一家价值高，这个比较要素明显就错了，结论当然也是不靠谱的。在以往的企业（项目）的评估工作中，逐步形成了较多的具体比较指标，简要介绍以下几种。

（1）市盈率。市盈率 $= \dfrac{市值}{净利润} = \dfrac{股价}{每股收益}$。市盈率水平反映了投资者对每股收益所愿支付的价格倍数。如果可比企业的市盈率是 20 倍，那么，在被评估企业的价值评估中，市盈率 20 倍成为一个重要的参考。

从计算公式看，市盈率指标中最重要的是净利润。所以，市盈率指标应用于业务成熟、利润稳定的企业评估更合适一些。通过修正净利润取数又出现一些修正的市盈率指标，比如若采用历史年份的净利润，称之为静态市盈率；若采用未来年份的预计净利润，称之为动态市盈率；若采用最近三年或更长时间的净利润平均值，称之为平均市盈率；若你觉得净利润受到折旧政策、财务杠杆变化等非营运因素的影响，也可以用息税折旧及摊销前利润（EBITDA）替代净利润，更加直接地体现企业的运营绩效。

市盈率及类似指标是比较常见和容易理解的。比如你要买一间商铺，那自然会"货比三家"，这个"比"字当然也包含价格，与同一地段的商铺比较，同一地段近期没有交易案例的话，可以与同一条街的其他商铺比较，或者与附近街道的商铺比较。几轮比较下来，你的心中对这间商铺就有了一个大致的心理价位。当然，"货比三家"之外，我们也可看收益情况，就相当于是市盈率了。比如一个商铺标价 300 万元，如果放租的话每年预计可以收 10 万元租金，那么就可以理解成该商铺的市盈率是 30 倍（300/10），一般来说，20 年内的租金可以回本的商铺价格是比较合理的，30 年回本的话有一点高估了。

（2）市销率。市销率 $= \dfrac{市值}{营业收入} = \dfrac{股价}{每股营业收入}$。市销率与营业收入直接相关，用于快速占领市场、冲刺规模的企业评估更合适一些。

（3）价格与每股现金流比率。价格与每股现金流比率 $= \dfrac{市值}{自由现金流量} = \dfrac{股价}{每股自由现金流量}$，自由现金流量取值方法参见收益法。该指标与市盈率类似，只是用自由现金流量替换了净利润，自由现金流量是真金白银，净利润是纸面财富，所以价格与每股现金流比率比市盈率更让人放心了。

（4）市净率。市净率 $= \dfrac{市值}{净资产} = \dfrac{股价}{每股净资产}$。净资产是会计按照规则计算出来的账面价值，用市值与该账面价值进行比较，看看账面净值的 1 元到底在市面上值几元。一般来说，市净率等于 1 是一个重大的临界值，市净率低于 1 叫作"破净"，是价值低估的信号。不过也要看行业前景和证券市场行情，目前来说，大量的银行、地产等企业的市净率长期低于 1。

（5）市值用户比较法。计算公式 $= \dfrac{市值}{用户}$。该方法多用于互联网公司的估值。其理论依据是梅特卡夫定律，基本逻辑是互联网公司的价值很大程度上和用户相关。那么市值与独立用户、注册用户、收费用户、页面浏览等诸多指标的比值也可以揭示企业的价值。但应用该方法时可比企业的选择尤其重要，比如 Linkedin 和 Facebook 都是 Web2.0 平台，但其单体用户价值差别很大。京东商城和中华会计网，完全处于不同的行业，其单体用户价值差别更大。

梅特卡夫定律（Metcalfe's law）是关于网络价值和网络技术发展的定律，由乔治·吉尔德于 1993 年提出，但以计算机网络先驱、3Com 公司创始人罗伯特梅特卡夫的名字命名，以表彰他对以太网的贡献。该定律的核心是网络的价值等于网络中节点数的平方，网络的价值等于连接用户数的平方。

（6）储量比较法。计算公式 $= \dfrac{市值}{全部资源量}$。矿产企业的估值除了用传统的评估方法外，还可以比较资源的储量，虽然矿业企业的开采、运营等环节也很重要，但资源储量才是第一位的。先计算行业内标杆企业的该系数，再乘以本企业的资源储量，估算出本企业的评估值。该指标可以成为评估的重要参考，尤其是刚发现的矿产项目。

（7）装机容量法。计算公式 $= \dfrac{市值}{装机容量}$。一些公用事业企业，盈利能力的变化区间较小，因此资产规模成为判断企业价值的核心要素。比如发电企业，该系数代表了获得每一千瓦发电资产所需支付的对价。先计算行业内标杆企业的该系数，再乘以本企业的装机容量，估算出本企业的评估值。

3. 成本法。

**【专业表达】**成本法也称资产基础法，是在合理评估被评估企业各项资产价值和负债的基础上确定被评估企业的价值。成本法主要有账面价值法、重置成本法和清算价格法。

**【阿山说】**成本法更多的是站在被评估企业的角度，目前很少直接采用成本法的评估值，更多的是作为一种校验与参考。

（1）账面价值法。账面价值法是基于会计的历史成本原则，以企业的账面净资产为计算依据来确认被评估企业的一种估值方法。账面价值法其实就是两句话，一是信任会计的核算比较准确；二是认为市场价值与账面价值差异不大。

（2）重置成本法。重置成本法是以被评估企业各单项资产的重置成本为计算依据来确认被评估企业价值的一种估值方法。重置成本我们在 2.2.6 小节介绍了，就是重新购置目前的资产及履行目前的负债所需要的成本。应该说，重置成本比账面成本更贴近市场价格，但是操作难度很大，所以往往是在某些重大资产评估时参考一下重置成本，作为验证和比较。

（3）清算价格法。清算价格法是通过计算被评估企业的净清算收入来确认被评估企业价值的一种估值方法。这种方法应用场景比较特别（企业破产清算时应用），按中介机构的程序执行即可，在此就不展开介绍了。

4. 一种新的评估方法。实物期权法价值评估。随着时代发展和技术进步，一些人认为传统资产定价方法并不适用于具有高成长性和高风险性特征的科创企业。实物期权法价值评估是指一个投资方案产生的现金流量所创造的利润，不仅来自目前所拥有资产的使用，还需要加上一个对未来投资机会的选择，也就是期权价值。也就是说企业可以取得一个权利，在未来以一定价格取得或出售一项实物资产或投资计划，所以实物资产的投资可以运用类似评估一般期权的方式来进行评估。具体的计算模型较为复杂，不展开介绍了。

需要指出的是，具体的评估实践中，通常是采用上面介绍的多种评估方法进行估值，然后再比较、修正，判断哪一种方法估算出的值比较可靠，最终采用该方法和几种方法结合的评估值。与其说是一个评估值，不如说是一个评估值范围，特别是一些新型科创企业，其评估值与评估人员、投资人的认知、偏好直接相关，也正是因为如此，"有人卖出，同时也有人买进"的交易成为日常。

### 4.3.5　筹资方案

【专业表达】企业筹资方案必须综合考虑国家产业政策导向、企业发展战略、市场前景等一系列宏观因素和资金成本、资本结构等微观因素。筹资方案一般包括筹资目的、筹资规模、筹资渠道、筹资方式、筹资成本、本次筹资对企业资本结构及现有投资者的影响、筹资风险分析和控制、保障措施等。

【阿山说】一份筹资方案至少要说明以下六点：为什么要筹资？要筹资多少？采取该筹资方式的理由？筹资对现状和未来有什么影响？筹资有什么风险及如何控制？有哪些保障措施？

筹资目的是至关重要的。说白了，这一点没说好，没有说透彻，很可能就没有人愿意给你钱，这是不言自明的。如果筹资目的是投资，那么筹资目的请见4.2.1小节内容。如果筹资目的是补充流动资金，把问题说清楚、讲充分显得更加必要，如果人家判断你公司在不断"失血"，那很难给你资金。

毕竟资本更愿锦上添花、分一杯羹，而不想雪中送炭、陷入泥潭。

筹资规模要合适。资金不是越多越好，每一笔资金都有盈利的期望，资金越多，压力和责任也相应增大；资金也不是越少越好，资金不够不足以实现筹资目的，那当然也不行。

筹资方式、筹资渠道、筹资成本是筹资决策的核心，应该是多方调研、认真讨论、仔细研究、反复比较后的最优选择。

筹资方案对现状和未来的影响也是务必要说清楚的，说得不好，影响了现有利益格局，目前的投资者有可能在股东大会否决你的议案，那也是"竹篮打水一场空"了。

风险分析和控制是一般方案都应有的环节，筹资方案也不例外。4.1.6小节讲到风险无处不在，所以要去了解和掌握该事项的风险，并采取相应的措施去应对；另外也是把风险披露出来，让决策者充分了解最坏的情况，以便根据自身的风险承受能力予以决策。

保障措施是"定心丸"。该环节要明确告知投资者自有资金的投入进度和时间；筹资到位后按规定办理相关手续，给投资者开具出资证明；保证专款专用；按程序使用筹集到的资金；加强过程监督及事后审计等。

# | 第 5 章 |

# 会计的核算职能

1.2.3 小节讲了会计核算职能的基本内容，下面我们介绍一些具体的工作。

## 5.1    核算的基本套路

**【专业表达】**企业的核算工作由企业会计准则规范，企业会计准则由基本准则和 42 项具体准则组成。核算每一项业务，会计最关心的是适用哪一项具体准则，以及如何确认、计量、报告等问题。

**【阿山说】**准确进行会计核算，焦点问题有几个：一是该项业务适用哪项具体准则？选准适用准则是基本前提。假如应该适用《企业会计准则第 3 号——投资性房地产》的业务你却按照《企业会计准则第 4 号——固定资产》去核算，计量得再准确也是"精确的错误"。宁要"大致的正确"，也不要"精确的错误"，这是我们达成的普遍共识。二是符合什么条件时我们予以确认。前面讲，会计是讲原则的，不符合条件的交易或事项，我们绝不能确认。三是我们能不能可靠地计量？不能可靠地计量的话，不能确认（再说了，不能可靠计量的话，就算你想确认，那你确认多少呢?）；可以可靠计量的话，采用哪种计量方法合适？计量金额是多少？四是确认和计量分为初始是怎么处理、后续发生又怎么处理两种情况。五是怎么报告，在报表的哪个项目列示？在附注中怎么披露？把这些问题全部梳理清楚，就掌握了核算工作的精髓，工作开展起来自然得心应手。

核算工作是会计工作的基石。如果账都做错了，其他会计工作，比如分析、控制、评价、考核等工作就成了无根之木。核算工作又是相对难度没那么大的工作。因为监管部门已定好规则，只要把规则研究清楚、弄懂弄透，照章处理就可以了。有些会计工作无章可循，需要自己探索、制定规则比较，当然难度要大一些。核算工作也是考验基本功的工作。照章处理，说起来容易，其实按哪个章处理，理解是不是准确、到位，有没有争议，以及要把纷繁复杂的业务分门别类都核算正确、报告准确，涉及很多细节，需要非凡的基本功，也需要非凡的细致和耐心。总结下来，让规则研究能力强、循规蹈矩、较真的会计负责核算工作，是比较好的安排。

## 5.2  会计恒等式与复式记账法

【专业表达】会计恒等式，即"资产＝负债＋所有者权益"。会计恒等式是各个会计要素在总额上必须相等的一种关系式，它揭示了各会计要素之间的联系，是复式记账、编制会计报表的理论依据。复式记账法，就是对任何一笔经济业务，都必须用相等的金额在两个或两个以上的有关账户相互联系地进行登记。每笔交易的结果至少被记录在一个借方账户和一个贷方账户，且该笔交易的借贷双方总额相等，即"有借必有贷，借贷必相等"。

【阿山说】"负债＋所有者权益"是企业的资金来源。"资产"是企业拿到资金后的运营状态，就是企业获得股东或债权人的资金后干啥去了。左右两边必然相等，这既是会计记账方法的必然结果，也是资金投入方的必然要求。你想想：如果股东和债权人（所有者权益＋负债）投入了100万元，但是目前账面资产只有60万元（资产），那还有40万元去哪了？肯定是没法交代的。问题是：虽然股东和债权人投入了100万元，目前账面资产也是100万元，但是这100万元是市场认可的高质量资产，还是一堆破铜烂铁或烂账；又或者股东委托给管理层时企业的股权和债务比例是1∶1，经过一段时间的经营，该比例是保持5∶5，还是变成了6∶4或3∶7，这些就考验和体现经营者的能力和水平了。

所谓复式记账法，是相对于单式记账法而言的。单式记账法是对每笔业务只在一个账户中进行记录的方法，一般只记录现金和银行存款的收付以及应收、应付等往来款项，可以简单理解为"流水账"。但复式记账法不同，每笔经济业务都必须以相等的金额同时在两个或两个以上的账户中相互联系地进行登记。这样一来，不仅可以了解每项经济业务的来龙去脉，而且可以通过会计要素的增减变动全面系统地了解经济活动的过程与结果。

比如：你司向 A 企业销售面粉，对方用现金支付货款。那么，你司的会计应这样处理：借记"现金"，贷记"销售收入"。其他人不需要去询问这笔业务的过程，单单看一下会计这笔账就明白了：哦，公司某某在某日销售了一批面粉给 A 企业，对方在某日用现金支付了。而 A 企业的会计这样处理：借记"存货"，贷记"现金"。这笔账的解读是：A 企业在某日向你司采购了一批面粉，面粉目前已入库，并且在某日支付了现金。

为与国际接轨，1993 年我国实施企业会计准则后，增减记账法被借贷记账法所代替。就是说借贷记账法在我国的前身为增减记账法，借贷记账法是我们与国际接轨的产物。其实通俗一点理解就是资产类、费用类会计科目的增加记在借方，减少记在贷方；而债务类、所有者权益类、收入类会计科目刚好反过来，增加记在贷方，减少记在借方。一个会计科目的增加，必然意味着另一个会计科目的减少，而"有借必有贷，借贷必相等"的安排正好巧妙地体现了这种平衡。

## 5.3　资产减值

【专业表达】资产减值是指资产的可收回金额低于其账面价值。资产的可收回金额低于其账面价值的，应当将资产的账面价值减记至可收回金额，减记的金额确认为资产减值损失，计入当期损益，同时计提相应的资产减值准备。

以下八种资产的减值分别适用各自准则：一是存货的减值，适用《企业会计准则第 1 号——存货》；二是采用公允价值模式计量的投资性房地产的减值，适用《企业会计准则第 3 号——投资性房地产》；三是消耗性生物资产的减值，适用《企业会计准则第 5 号——生物资产》；四是建造合同形成的资产的减值，适用《企业会计准则第 15 号——建造合同》；五是递延所得税资产的减值，适用《企业会计准则第 18 号——所得税》；六是融资租赁中出租人未担保余值的减值，适用《企业会计准则第 21 号——租赁》；七是《企业会计准则第 22 号——金融工具确认和计量》规范的金融资产的减值，适用《企业会计准则第 22 号——金融工具确认和计量》；八是未探明石油天然气矿区权益的减值，适用《企业会计准则第 27 号——石油天然气开采》。

原则上，除以上八种资产外的资产减值，均适用《企业会计准则第 8 号——资产减值》，如长期股权投资、采用成本模式计量的投资性房地产、固定资产、在建工程、工程物资、无形资产、商誉、承租人确认的使用权资产、生产性生物资产、探明石油天然气矿区权益和井及相关设施等。适用资产减值准则的资产减值损失一经确认，在以后会计期间不得转回。

【阿山说】会计报表的第一要求是真实准确反映。如果一项资产的可收回金额比报表账面的金额低，那说明账面金额高估了，没有真实准确反映该资产的价值。比如你司花 500 万元购买了 A 公司 1% 的股权，目前会计账面也记账 500 万元。然而天有不测风云，A 公司杠杆玩得太高，又遇到不景气的经济大环境，突然有一天你司获知 A 公司资金链断裂，已进入破产重整程序。会计收到这个信息，心情莫名低落，真金白银投出的 500 万元不知还能收回几个铜板。是的，这种情况明显说明该项股权投资出现了减值迹象，确定无疑需要计提减值准备。那么，最关键的问题是计提多少金额的减值准备？可收回金额怎么确定？

【专业表达】可收回金额应当根据资产的公允价值减去处置费用后的净额与资产预计未来现金流量的现值两者之间较高者确定。

【阿山说】资产减值是可收回金额和账面金额比较，可收回金额比账面金额低，才需要计提减值；如果可收回金额比账面金额高，那根本就没减值，也就不用计提减值。可收回金额有两个获取途径：一是该资产的公允价值减去处置费用后的净额；二是该资产的预计未来现金流量的现值。这两个金额只要有一个高于账面金额，就是可回收金额比账面金额高，不需要计提减值；如果这两个金额都比账面金额低，那就取其中较高的那一个，较高的那一个金额与账面金额的差额，就是减值准备应该计提的值。

问题又转移到公允价值和预计未来现金流量的现值如何获取。公允价值有以下三种方法获取：一是公平交易中销售协议价格；二是资产活跃市场价格；三是参考同行业类似资产的最近交易价格或者结果进行估计。同时可参考 4.3.4 小节中介绍的评估方法。如何获取预计未来现金流量的现值呢？请继续往下看。

【专业表达】资产预计未来现金流量的现值，应当按照资产在持续使用过程中和最终处置时所产生的预计未来现金流量，选择恰当的折现率对其进行折现后的金额加以确定。预计资产的未来现金流量，应当以经企业管理层批准的最新财务预算或者预测数据，以及该预算或者预测期之后年份稳定的或者递减的增长率为基础。企业管理层如能证明递增的增长率是合理的，可以递增的增长率为基础。

【阿山说】根据过去预计未来，不一定靠谱，因为过去的已经永远地过去了，未来的不确定性很大，不一定按照原来的轨迹运行。根据管理层的预算或预测预计未来，主观性较大，因为不是每一件事都能想到就能做到。所以，用资产未来现金流量现值作为印证或校验更合适一些。

有人说：会计不是科学，是艺术。看到这里，你也许会对这话有更深的理解。乍一看会计提供的报表有零有整，还保留到小数点后两位数，以为数据很精确。其实资产减值、折旧、摊销与摊分、递延、预提、计价方法、或有事项等环节存在大量的预估、职业判断和选择空间。而这，或许也恰好是会计的魅力所在吧。

## 5.4　折旧与摊销

【专业表达】折旧是指在固定资产使用寿命内，按照确定的方法对应计折旧额进行系统分摊。应计折旧额是指应当计提折旧的固定资产原价扣除其预计净残值后的金额。已计提减值准备的固定资产，还应当扣除已计提的固定资产减值准备累计金额。预计净残值是指假定固定资产预计使用寿命已满并处于使用寿命终了时的预期状态，企业目前从该项资产处置中获得的扣除预计处置费用后的金额。

摊销的定义和计算方法与折旧类似。通常来说，固定资产的摊分称为折旧，无形资产、长期待摊费用等资产的摊分称为摊销。

【阿山说】对于非会计专业的人来说，折旧摊销也许是一个比较神奇的存在。用一个常见的例子来为大家介绍。假设你是公司高管，公司花费 10 000 元为你买了一台办公电脑，预计净残值 1 000 元，折旧年限 3 年，采用直线法折旧。假设说完了，结论是什么呢？你的电脑每年折旧费用是 3 000 元（由于你是高管，所以归属为管理费用），利润减少 3 000 元。这是啥意思啊？

首先，电脑属于办公设备，购买办公设备属于资本性支出，先要有资本性支出预算，有预算才能列支；电脑采购回来后属于公司固定资产，固定资产的原价为 10 000 元。当然，就会计核算而言，企业会计准则并没有明确多少金额的资产应作为固定资产管理，企业可以根据自己的实际情况自主决定。就是说如果你管得过来，又不怕麻烦，300 元一台的电风扇你也可以作为固定资产，按月折旧；而如果你们公司够"壕"，30 000 元一台的服务器也可以作为办公用品，一次性计入当年损益。但是，税务的要求又与企业会计准则的要求不尽相同。因为如果该项支出本该作为资产，通过折旧计入以后多年的成本，但是你却计入了当期费用，做大了本年的成本，那么本年利润就降低了，本年企业所得税也就相应减少了，所以，企业所得税法对资产有专门的定义，对折旧年限也有最低要求。不过现在的大背景也是允许较多行业加速折旧以更新换代生产设备。

其次，预计净残值说的是预估该电脑报废的时候可以卖 1 000 元（这个金额是为了方便计算而已，目前的电子产品报废回收价难以达到这个价格）。

再次，折旧年限 3 年是说预计该电脑可以使用 3 年（企业对折旧年限的选择有较大的自主空间，不过还是有一定的行业做法，不能太离谱，一般来说，电脑设备等的折旧年限在3~5年）。

最后，可选用的折旧方法有直线折旧法、工作量法、年数总和法、双倍余额递减法等。直线折旧法也叫年限平均法，即在折旧年限内平均摊分，就是认为电脑是在均衡地使用、产出也基本稳定，所以平均分摊就行。其他折旧方法在这里不逐一介绍。

介绍到这里，年折旧费用3 000元是怎么计算出来的已经比较清楚了。年折旧费用=（原价-预计净残值）/折旧年限=（10 000-1000）/3=3 000（元）。

金额是计算出来了，真正的含义还不一定能理解，对吧。浅浅地说，就是你买的电脑，预计可以使用3年，会为公司服务3年，在这3年里会持续产生效益。按照划分收益性支出和资本性支出的原则、配比原则，应该划分为资本性支出，作为固定资产管理，买电脑的10 000元支出应分摊到3年的成本中，这样就实现了成本与收益的较好匹配。不然的话，效益及于3年，成本在第一年全部已经计入，就错配啦。

从另外一个角度来说，电脑采购回来的次年，就是一台旧电脑了，肯定不值原来的价格了，那么值多少呢？差不多是7 000元。而会计的账面价值记录也是7 000元（原价10 000元-1年折旧费用3 000元）。你看，在3年内，电脑在逐步老化，可变现的价格在逐步下降，会计记录的账面净值也在逐步减少，报表真实地反映了资产的价格和状态。嗯，在会计的操持下，一切都是那么妥当，那么有条不紊，那么井然有序。

## 5.5　财务报表

财务报表主要包括资产负债表、利润表、现金流量表（所有者权益变动表在此不介绍）。精明的会计对三大报表做了一个形象的比喻：如果把财务报表比作人体的话，资产负债表好比是人体的骨骼，利润表好比是人体的肌肉，现金流量表好比是人体的血液。

骨骼（资产负债表）是人体的基础和框架。骨骼并非是越大越好，最重要的是健硕。资产负债表也是如此，不能一味追求资产规模的扩张，不能华而不实、大而无用，最后导致骨质疏松、一触即溃，而应当强身健体，努力提高资产质量，培育发展潜力，增强发展后劲，拓展长期发展能力。

肌肉（利润表）是人体健康的守护神。肌肉需要的是强健，有冲击力、爆发力以及持久力。利润表也是如此，最怕的是虚胖，外表看上去不错，内部全是脂肪，软趴趴的亚健康状态。虚胖的利润表十分不利于企业长期健康发展，甚至还会引发未来不同的病症。就像有些大型企业，销售收入巨大，但利润微乎其微，一旦经济形势稍有变化，企业就入不敷出，左支右绌。

血液（现金流量表）是人体维持生命的关键，健康的血液最重要的标志是不停地流动，不流动的血液对人体来说有害无益，甚至会造成生命危险。现金流量表是检验和分析企业血液流动和血液质量的体检单，反映企业造血机制的运行情况如何（经营活动的现金流量），企业的体外输血机制运行情况如何（筹资活动的现金流量），以及企业的放血机制运行情况如何（投资活动的现金流量），从而掌握企业的真实运行情况，避免出现"供血不足"或是"造血机能障碍"等问题。

至于三大报表的庐山真面目究竟如何，请接着往下看。

### 5.5.1　资产负债表

【**专业表达**】一般企业的资产负债表见表 5 – 1。

表 5 – 1　　　　　　　　　　　　　资产负债表

单位：　　　　　　　　　　　____年__月__日　　　　　　　　　　　　单位：元

| 资　　　产 | 期末余额 | 年初余额 | 负债和所有者权益 | 期末余额 | 年初余额 |
|---|---|---|---|---|---|
| 流动资产： | | | 流动负债： | | |
| 货币资金 | | | 短期借款 | | |
| 交易性金融资产 | | | 交易性金融负债 | | |
| 应收票据 | | | 应付票据 | | |

续表

| 资　　产 | 期末余额 | 年初余额 | 负债和所有者权益 | 期末余额 | 年初余额 |
|---|---|---|---|---|---|
| 应收账款 | | | 应付账款 | | |
| 　减：坏账准备 | | | 预收款项 | | |
| 应收账款净额 | | | 合同负债 | | |
| 预付款项 | | | 应付职工薪酬 | | |
| 应收利息 | | | 应交税费 | | |
| 应收股利 | | | 应付利息 | | |
| 其他应收款 | | | 其他应付款 | | |
| 　减：坏账准备 | | | 一年内到期的非流动负债 | | |
| 其他应收款净额 | | | 其他流动负债 | | |
| 存货 | | | 流动负债合计 | | |
| 合同资产 | | | 非流动负债： | | |
| 一年内到期的非流动资产 | | | 长期借款 | | |
| 其他流动资产 | | | 应付债券 | | |
| 　流动资产合计 | | | 长期应付款 | | |
| 非流动资产： | | | 长期应付职工薪酬 | | |
| 可供出售金融资产 | | | 预计负债 | | |
| 持有至到期投资 | | | 递延所得税负债 | | |
| 长期应收款 | | | 其他非流动负债 | | |
| 长期股权投资 | | | 非流动负债合计 | | |
| 投资性房地产 | | | 负债合计 | | |
| 固定资产 | | | 所有者权益（或股东权益）： | | |
| 在建工程 | | | 实收资本（或股本） | | |
| 工程物资 | | | 资本公积 | | |
| 固定资产清理 | | | 减：库存股 | | |
| 使用权资产 | | | 盈余公积 | | |
| 无形资产 | | | 其他综合收益 | | |
| 商誉 | | | 未分配利润 | | |

续表

| 资　　产 | 期末余额 | 年初余额 | 负债和所有者权益 | 期末余额 | 年初余额 |
|---|---|---|---|---|---|
| 长期待摊费用 | | | 专项储备 | | |
| 递延所得税资产 | | | 归属于母公司所有者权益合计 | | |
| 其他非流动资产 | | | 少数股东权益 | | |
| 非流动资产合计 | | | 所有者权益合计 | | |
| 资产总计 | | | 负债和所有者权益总计 | | |

单位负责人：　　　　　　　　主管会计工作负责人：　　　　　　会计机构负责人：

注：根据合并财务报表格式（2019 版）改编。

【阿山说】简要介绍资产负债表的一些常识。

1. 以上资产负债表不一定适用于所有企业，比如金融企业就有其他较多的科目设置；该表的项目也不是一成不变的，而是随着新业务新情况在不断地补充更新，比如最近加了合同资产、合同负债、使用权资产等科目。后面要介绍的利润表、现金流量表等也是如此，下面不再重复说明。

2. 资产负债表展示的是某一个时点的财务状态，比如年度资产负债表反映的是某年 12 月 31 日 24 点的情况，次年 1 月 1 日零点以后的变动情况归集到次年的报表，所以阅读资产负债表时务必注意表头的"年月日"。

3. 资产负债表是一个"T"型结构，"T"型的右边展示企业的负债和所有者权益，左边展示企业的资产。这样的结构安排隐含着会计恒等式原理，即"资产 = 负债 + 所有者权益"。所以把资产负债表比作人体的骨架十分形象，虽然左右两边不是完全对称，但左右两边是一个平衡的结构。企业的基因是否优良（资本情况、股份占比、股东背景等）、目前是否精壮（质量如何、效率如何等）、未来潜力如何（长期发展能力如何等）等方面都可以在资产负债表中找到答案。

4. "T"型的右边展示企业的负债和所有者权益。实际上就是展示企业的资金来源，所有者权益归集的是来自股东的资金，负债归集的是来自债权人的资金。目前企业的资金来源就两种，不是来自股东，就是来自债权人。也许有人会反驳：应付职工薪酬也是债权人的资金吗？对的，计入了应付职工薪酬，说明员工已经为企业提供了相应的服务，企业有义务支付这笔资金，也就等于说员工有权利追讨这笔资金，说他相当于债权人是完全正确的。应付账款呢，是你占用了供应商的资金，供应商其实是你的债权人。其他债权科目也是同样的道理。

5. "T"型的左边展示企业的资产，就是说你从股东和债权人那里获得的资金，用去了哪里？在此时此刻是一些什么样的形态？比如"货币资金"项目反映你有多少资金躺在银行账户里（这里的现金包含保险柜的现钞、银行账户的存款及一些能快速变成现金的资产等）；"存货"项目反映你有多少资金以材料、半成品、产成品等形式躺在仓库；"长期股权投资"项目反映你有多少资金拿去购买了其他公司的股权等；"固定资产"项目反映你有多少资金购买了较为长期的生产设备等；"商誉"项目反映你有多少资金是购买其他公司股权时的溢价。其他的项目也分别反映资金的一种状态，这里不逐一列举。

6. 资产负债表各项目按照流动性强弱有序列示。左边的资产，按流动性（变现能力）强弱从高到低排列，流动性最强的货币资金列示在表的最顶端，然后逐步往下，越靠近表的底端，流动性越弱。右边的负债也是同样的原理，按照期限的长短排序，期限越短的列示在表的最顶端，越靠近负债的底端，期限越长。嗯，这样的报表真是让人赏心悦目、一目了然。

7. 年度资产负债表的下方需要三位"大佬"签字。利润表、现金流量表亦是如此。第一位是单位负责人，本单位一切的一切重大事项（其中当然包括会计工作）最终都得"一把手"拍板，最大的责任也得由"一把手"扛。其次是主管会计工作的负责人，一般来说，企业会在班子成员里指定一人分管会计工作，是会计领域的最高领导，会计领域的方针、政策基本都是他谋划、推动或点头的。也就是1.4.1小节里说的九段会计，各家企业称呼不同，比如副总裁、CFO、总会计师等。最后是会计机构负责人，就是企业财务部门的负责人，会计领域方针、政策的建议及落地，以及会计日常工作的操盘，都由他具体安排。也就是1.4.1小节里说的七段会计，各家企业称呼不同，比如财务总监、财务部总经理、财务部经理等。

8. 资产负债表反映企业经营特征、商业模式。打开长江电力（证券代码600900）的资产负债表，以大坝和发电机组为主的固定资产构成了企业资产的重心。而打开中国人寿（证券代码601628）的资产负债表则完全是另外一幅景象，金融资产占据了企业资产的绝大部分。说明长江电力是重资产企业，前期的投入非常大，后期需要漫长的经营才能一点点收回投资并盈利；而中国人寿是典型的金融企业，靠的是资金运作，为投保人提供风险保障和投资收益；显然，这两家企业做的是完全不同的两盘生意。

9. 资产负债表反映企业的效率，而多年的资产负债表结合在一起则可以反映企业的长期发展趋势。

企业效率的高低可以从哪些指标得知？企业的效率管理又可以从哪些方面入手？用会计的语言来表达，效率高就是企业做事的速度快，比如生产周期、销售周期、收款周期、总资产周转周期等比同行短，那你的效率就高。生产周期与生产设备有关，机器设备的生产效率越高，生产周期越短；销售周期与库存商品有关，库存商品卖得越快，销售周期越短；收款周期与应收账款回收能力有关，应收账款回收越快，收款周期越短；总资产周转期与收入和资产有关，收入越高、资产越小，总资产周转期越短。那么，这些数据从哪里获取呢？绝大部分是从资产负债表获取的，小部分从利润表获取。所以说，要管好企业效率就是要管好企业资产的运营效率，而资产负债表就是监控企业效率的财务报表。

某一年的资产负债表反映某一个时点的资产状况，但是连续多年的资产负债表却能够反映出企业的长期发展趋势。比如应收账款科目，第 1 年末余额 10 万元，第 2 年末余额 30 万元，第 3 年末 50 万元，那你肯定发现了，这家企业的应收账款在逐年快速增加。至于是销售环节没有管好回款，销售收入质量下降了，还是企业规模扩张、应收账款同步增加，那得结合利润表中的销售收入一起来深入分析。

10. 资产负债表表内最重要的财务指标：资产负债率。资产负债率 =

$\dfrac{负债合计}{资产总计}$。比如你司资产总计是 100 亿元，负债合计是 40 亿元，那么，你司的资产负债率 = （40/100） = 40%，同时，也可以算出你司的股东权益是 60 亿元。这些数据怎么解读呢？说明你们公司 100 亿元的资产，有 40 亿元是借来的，有 60 亿元是股东投入的；40 亿元的负债有 60 亿元的股东投入保证，对于债权人来说是可以高枕无忧的。资产负债率同时也反映企业的财务杠杆水平。资产负债率低，说明使用了较低的财务杠杆，从股东的角度看，这是一种相对比较保守的财务策略。企业 100 亿元资产，股东自有资金出了 60 亿元，才用了债权人 40 亿元资金，撬动的资源是比较低的。财务杠杆我们在 4.3.1 小节已介绍，这里不赘述了。

十全十美的人不存在，十全十美的财务指标也是没有的。比如资产负债率，它的分子是所有的负债合计，但是我们看资产负债表的负债栏目就知道，预收账款、应付账款是我们占用上下游企业的资金，是不需要直接支付利息的，本金也不一定要到期归还，可能在循环使用，所以把这类项目归入分子不是特别合理。为解决资产负债率的这个缺陷，精明的会计研究出一个修正的指标：净负债率。净负债率 = $\dfrac{所有有息债务 - 现金}{净资产}$，该指标的优点，一是对企业的账面现金余额做了调整，与有息债务做了抵销；二是仅仅衡量有息债务，避免了预收账款、应付账款（如工程款）等软性债务对负债率指标的干扰。

流动比率。资产负债率反映的是长期偿债能力保障，能不能反映短期偿债能力呢？比如以上的案例，资产负债率 40%，看起来挺稳健的，但是如果遇到以下的极端情况：40 亿元负债下个月就要到期，但是 100 亿元资产大多是长期资产，难以快速变现，短期偿债压力就非常大，稳健的形象就反转了。所以分析短期偿债能力要看流动比率。流动比率 = $\dfrac{流动资产}{流动负债}$。比如 40 亿元负债中有 20 亿元一年内将到期，我们归类为流动负债，100 亿元资产中有 22 亿元流动资产，那么流动比率 = 22/20 = 1.1，就是说 20 亿元流动负债有 22 亿元流动资产作为保障，这么看来，流动负债的债权人也是比较有保障的。

当然，话也不能说得太绝对，如果 22 亿元流动资产主要是应收账款或存货，变现的能力也不一定就这么强，要看客户和公司的销售情况，所以还有速动比率指标等，就这样像剥洋葱一样一层层拆解，还可以细说三天三夜，就不展开了。

11. 纵向比较与横向比较。不管是财务指标，还是会计科目及权重，通常的分析维度有两个：一是纵向比较，自己的今年和自己的去年、前年等比较，今年比往年有进步，那就是好事。如果是稳定的持续的进步，那就更好；二是横向比较，自己的今年和行业标杆或竞争对手等比较，看看自己的方位。如果你是"落后生"，发现自己与"优等生"的差距越来越小，那就值得庆贺；如果你是"优等生"，发现自己领先"追随者"越来越多，那局面更加欢喜鼓舞。反之，则要好好反思，拿出方案，抓紧行动，奋起直追，不然出局是早晚的事。

### 5.5.2　利润表

【专业表达】一般企业的利润表见表 5 - 2。

表 5 - 2　　　　　　　　　　　　　　利润表
单位：　　　　　　　　　　　　期间：　　　　　　　　　　　　单位：元

| 项　　目 | 本期数 | 上年同期数 |
|---|---|---|
| 一、营业收入 | | |
| 二、营业总成本 | | |
| 其中：营业成本 | | |
| 税金及附加 | | |
| 销售费用 | | |
| 管理费用 | | |
| 财务费用（收益以"—"号填列） | | |
| 资产减值损失 | | |
| 加：公允价值变动净收益（净损失以"—"号填列） | | |
| 投资净收益（净损失以"—"号填列） | | |
| 资产处置收益（净损失以"—"号填列） | | |

续表

| 项　　目 | 本期数 | 上年同期数 |
|---|---|---|
| 　其他收益 | | |
| 三、营业利润 | | |
| 　加：营业外收入 | | |
| 　减：营业外支出 | | |
| 　其中：非流动资产处置净损失（净收益以"—"号填列） | | |
| 四、利润总额 | | |
| 　减：所得税 | | |
| 五、净利润 | | |
| 　归属于母公司所有者的净利润 | | |
| 　少数股东损益 | | |

单位负责人：　　　　　　　　主管会计工作负责人：　　　　　会计机构负责人：
注：根据合并财务报表格式（2019 版）改编。

【阿山说】简要介绍利润表的一些常识。

1. 利润表反映企业一定期间的经营成果，所以编制和阅读利润表时要特别注意表头的期间。

2. 利润表的编制原理是"利润 = 收入 – 费用"等式。这里的收入、费用、利润都是宽泛的概念，不要与会计科目混淆，本表中的流入都算收入、流出都算费用。然后在不同的档位又划分为营业利润、利润总额、净利润三个概念。所以我们阅读利润表时，第一眼先看有多少收入？收入反映企业的规模。第二眼就是看有多少净利润？净利润反映企业的盈利情况，赚了多少钱。

3. 利润表反映企业的产品力。分析产品主要有两方面，一方面是产品好不好卖，另一方面是产品有没有核心竞争力。

产品好不好卖主要看利润表中的收入规模。收入规模大，说明产品的销路好。尤其是收入规模大，市场占有率也高，说明该产品的市场空间大，而且公司的产品已经较好地占领该市场，这当然是所有人都孜孜以求的状态，而今实现了，企业从上到下都有梦想成真的欢快。

产品有没有核心竞争力主要看利润表中的毛利率。毛利率高，尤其是比同行业其他企业毛利率高的企业，说明产品有定价权，敢于提价，这是核心产品力的表现，是任何企业都要努力追求的安身立命之本。

毛利率 $= \dfrac{(营业收入 - 营业成本 - 税金及附加)}{营业收入}$。毛利率高，也有两方面原因：一是该行业的毛利率普遍高，比如说白酒、医药等，这种情况下的高毛利率说明企业处于较好的"赛道"，处在"赚钱不辛苦"的行业，毛利率较高是比较自然的事。但如果你司毛利率高，但净利润率低，说明经营费用太高了，可能是管理不精细，也可能是经营层薪水福利太高，还有可能是渠道费用等灰色支出较大等。二是行业的毛利率不高，但是你司毛利率一枝独秀，明显高出同行。那么，你司是令人仰视的，因为你司一定是掌握了核心技术。

行业毛利率低，说明企业处于红海市场，竞争太激烈，属于"辛苦不赚钱"的行业，净利润率低也是自然而然的事。但如果行业毛利率不高，你司毛利率也低，但净利润率却还不错，那肯定是精细化经营，苦练内功修成的正果，这样的企业掌舵者是值得我们尊敬的。

4. 收入总额反映规模，但仅仅关注规模是远远不够的，还要分析收入结构。一是分析营业收入、公允价值变动净收益、投资净收益、资产处置收益、其他收益、营业外收入等收入占比情况，营业收入占绝大部分权重才是比较正常的情形，因为营业收入才是基本功，才有可能持续稳定，其他收入大多是"一锤子"买卖，难以持续。二是要看营业收入的结构，营业收入还有很多细分的类型，哪些业务类型哪些产品和服务是稳定的可持续的，对客户的依赖情况如何，以及进一步分析主要客户的经营情况、财务情况如何等。三是要看收入的确认是否符合条件。有些收入较为复杂，很可能是几年完成，比如说建筑企业，根据履约进度来确认收入有较大弹性空间；比如说卖出去一个产品，还要负责相关售后事宜，或者约定几年以后如果出问题还要负责如何处理等。收入的确认其实是很复杂的，所以收入的确认很容易造假，是最容易藏污纳垢的地方，太多企业把不能确认的收入提前放进来，伪造业绩不错的假象。

5. 净利润同样要关注结构。主要分析利润总额的来源，分析公允价值变动净收益、投资净收益、资产处置收益、其他收益、营业外收入减营业外支出等占净利润的权重，这些盈利所占权重太大的话，我们得打起精神进行更深层次的分析。

6. 稳定性持续性分析。一张利润表只反映一段时间的经营成果，这份成果是不是可以稳定和持续，得把时间拉长一点来观察，比如说 3 年、5 年，甚至 10 年，在一个比较长的时间轴上，盈利结构在逐步改善，那么我们认为该企业的盈利能力在增强，反之则盈利能力在减弱。

说到这里，利润表就简要介绍完了。

下面简要介绍一下资产负债表观和利润表观。关于资产负债表和利润表谁更重要，学术界争议了将近一百年，以后肯定还会继续争议下去。他们分别为自己的观点起了一个比较酷的名字：资产负债表观和利润表观，有点武当派和少林派的意思。

资产负债表观更关注企业所拥有的财产，包括其拥有的经济资源以及向其他方交付经济资源的义务。该派观点认为，收益和损失产生于资产、负债的变化，只要资产负债搞清楚了，收入和费用就自然明了。所以，资产负债表比利润表重要。

利润表观更关注企业的经营业绩。该派观点认为，某一期间内的收益或损失，是当期收入和费用合理配比的结果。负债和资产是属于未来期间的收入和费用（请注意资产不过是未来的费用，如固定资产）。所以，只要收入费用搞清楚了，资产和负债就自然明了。所以，利润表比资产负债表重要。

这两派观点无关对错。从某种意义上说，争议是推动事物往前发展的动力。1940 年前，是资产负债表占上风，后来会计学家利特尔顿，完善了会计分期、收入费用匹配等理论，利润表观开始占据上风。1970 年以后，资产负债表又重新占据主导，因为资产负债表代表的是长期发展，而利润表只是代表当期的业绩表现。在可预见的未来，这种争议还将持续。而会计的发展也是历史发展的一部分，必将伴随和推动历史的车轮滚滚向前。

## 5.5.3　现金流量表

【专业表达】一般企业的现金流量表见表 5 – 3。

表 5 – 3　　　　　　　　　　　　　　现金流量表

单位：　　　　　　　　　期间：　　　　　　　　　单位：元

| 项　目 | 本期数 | 上年同期数 |
|---|---|---|
| 一、经营活动产生的现金流量： | | |
| 　　销售商品、提供劳务收到的现金 | | |
| 　　收到的税费返还 | | |
| 　　收到其他与经营活动有关的现金 | | |
| 经营活动现金流入小计 | | |
| 　　购买商品、接受劳务支付的现金 | | |
| 　　支付给职工以及为职工支付的现金 | | |
| 　　支付的各项税费 | | |
| 　　支付其他与经营活动有关的现金 | | |
| 经营活动现金流出小计 | | |
| 经营活动产生的现金流量净额 | | |
| 二、投资活动产生的现金流量： | | |
| 　　收回投资收到的现金 | | |
| 　　取得投资收益收到的现金 | | |
| 　　处置固定资产、无形资产和其他长期资产收回的现金净额 | | |
| 　　处置子公司及其他营业单位收到的现金净额 | | |
| 　　收到其他与投资活动有关的现金 | | |
| 投资活动现金流入小计 | | |
| 　　购建固定资产、无形资产和其他长期资产支付的现金 | | |
| 　　投资支付的现金 | | |
| 　　取得子公司及其他营业单位支付的现金净额 | | |
| 　　支付其他与投资活动有关的现金 | | |
| 投资活动现金流出小计 | | |
| 投资活动产生的现金流量净额 | | |

续表

| 项　目 | 本期数 | 上年同期数 |
|---|---|---|
| 三、筹资活动产生的现金流量： | | |
| 　吸收投资收到的现金 | | |
| 　取得借款收到的现金 | | |
| 　收到其他与筹资活动有关的现金 | | |
| 筹资活动现金流入小计 | | |
| 　偿还债务支付的现金 | | |
| 　分配股利、利润或偿付利息支付的现金 | | |
| 　支付其他与筹资活动有关的现金 | | |
| 筹资活动现金流出小计 | | |
| 筹资活动产生的现金流量净额 | | |
| 四、汇率变动对现金及现金等价物的影响 | | |
| 五、现金及现金等价物净增加额 | | |
| 加：期初现金及现金等价物余额 | | |
| 六、期末现金及现金等价物余额 | | |

单位负责人：　　　　　　　　　主管会计工作负责人：　　　　　　会计机构负责人：

注：根据合并财务报表格式（2019 版）改编。

【阿山说】简要介绍现金流量表的一些常识。

1. 现金流量表的编制原则是收付实现制。在 2.2 节我们介绍了，资产负债表和利润表的编制原则是权责发生制。但是一段时间以来，"上年度财务报表还显示利润颇丰，转眼就债务违约、现金流断裂"的案例频频出现，于是有人开始诟病权责发生制下的资产负债表和利润表。精明的会计不久就研制出一款补丁：补充一张现金流量表。

1987 年 11 月美国财务会计准则委员会正式公布财务会计准则第 95 号《现金流量表》，要求企业编制现金流量表。中国财政部在 1998 年正式发布《企业会计准则——现金流量表》，要求企业编制现金流量表；2006 年又修订了该准则，重新发布《企业会计准则第 31 号——现金流量表》。实际上，文化程度不高的私人老板比较难以理解会计编制出的资产负债表和利润表，但是却对现金有天生的敏感，"十鸟在林不如一鸟在手""现金为王"才是朴素的真理，也是生意的真谛，真的是"高手在民间"。

2. 现金流量表是反映一定会计期间现金和现金等价物流入流出的报表。与利润表一样，现金流量表反映的也是一段时间，而资产负债表反映的是某个时点。所以有人说：资产负债表好比是拍照，抓取的是某个瞬间；但利润表、现金流量表好比是录像，录制的是一段时间。

3. 现金和现金等价物。现金不仅包括保险柜中的现钞（纸币、硬币），还包括可以随时用于支付的银行存款。现金等价物是指企业持有期限短、流动性强、易于转换为已知金额现金、价值变动风险很小的投资，比如投资日起三个月到期或清偿之国库券、商业本票、货币市场基金、可转让定期存单等。

4. 现金流量表反映的是企业的财力。企业的竞争不仅是产品（主要由利润表反映）、效率（主要由资产负债表反映）的竞争，也是财力的竞争。了解一家企业的财力情况到底如何重点是看现金流量表。企业的资金从哪里来、流到哪里去了，看现金流量表就能一目了然。

5. 现金流量表的基本结构是把现金流入流出分为经营活动现金流量、投资活动现金流量、筹资活动现金流量三大类。再往下，三大类活动继续细分为不同的小类。将这三类活动分别计算出流入流出及结余量，然后汇总得出公司在这段时期内总的流入流出及结余量。

前面说现金流量表好比是人体的血液，血液最重要的是循环和再造。经营活动现金流量是企业血液循环和再造的最直观指标，如果经营活动现金流量净额较长时间都是负数的话，说明造血功能丧失，血液持续流失，企业难以长久。经营活动现金流量净额持续是正数，也并不能表明企业有稳定的造血功能，因为企业"购建固定资产、无形资产和其他长期资产支付的现金"计入了投资活动现金流出，但该支出所获取的现金流入却计入了经营活动现金流入。所以，严格来说，假设生产设备持续均衡地更新换代，"经营活动现金流量净额"应持续大于"购建固定资产、无形资产和其他长期资产支付的现金"，才是可以持续健康发展的现金循环和造血。

投资活动现金流量分为对内实体性资产投资的现金流量和对外投资现金流量。对内实体性资产投资是企业投资生产经营所需的厂房、机器设备及办公设备等的现金流量，这种现金流出对应的现金流入计入了经营活动现金流入，这里出现一些不匹配的情形。

筹资活动现金流量主要归集从股东和债权人处获得的资金，以及还本付息、分配股利、减少注册资金等所支付的现金等。

6. 现金流量表的编制方法是直接法。企业的现金及现金等价物在流入、流出时会计都会记录，在记录的时候，会计就会把该笔资金流动进行分类，即打上某个现金流量项目的标签，到了月底或年底的时候，现金流量表自然就统计出来了。

此外，用间接法编制一份《现金流量表补充资料》作为补充。请接着往下看。

### 5.5.4  现金流量表补充资料

一般企业的现金流量表补充资料见表5－4。

表5－4　　　　　　　　　　现金流量表补充资料　　　　　　　　　单位：元

| 项　　目 | 本期发生额 | 上期发生额 |
| --- | --- | --- |
| 1. 将净利润调节为经营活动现金流量： | | |
| 净利润 | | |
| 加：资产减值损失 | | |
| 信用减值损失 | | |
| 固定资产折旧、投资性房地产折旧 | | |
| 使用权资产折旧 | | |
| 无形资产摊销 | | |
| 长期待摊费用摊销 | | |
| 处置固定资产、无形资产和其他长期资产的损失（收益以"－"号填列） | | |
| 固定资产报废损失（收益以"－"号填列） | | |
| 公允价值变动损失（收益以"－"号填列） | | |

续表

| 项　目 | 本期发生额 | 上期发生额 |
|---|---|---|
| 财务费用（收益以"－"号填列） | | |
| 投资损失（收益以"－"号填列） | | |
| 递延所得税资产减少（增加以"－"号填列） | | |
| 递延所得税负债增加（减少以"－"号填列） | | |
| 存货的减少（增加以"－"号填列） | | |
| 经营性应收项目的减少（增加以"－"号填列） | | |
| 经营性应付项目的增加（减少以"－"号填列） | | |
| 其他 | | |
| 经营活动产生的现金流量净额 | | |
| 2. 不涉及现金收支的重大投资和筹资活动： | | |
| 债务转为资本 | | |
| 一年内到期的可转换公司债券 | | |
| 融资租入固定资产 | | |
| 当期新增的使用权资产 | | |
| 3. 现金及现金等价物净变动情况： | | |
| 现金的期末余额 | | |
| 减：现金的期初余额 | | |
| 加：现金等价物的期末余额 | | |
| 减：现金等价物的期初余额 | | |
| 现金及现金等价物净增加额 | | |

注：该表一般在附注中披露。以上格式根据江苏有线 2021 年年度报告改编。

【阿山说】简要介绍现金流量表补充资料的一些常识。

企业应当在附注中披露将净利润调节为经营活动现金流量的信息，就是表 5 - 4。假如利润表中显示净利润 1 000 万元，但是现金流量表中显示经营活动产生的现金流量净额为 800 万元，那么报表阅读者就会有一个重大疑问：两者为什么不相等？还有 200 万元利润去哪里了？是会计做错了还是私吞了？所以非常有必要交代清楚。前面介绍过，会计在权责发生制原则下做了折旧、摊销、计提成本费用、计提减值准备、应收应付、预收预付等好多工作，这些事项都会影响利润表中的净利润，但却没有真实的现金流入流出，差异就在这些地方。

现金流量表补充资料就是以净利润为起点，然后通过加、减不产生现金流量，但却对净利润有影响的项目，最后得出企业一段时期的经营活动产生的现金流量净额，该数额与现金流量表中的"经营活动产生的现金流量净额"完全一致。你看，两个表建立了关联关系，而且数据核对一致，差异在哪里也清清楚楚列示出来了，跟老板交代得明明白白的，这下会计可以回家踏踏实实睡个安稳觉了。

### 5.5.5 财务报表附注

【专业表达】财务报表附注是对资产负债表、利润表、现金流量表和所有者权益变动表等报表中列示项目的文字描述或明细资料，以及对未能在这些报表中列示项目的说明等（摘自《企业会计准则第30号——财务报表列报》）。

【阿山说】财务报表的项目十分有限，数据是层层汇总的。可以说财务报表反映得很全面，但高度浓缩、十二分精练，所以有必要做一些补充说明，以帮助报表使用者正确地理解。以下几点需要着重说明。

1. 对于同一种经济业务，企业会计准则提供了几种不同的会计原则和会计处理方法。企业的会计政策应明确具体选择了哪一种方法，这种选择你要在附注中予以告知。比如投资性房地产业务（即以赚取出租或资本增值，或两者兼有的房地产），会计准则有采用公允价值模式计量和采用成本模式计量两种选择，选择任何一种都是可以的，但是两种选择对利润的影响有非常大的区别。下面以万科（证券代码000002）和新城控股（证券代码601155）两家房地产企业为例予以说明。

万科的财务报表附注披露：公司采用成本模式计量投资性房地产，即资产负债表中的投资性房地产科目余额是投资性房地产的历史成本减去累计折旧摊销及减值准备后的余额。新城控股财务报表附注披露：公司采用公允价值模式计量投资性房地产，即不计提折旧摊销，资产负债表中的投资性房地产科目余额是投资性房地产的公允价值，而公允价值与原账面价值之间的差额计入当期损益。这两个附注披露到底是啥意思？我们用数据来说话，见表 5-5。

表 5-5　　　　　　　　　万科和新城控股附注资料　　　　　　　单位：亿元

| 科目 | 2019 年 | 2020 年 | 2021 年 |
|---|---|---|---|
| 万科 A（成本法计量） | | | |
| 投资性房地产原值 | 790. 14 | 866. 57 | 929. 55 |
| 投资性房地产减值准备 | 0 | 0 | 0 |
| 投资性房地产折旧 | 15. 51 | 17. 6 | 21. 42 |
| 净利润 | 551. 32 | 592. 98 | 380. 69 |
| 新城控股（公允价值计量） | | | |
| 投资性房地产原值 | 682. 21 | 882. 92 | 1 070. 42 |
| 投资性房地产公允价值变动收益 | 25. 5 | 25. 72 | 28. 68 |
| 投资性房地产折旧 | 0 | 0 | 0 |
| 净利润 | 133. 3 | 164. 66 | 137. 6 |

注：数据源自各公司年报。新城控股的投资性房地产公允价值由评估机构戴德梁行有限公司评估得出。

回到正题，看表说事。2019～2021 年，万科的投资性房地产金额分别为 790 亿元、866 亿元、929 亿元，分别计提 15 亿元、17 亿元、21 亿元折旧进入了当期成本。此外，表 5-5 还有一个"投资性房地产减值准备"项目赫然在列，不过金额是零。注意，这是为了充分诠释成本模式规则：即如果房地产价格进入下降通道，当市场价格低于账面值时，要计提减值准备，从而减少利润。万科的投资性房地产，有租金收入，也有相应的折旧成本，还有一个谨慎的减值准备待命。

再来看新城控股，2019～2021 年的投资性房地产金额分别为 682 亿元、882 亿元、1 070 亿元，由于采用公允价值计量，不需要计提折旧，所以折旧成本为零。不仅没有折旧成本，还分别确认了公允价值变动收益 25 亿元、25 亿元、28 亿元。你看，新城控股的投资性房地产，有租金收入，却没有相应的成本，还有市场价格上涨的收益。

脑补一下，如果新城控股采取与万科一样的成本模式计量投资性房地产，每年需要计提折旧 15 亿~21 亿元，同时每年没有了公允价值变动收益 25 亿~29 亿元，里外里对每年利润的影响有 40 亿~50 亿元左右，这对于净利润 140 亿元左右的公司是影响很大的。

好了，看到这里，大家在比较上市公司的净利润、市盈率等指标时是不是有了不一样的认知呢，万科的 1 亿元利润和新城控股的 1 亿元利润，含金量显然不一样。当然，这两种选择都是符合企业会计准则要求的。只能说万科选择了比较保守的会计政策，新城控股则选择了比较激进的会计政策，在市场价格下行阶段，新城控股要面对更多的波动，因为那时要确认公允价值变动损失。那么，万科选择了成本模式计量、新城控股选择了公允模式计量，之后年份还能不能调整呢？企业会计准则规定：一定条件下允许企业从成本模式计量变更为公允价值模式计量，但不得从公允价值模式转为成本模式。

2. 企业以前年度选择的某种会计政策，到了今年，企业觉得已经不太合适，经过一定的程序，变成了另外一种方法处理。那么，根据可比性原则，今年的附注首先要告知作了这种改变，其次要披露同口径的上期数据（即可比数据），方便报表使用者了解这种改变的影响。

恒瑞医药（证券代码 600276）2021 年 11 月 19 日发布《关于会计估计变更的公告》称：为了优化公司产品结构，丰富公司产品的种类，以适应国内外市场需求，近年来持续加大研发投入，同时对研发项目推行了信息化与精细化管理。随着研发实力和经验的积累，公司成立了专家组定期对研发项目进行评估，并根据评估结果、业务发展需要及市场情况适时对研发项目进行调整，降低了研发结果及商业化成果的不确定性。基于研发项目支出归集及核算可靠性的提高，以及研发结果不确定性的降低，根据《企业会计准则第 28 号——会计政策、会计估计变更和会计差错》的相关规定，并参考同行业上市公司的研发支出资本化情况，公司决定对研发支出资本化时点的估计进行变更，使公司研发费计量更加符合实际情况。注意，该变更从 2021 年 11 月 19 日起执行。具体是变更了什么呢？见表 5 - 6。

表 5-6　　　　　　　　　　　恒瑞医院变更资料

| 变更前公司采用的会计估计 | 变更后公司采用的会计估计 |
| --- | --- |
| 本次会计估计变更前，公司基于谨慎性原则将内部研发项目的所有支出于发生时计入当期损益 | 本次会计估计变更后，公司按照以下标准划分内部研发项目的研究阶段支出和开发阶段支出：<br>①需要临床试验的药品研发项目：研究阶段支出是指药品研发进入Ⅲ期临床试验（或关键性临床试验）阶段前的所有研发支出；开发阶段支出是指药品研发进入Ⅲ期临床试验（或关键性临床试验）阶段后的研发支出。<br>②其他药品研发项目：研究阶段支出是指项目开始至取得药品注册批件前的所有研发支出；开发阶段支出是指取得药品注册批件后的研发支出。<br>公司根据研发项目的进展召开专家评估会，开发阶段支出经评估满足资本化条件时，计入开发支出，并在研究开发项目达到预定用途时，结转确认为无形资产。不满足资本化条件的开发阶段支出，则计入当期损益。研究阶段的支出，在发生时计入当期损益 |

变更前，研发投入全部计入损益、减少当年利润；变更后，有一部分研发投入要资本化，形成无形资产，再逐年摊销入损益。这个变更究竟对财务报表有多大影响呢？

表 5-7　　　　　　　　　变更对财务报表的影响　　　　　　　　单位：亿元

| 科目 | 2019 年 | 2020 年 | 2021 年 | 2022 年上半年 |
| --- | --- | --- | --- | --- |
| 净利润 | 53.26 | 63.09 | 44.84 | 20.68 |
| 研发投入 | 38.96 | 49.89 | 62.03 | 29.09 |
| ——研发费用 | 38.96 | 49.89 | 59.43 | 21.84 |
| ——研发投入资本化 | 0 | 0 | 2.6 | 7.25 |
| 研发投入总额占营业收入比例（％） | 16.73 | 17.99 | 23.95 | 28.44 |

由表 5-7 可知：首先，从绝对数来说该公司的研发投入金额大，从相对数来说研发投入总额占营业收入的比例比较高，而且逐年都在快速增长，这是一家实实在在搞创新的公司。其次，2021 年以前的研发投入全部在发生时计入了当期损益，真是十分豪爽和任性，所以在资本市场长期维持 70、80 倍的市盈率，精明的投资人，尤其是专业投资机构，当然知道这个市盈率的含金量。最后，在医疗改革大力推动集采的背景下，公司 2021 年的净利润大幅下滑，然后根据上面的会计估计变更，虽然说研发投入还在加码，但有 2.6 亿元已资本化，不然净利润更低。追踪一下：2022 年半年报，29 亿元的研发

投入有 7 亿元资本化，要不然上半年利润只有 13 亿元了。所以 2021 年是分水岭，前后年度的净利润含金量不一样。

3. 财务报表由于种种限制，只能按大类设置，反映总括情况，至于其内部的结构及背景情况往往难以在表内反映。比如应收账款在报表中只反映了年末余额，至于账龄情况就无从得知，所以在附注中披露账龄情况及计提减值准备的情况，账龄越久对公司越不利。又比如营业收入在报表中只反映了本期汇总数，但是客户占比情况就无从知晓，所以在附注中披露前五大客户占营业收入比例情况；营业成本与供应商情况与此类似。一般来说，公司的客户、供应商分散一些比较好，客户、供应商集中度越高，公司的经营风险越大（独立自主性打折扣）。

4. 此外，或有事项及资产负债表日后事项、关联方关系及其交易、重要资产转让或出售、企业合并或分立、会计差错更正等事项也有必要在附注中予以说明，在此不逐一介绍。

### 5.5.6 财务报表关联关系

世间万事万物存在千丝万缕的联系，但发现这些联系需要善于观察、用心感悟、周密推导。企业经营的方方面面也紧密关联，精明的会计当然深明此理，所以在设计财务报表时也隐含了较多的关联关系，会计术语叫"勾稽关系"。

1. 会计报表项目之间基本关联关系。

a. 资产 = 负债 + 所有者权益；

b. 收入 − 费用 = 利润；

c. 现金流入 − 现金流出 = 现金净流量；

d. 资产负债表、利润表及现金流量表分别与其附表、附注、补充资料等相互勾稽等。

2. 会计报表之间的基本关联关系。

a. 资产负债表与利润表的关联关系。一般情况下，资产负债表未分配利

润期末数 – 期初数 = 本年净利润 + （ – ） 以前年度损益调整 – 分配的利润（若有）。

b. 资产负债表和现金流量表的关联关系。一般情况下，现金流量表中"现金及现金等价物净增加额"等于资产负债表中"货币资金"项目的期末数与期初数之差。同时，现金流量表中"期初现金及现金等价物余额""期末现金及现金等价物余额"分别等于资产负债表中"货币资金"项目的期初余额、期末余额。

c. 利润表与现金流量表的关联关系。通过现金流量补充资料，把利润表中的"净利润"项目与现金流量表的"经营活动产生的现金流量净额"项目关联起来。

3. 一些隐含的关联关系。

a. 根据资产负债表中短期投资、长期投资情况，可以复核、匡算利润表"投资收益"项目的合理性，检查是否存在资产负债表中没有投资项目而利润表中却有投资收益，以及投资收益大大超过投资项目的正常收益等异常情况。

b. 根据资产负债表中固定资产、累计折旧情况，可以复核、匡算利润表中"折旧费"项目的合理性；根据生产设备的增减情况和开工率、能耗消耗，检查主营业务收入的变动是否存在产能和能源消耗支撑，检查是否有造假迹象。

c. 会计恒等式的拓展版本。我们知道利润表的最终结果是净利润，而净利润的去向是资产负债表中的所有者权益。所以我们又得到另一个会计恒等式：期末资产 = 期末负债 + 期初所有者权益 + 本期净利润 – 本年度实际分红。这个公式的最大作用是解释了财务造假的基本原理。如果一家公司要虚增利润，那么从该会计恒等式看，要么虚减负债，要么虚增资产，而虚减负债比较困难，因此虚增资产成了财务造假最常见的手段。货币资金、应收账款、存货、在建工程、固定资产等都可以是虚增的对象。

d. 利润表的利息收入 = 资产负债表的货币资金平均余额 × 货币资金收益

率。由此我们得出：货币资金收益率=利息收入/货币资金平均余额。这个收益率如果过低且没有合理解释的话，那么就要重点关注该公司的"货币资金"项目了。

# 5.6　净资产收益率和杜邦分析法

财务报表分析包括偿债能力分析、盈利能力分析、运营能力分析、发展能力分析等，每一项能力分析又包含较多具体财务指标，其中的部分财务指标我们在介绍会计报表时已顺便做了介绍，比如资产负债率、毛利率等。

作为非会计专业的同学，相比琳琅满目的具体财务指标，可能更关心一个问题：有没有一个综合性财务指标，可以将企业偿债能力、营运能力、投资收益实现能力以及发展趋势等各项指标有机地联系起来，可以对企业进行系统性综合性评价。我们只要关注这一个指标，就能从总体上把握企业财务状况和经营情况的优劣。答案是：有。净资产收益率（return on equity，ROE）就是这样一个指标，重点介绍如下。

【专业表达】净资产收益率 $= \dfrac{净利润}{净资产} = \dfrac{净利润}{所有者权益}$

【阿山说】净资产收益率的分子是利润表中的净利润，分母是资产负债表中的所有者权益。该指标反映股东投入的资金挣回了多少净利润。这确实是股东最关心的指标，这个表达式也很干脆，一目了然，但是该指标反映的只是结果，没有反映出形成结果的过程。有没有更好的表达方式呢？接着往下看。

【专业表达】美国杜邦公司对净资产收益率进行了优化拓展，形成了一套完整的指标体系，把企业的经营效率和财务状况等按其内在联系有机地结合起来。

$$净资产收益率（ROE）= \dfrac{净利润}{销售收入} \times \dfrac{销售收入}{总资产} \times \dfrac{总资产}{净资产}$$

$$= \dfrac{净利润}{销售收入} \times \dfrac{销售收入}{总资产} \times \dfrac{总资产}{总资产－总负债}$$

$$= \left(\frac{净利润}{销售收入}\right) \times \left(\frac{销售收入}{总资产}\right) \times \left(\frac{1}{1-资产负债率}\right)$$

$$= 销售净利率 \times 总资产周转率 \times 权益乘数$$

**【阿山说】**从上面的公式来看，净资产收益率的高低是三方面相互作用的结果。销售净利率取决于销售收入与成本总额的高低，提高销售净利率有两条路：一是扩大销售收入。在买方市场背景下，"销售为王"的道理谁都懂，关键是市场部门要有攻城略地的思路、措施和拼搏精神，其他部门要打好配合。销售收入搞上去了，市占率提高了，单位固定成本分摊下降，单个产品的盈利能力增强，盈利的空间自然就打开了。二是降低成本费用。把成本费用项目摆出来，一层一层往下分析，找出降低成本费用的途径和加强成本费用控制的办法。销售净利率反映企业的产品竞争力，有竞争力的产品，自然有底气赚得多一些。

总资产周转率取决于销售收入与总资产的高低，提高总资产周转率也有两条路：一是扩大销售收入。你看，销售是多么的重要，扩大销售收入不仅有利于提高销售净利率，也有利于提高总资产周转率。二是尽量降低总资产。资产项目一个个逐项分析，有没有呆账坏账，有没有闲置资产，有没有利用率不高的资产，想方设法物尽其用，充分挖掘和发挥存量资产价值。同时，严格控制新增资产。总资产周转率反映出企业的商业模式好不好，投入的总资产需要卖几次商品才可以收回来。

权益乘数主要受资产负债率的影响。资产负债率越高，权益乘数就越大。权益乘数本质上反映企业财务杠杆的大小，体现老板的胆子大不大。

净资产收益率又分为摊薄净资产收益率和加权平均净资产收益率，两者在数据口径上有细微的差别。

$$摊薄净资产收益率 = \frac{报告期净利润}{期末净资产}$$

$$加权平均净资产收益率 = \frac{报告期净利润}{(期初净资产 + 期末净资产)/2}$$

我们来看一组具体数据，见表 5-8。

表5-8 四家公司净资产收益率资料 单位:%

| | 净资产收益率（摊薄） | | | | |
|---|---|---|---|---|---|
| 科目 | 2017 年 | 2018 年 | 2019 年 | 2020 年 | 2021 年 |
| 中国移动 | 11.63 | 11.47 | 9.95 | 9.68 | 9.90 |
| 中国电信 | 5.71 | 5.96 | 5.82 | 5.74 | 6.05 |
| 中国联通 | 0.31 | 2.91 | 3.48 | 3.74 | 4.29 |
| 贵州茅台 | 32.95 | 34.46 | 33.09 | 31.41 | 28.30 |

资料来源：各公司各年度年报。

分析表5-8的数据我们可以发现：电信业的整体净资产收益率（ROE）并不高，因为电信公司需要在基础设施上进行巨额投资并定期维护和更新。三大电信公司的净资产收益率，中国移动明显高于另外两家，过去5年维持在10%左右；中国电信过去5年基本维持在6%左右；中国联通在三家排名中垫底，5年均在5%以下，不过近五年出现稳步提升的趋势。

再看贵州茅台，因为享有高度的产品定价权和顶级的消费品牌，利润率极高，净资产收益率不仅远高于电信公司，也大幅超过A股的绝大部分公司。

我们用杜邦分析方法拆解一下2021年度各公司净资产收益率，看看究竟哪些地方存在差异。

表5-9 四家公司杜邦分析情况

| | 2021 年度杜邦分析 | | | |
|---|---|---|---|---|
| 科目 | 中国移动 | 中国电信 | 中国联通 | 贵州茅台 |
| 净利润（亿元） | 1 161 | 262 | 144 | 557 |
| 营业总收入（亿元） | 8 483 | 4 342 | 3 279 | 1 095 |
| 销售净利率（％） | 13.7 | 6.0 | 4.4 | 50.9 |
| 总资产（亿元） | 18 064 | 7 622 | 5 933 | 2 552 |
| 总资产周转率（％） | 47.0 | 57.0 | 55.3 | 42.9 |
| 资产负债率（％） | 34.9 | 43.4 | 43.3 | 22.8 |
| 权益乘数 | 1.54 | 1.77 | 1.76 | 1.30 |
| 净资产收益率（％） | 9.9 | 6.1 | 4.3 | 28.3 |

资料来源：各公司2021年年报。

分析表 5－9，至少得知以下三点：一是三大运营商之间差距很大。无论是比较规模指标（总资产、营业总收入），还是比较效益指标（净利润、净资产收益率），中国电信、中国联通与中国移动都不在一个档次上，甚至两者加起来都比不过中国移动。

二是三大运营商的净资产收益率差别主要在销售净利率。权益乘数方面，中国电信和中国联通基本持平，都比中国移动要高。但是整体来说，35% ~ 45% 的资产负债率并不高（财政部资产管理司例行的《全国国有及国有控股企业经济运行情况》披露，2018 年中央企业的平均资产负债率为 67.7%、地方国企的平均资产负债率为 62.3%）。总资产周转率方面，中国电信、中国联通也略高于中国移动。销售净利率方面差距较大，中国移动 13.7%，中国电信 6.0%，中国联通 4.4%。有兴趣的同学可继续往下分析：三家公司销售净利率差别大的原因。

三是中国移动的净资产收益率虽然是三大运营商里较高的，但是和贵州茅台比起来，那也是"小巫见大巫"。贵州茅台的权益乘数较低，根本不需要借债经营，预收款较多；贵州茅台的总资产周转率也较低，虽然说总资产比三大运营商低，但是存货比他们多。各家公司的存货：贵州茅台 333.9 亿元，中国移动 102.0 亿元，中国电信 38.27 亿元，中国联通 18.46 亿元。为什么会这样呢？电信公司的存货是占用资金是负担，贵州茅台的存货越存越有价值，是真正的保值升值资产，所以总资产周转率在这里不适用。

笔者统计了 2010 ~ 2021 年 A 股所有上市公司的净资产收益率，然后筛选出净资产收益率每年均大于 15% 的公司。结果显示：12 年间均满足该条件的公司一共就 15 家（清单见表 5－10）。12 年里穿越多次经济周期，能做到每年都大于 15%，真是不容易。当然，在此要郑重声明，本清单不构成任何的股票买卖建议，按此操作的任何盈亏，责任自负。

另外，在此分享一组数据供大家工作参考：国务院国资委考核分配局编印的《企业绩效评价标准值 2022》一书披露，全国国有企业净资产收益率的平均值 6.0%，良好值 9.0%，优秀值 12.1%；地方国有企业净资产收益率的

**表 5 - 10**

### A 股 2010～2021 年净资产收益率每年均大于 15% 的公司清单

单位：%

| 序号 | 证券代码 | 证券简称 | 2010年 | 2011年 | 2012年 | 2013年 | 2014年 | 2015年 | 2016年 | 2017年 | 2018年 | 2019年 | 2020年 | 2021年 | 备注（金额为后复权每股股票价格） |
|---|---|---|---|---|---|---|---|---|---|---|---|---|---|---|---|
| 1 | 000049 | 德赛电池 | 34.2 | 38.0 | 38.9 | 38.6 | 31.6 | 24.7 | 22.1 | 21.4 | 22.9 | 22.8 | 23.7 | 23.1 | 2010 年初 28 元，2021 年末 345 元，年复合增长率 23.3% |
| 2 | 000651 | 格力电器 | 32.1 | 29.7 | 27.6 | 31.4 | 32.1 | 26.4 | 28.6 | 34.2 | 28.7 | 22.4 | 19.3 | 22.3 | 2010 年初 1 267 元，2021 年末 6 649 元，年复合增长率 14.8% |
| 3 | 000848 | 承德露露 | 23.9 | 25.5 | 27.9 | 33.0 | 33.7 | 27.6 | 22.8 | 20.7 | 21.5 | 23.3 | 19.6 | 24.2 | 2010 年初 82 元，2021 年末 236 元，年复合增长率 9.2% |
| 4 | 000895 | 双汇发展 | 31.8 | 15.3 | 24.6 | 26.9 | 26.1 | 25.3 | 31.0 | 29.6 | 37.9 | 33.0 | 26.3 | 21.3 | 2010 年初 209 元，2021 年末 498 元，年复合增长率 7.5% |
| 5 | 002032 | 苏泊尔 | 16.4 | 17.2 | 15.5 | 17.7 | 18.2 | 20.1 | 23.7 | 25.2 | 28.3 | 28.1 | 25.6 | 25.5 | 2010 年初 55 元，2021 年末 338 元，年复合增长率 16.3% |
| 6 | 002242 | 九阳股份 | 20.3 | 20.1 | 15.9 | 16.0 | 17.2 | 18.9 | 20.3 | 19.3 | 19.8 | 22.0 | 21.9 | 17.5 | 2010 年初 55 元，2021 年末 90 元，年复合增长率 4.2% |
| 7 | 002304 | 洋河股份 | 31.9 | 40.7 | 41.9 | 28.8 | 22.9 | 23.4 | 22.4 | 22.5 | 24.1 | 20.2 | 19.4 | 17.7 | 2010 年初 115 元，2021 年末 625 元，年复合增长率 15.2% |
| 8 | 002415 | 海康威视 | 18.6 | 21.7 | 24.7 | 27.4 | 31.4 | 30.5 | 30.6 | 31.0 | 30.2 | 27.6 | 24.9 | 26.5 | 2010 年 6 月初 78 元，2021 年末 1 009 元，年复合增长率 23.8% |
| 9 | 300357 | 我武生物 | 20.4 | 29.2 | 29.7 | 28.0 | 19.4 | 20.2 | 19.7 | 23.2 | 24.0 | 23.5 | 19.1 | 19.5 | 2014 年 2 月初 24 元，2021 年末 301 元，年复合增长率 37.2% |

续表

| 序号 | 证券代码 | 证券简称 | 2010年 | 2011年 | 2012年 | 2013年 | 2014年 | 2015年 | 2016年 | 2017年 | 2018年 | 2019年 | 2020年 | 2021年 | 备注（金额为后复权每股股票价格） |
|---|---|---|---|---|---|---|---|---|---|---|---|---|---|---|---|
| 10 | 600519 | 贵州茅台 | 27.5 | 35.1 | 39.0 | 35.5 | 28.7 | 24.3 | 22.9 | 29.6 | 31.2 | 30.3 | 28.9 | 27.7 | 2010年初 664 元，2021 年末 10 786 元，年复合增长率 26.2% |
| 11 | 600563 | 法拉电子 | 20.8 | 20.7 | 16.5 | 17.7 | 17.4 | 17.0 | 18.6 | 18.6 | 18.4 | 17.3 | 19.2 | 24.2 | 2010年初 26 元，2021 年末 366 元，年复合增长率 24.7% |
| 12 | 600612 | 老凤祥 | 17.6 | 24.1 | 22.1 | 26.7 | 23.8 | 24.6 | 20.9 | 20.3 | 19.5 | 20.1 | 19.9 | 20.4 | 2010年初 1 369 元，2021 年末 4 528 元，年复合增长率 10.5% |
| 13 | 600763 | 通策医疗 | 19.2 | 21.3 | 21.7 | 19.3 | 17.5 | 23.4 | 16.7 | 21.8 | 25.3 | 25.9 | 22.9 | 24.4 | 2010年初 12 元，2021 年末 477 元，年复合增长率 35.9% |
| 14 | 600887 | 伊利股份 | 18.4 | 30.0 | 23.4 | 19.8 | 22.2 | 23.2 | 24.5 | 23.9 | 23.1 | 26.5 | 23.3 | 18.2 | 2010年初 315 元，2021 年末 3 331 元，年复合增长率 21.7% |
| 15 | 603288 | 海天味业 | 26.1 | 31.0 | 33.0 | 41.0 | 27.9 | 28.7 | 28.4 | 30.0 | 31.5 | 32.3 | 31.9 | 28.5 | 2014年3月 61 元，2021 年末 612 元，年复合增长率 33.4% |

注：表中有借壳上市的情况，本表不考虑主体前后变化的影响。

资料来源：数据来自各公司年报，作者根据巨潮资讯网统计数据整理。

平均值2.4%，良好值4.9%，优秀值7.7%。快去看看贵司处在什么样的水平和层次。

# 5.7　分公司与子公司

【专业表达】分公司是指一个公司管辖的分支机构，公司在其住所以外设立的以自己的名义从事活动的机构。分公司不具有企业法人资格，其民事责任由总公司承担。虽有公司字样但并非真正意义上的公司，无自己的章程，公司名称只要在总公司名称后加上分公司字样即可。与分公司对应的是总公司。

子公司是指一定数额的股份被另一公司控制或依照协议被另一公司实际控制、支配的公司。子公司拥有自己所有的财产，自己的公司名称、章程和董事会，以自己的名义开展经营活动、从事各类民事活动，独立承担公司行为所带来的一切后果和责任。与子公司对应的是母公司。

【阿山说】子公司是真正意义上的公司，分公司只是公司分设的一个办事机构。

1. 如果粗略一点理解的话，可以用树来进行比喻。子公司像是一棵独立的树，规模小的子公司就像一小树苗，规模大的子公司就像一棵参天大树，不管树的大小，独立的树就要独自面对日晒雨淋、风吹雨打。分公司像是树上的一根树枝，规模小的分公司就像一根小树枝，规模大的分公司就像一根大树干，不管树枝大小，都要依赖树根，从树根吸取营养，也与树根一起享受阳光、面对风雨。

又比如：与子公司对应的是母公司，母子关系，形象地说明了独立个体的核心含义。子公司破产关门，母公司仍然可以存续（也许只是损伤了一点皮毛而已）；或者母公司破产关门，子公司可以继续存活，比如华晨集团破产重整，华晨宝马依然是一家质地优良的公司；这些现象都是正常的，因为母公司和子公司是相互独立的。当然，母公司破产时，母公司的债权人可以要求处理母公司持有的子公司股权，但是这对于子公司经营管理没有直接影响，只是其大股东由 A 变更成 B 而已。

与分公司对应的是总公司，分公司裁撤关门（注意措辞，分公司不存在破产的问题），总公司可以继续存活（可能元气未伤）；但是总公司破产关门，分公司还继续存活的现象，从来没有听说过。

2. 如果精准一点理解的话，子公司与分公司的主要区别如下。

（1）设立方式不同。子公司一般是由包括母公司在内的股东按照《公司法》的规定设立，注册应当符合《公司法》对设立条件及投资方式的规定，并到工商部门领取《企业法人营业执照》，子公司的名称最后一般是有限责任公司或股份有限公司。公司设立分支机构，一般是由总公司在其住所地之外向当地工商部门提出设立申请，领取《营业执照》，分公司的名称最后有"分公司"字样。

（2）法律地位不同。子公司具有法人资格，拥有独立的名称、公司章程和组织机构，对外以自己的名义从事经营活动，并可以在其自身经营范围内独立开展各种业务活动、从事各类民事活动，独立承担公司行为所带来的一切后果和责任。但涉及公司利益的重大决策或重大人事安排，仍须报母公司审批决定。分公司是由总公司在其住所地之外向当地工商部门提请设立的，其属于总公司的分支机构，不具有法人资格，无独立的名称、公司章程和组织机构，虽然可以独立开展业务活动，但必须以总公司分支机构的名义从事经营活动，且只能在总公司授权范围内进行。

（3）受控制方式不同。母公司一般不直接控制子公司的生产经营活动，多采用间接控制方式，即通过作出投资决策以及任免子公司董事会成员来影响子公司的生产经营活动。分公司则不然，其财产、业务、人事受总公司直接控制。

（4）承担债务责任方式不同。子公司具有法人资格，其以自身全部财产为其经营活动中产生的债务承担责任。分公司不仅无独立财产，且在财务上须与总公司统一核算，分公司在经营活动中产生的债务，总公司必须以其全部财产为限承担清偿责任。

（5）诉讼中的法律效果不同。我国法人制度的基本精神是法人仅以其自身财产承担民事责任。因子公司是独立法人，故子公司只须以其自身财产为限承担民事责任，除出资人（即子公司各股东）出资不实或出资后抽逃资金外，无法清偿的部分，出资人无须另行承担。分公司不是独立法人，业务开展过程中出现不能履行债务的情形时，债权人可以要求总公司承担清偿义务，在诉讼中可直接以总公司为被告要求其承担责任。

# 5.8　关联方交易

理论上，集团内部关联方交易是一种中性的、合法的交易行为。实践中，企业的关联方交易也比较常见。正常的关联方交易是集团公司内部整合资源的重要手段，是内部市场优化资源配置的基本途径，可以稳定公司业务，分散经营风险，有利于公司的发展。但是，关联方交易的最大特点，也是法律规制的最大难点，就是关联方交易常常以形式上的平等，掩盖实质上的不平等；以形式上的当事人对自己权益的自由处分，掩盖实质上的对其他当事人权益的强行损害。

关联方交易对交易双方及相关第三方是否公平公正，价格是否公允等事项，外人是难以掌握相关信息的。控股公司或大股东迫使下属公司与自己或其他关联方从事不公允的交易，从而损害下属公司、少数股东或债权人利益；操纵业绩、粉饰报表；进行利益输送等丑闻层出不穷。所以，关联方交易非常敏感、备受关注。

## 5.8.1　关联方及关联方交易

【专业表达】一方控制、共同控制另一方或对另一方施加重大影响，以及两方或两方以上同受一方控制、共同控制或重大影响的，构成关联方。关联方交易是指关联方之间转移资源、劳务或义务的行为，而不论是否收取价款。

下列各方构成企业的关联方：该企业的母公司。该企业的子公司。与该企业受同一母公司控制的其他企业。对该企业实施共同控制的投资方。对该企业施加重大影响的投资方。该企业的合营企业。该企业的联营企业。该企业的主要投资者个人及与其关系密切的家庭成员。主要投资者个人，是指能够控制、共同控制一个企业或者对一个企业施加重大影响的个人投资者。该企业或其母公司的关键管理人员及与其关系密切的家庭成员。关键管理人员，是指有权力并负责计划、指挥和控制企业活动的人员。与主要投资者个人或关键管理人员关系密切的家庭成员，是指在处理与企业的交易时可能影响该个人或受该个人影响的家庭成员。该企业主要投资者个人、关键管理人员或与其关系密切的家庭成员控制、共同控制或施加重大影响的其他企业（摘自《企业会计准则第 36 号——关联方披露》）。

【阿山说】关联方交易就是企业关联方之间的交易，不管这种交易是否收取价款。关联方交易的重点是哪些情形构成关联方。关联方认定的关键词是控制、共同控制、施加重大影响。

假如你是一家企业，你与父母（母公司）、儿子（子公司）、同宗同脉的直系族人（同一最终控制人下的企业）、重要单位股东（能够施加重大影响、共同控制）及其董事/监事/高管（含直系亲属）、重要个人股东（能够施加重大影响、共同控制）及其直系亲属、联营企业（你对该企业具有重大影响，而不具有控制权或共同控制权）、合营企业（你和 2 个及以上的其他方共同控制该企业）的关系等都是关联方关系。

不论是否发生关联方交易，关联方关系均应当在报表附注中进行披露。言外之意：有没有关联方交易是你的判断，你先把关联方基本信息披露出来，以便我去关注你的关联方，以及自我判断是否存在关联方交易。

若有关联方交易，应当在报表附注中披露该关联方关系的性质、交易类型和交易要素（包括但不限于交易金额、定价政策、未结算项目坏账准备情况及其他相关信息）。

### 5.8.2　判断关联方交易合法性

判断关联方交易合法性主要关注以下几点。

（1）关联方交易是否违反法律规定的披露和批准等程序要件。海越能源（证券代码600387）2022年9月6日发布公告称，海越能源与海南承睦商业贸易有限公司、海南禧越投资有限公司、海南科赛贸易有限公司均是海航集团实际控制的公司，海越能源与这三家公司在2020年进行非经营性关联方交易，总规模达19.83亿元，占其2020年半年度报告净资产的63.19%，但当时未按规定披露。海越能源被中国证监会给予警告，并处100万元罚款；时任董事、监事、高管等4人合计被罚220万元。

（2）关联方交易行为是否违反法律和行政法规的规定。若关联方交易本身违反了法律和行政法规规定，则该交易行为就明显属于违法关联方交易行为。如公司董事、高管违反公司章程规定或者未经股东大会同意，与本公司订立合同或者进行交易的行为等。

（3）关联方交易动机是否存在恶意。动机是推动人从事某种行为的念头。念头是思想意识形态的东西，虽然不好直接把握，但可以根据关联人的行为来进行推断。如交易目的是否正当、交易动机是否出于操纵市场、转移利润或转移财产、虚假报表、逃避税收等。

（4）关联方交易本身是否违反常规。所谓违反常规，即依照商业交易习惯，交易条件明显不当的交易。如关联企业之间进行商品、服务销售，或资产转让，其交易价格明显低于国际或国内市场上正常合理的价格；关联企业之间相互融资而不计收利息；违反公司章程规定提供担保；关联企业之间借贷款项，其利率明显低于融资成本以及关联企业之间无偿转让资产、产品或接受服务等。

### 5.8.3　关联方交易常见问题

目前，市面上的关联方交易常见问题如下。

1. 利用关联方交易进行行业绩舞弊、财务造假。

**【专业表达】**企业财务报表应当披露所有关联方关系及其交易的相关信息。企业以公允价值计量相关资产或负债，应当采用市场参与者对该资产或负债定价时为实现其经济利益最大化所使用的假设。市场参与者应当相互独立，不存在《企业会计准则第 36 号——关联方披露》所述的关联方关系。

**【阿山说】**如果你公司的财务报表显示业绩高速增长，财务成果非常棒，但是大量的业绩是跟关联方交易，而你又没有及时、充分地披露关联方信息及交易，这显然是不行的。关联方是否有真实的需求？产品已经消化了还是存放在仓库？交易价格是否公允？实践中，通过复杂的关系和组织架构设计，注册大量企业，然后隐瞒关联关系、隐瞒关联方交易，进行业绩舞弊和财务造假的案例屡见不鲜。

美国安然公司曾经是世界上最大的电力、天然气以及电讯公司之一，2000 年披露的营业额达 1 010 亿美元。在 2001 年轰然破产，其作假的手段之一就是通过设置复杂的公司组织结构，以操纵利润、隐藏债务。破产时，安然公司旗下有 3 000 多家关联企业，有约 900 家注册在海外的避税天堂，其中大量的"特殊目的实体"不纳入合并报表范围。然而却通过大量关联交易，达到转嫁投资损失、虚增利润的目的。

2019 年 1 月 15 日，康得新（证券代码 002450）发布公告（公告编号：2019 - 004）称：公司应于 2019 年 1 月 15 日兑付的超短期融资券本息 10.4 亿元未能按照约定偿付，构成实质违约。而在 2018 年 10 月 23 日披露的三季报显示，公司 2018 年 9 月 30 日的账面货币资金余额为 150.14 亿元。账面有 150 亿元现金，却还不起 10 亿元的债务，于是康得新财务造假案逐步被揭露。2019 年 7 月 5 日，公司发布公告（公告编号：2019 - 143）称：经证监会核查，康得新公司在 2015～2018 年间，通过关联方交易虚构销售业务，虚增营业收入，并以虚构采购、生产、研发费用、产品运输费用等方式虚增营业成本、销售费用和研发成本，虚增利润共计 119.21 亿元。2021 年 5 月 31 日，公司发布公告（公告编号：2021 - 075）称：公司被深交所摘牌退市。

2. 利用关联方交易逃避债务。

**【专业表达】**《民法典》第一百五十四条：行为人与相对人恶意串通，损害他人合法权益的民事法律行为无效。《侵权责任法》第八条：二人以上共同实施侵权行为，造成他人损害的，应当承担连带责任。最高人民法院判例：债务人与其关联公司恶意串通逃债的，债权人可以请求法院确认债务人转让财产的合同无效。

**【阿山说】**债务人与其关联公司恶意串通，逃避债务。关联公司在明知资产出让方负有巨额债务的情况下，仍然低价受让其资产，双方签订的合同属于恶意串通、损害第三人利益的合同。债权人可以请求法院确认债务人转让财产的合同无效。关联公司应在其关联方交易的范围内向债权人承担赔偿责任。

实际上，如果公司到了债务违约或者破产清算的局面，任何资产出让行动都会受到特别关注。恒大债务危机爆发后，广东省人民政府向恒大地产集团有限公司派出工作组，工作组进场后首先要求暂停恒大集团旗下所有资产处置事项，如遇确实着急的资产处置工作，区域公司可以按照一事一议原则上报。你想一想，如果出现问题的企业轻易地把优质资产以低价出售，或者回笼的资金被挪用、转移等，那么，留给债权人、中小股东、员工等利益相关者的就会是一个更加破败的"烂摊子"，严重影响社会公平正义，其中的部分人如果无法维持生计，势必会影响安定团结的社会局面，所以法律必须对其进行规范。

3. 混淆视听，造成关联方人格混同，以逃避债务。

**【专业表达】**《公司法》第二十条：公司股东应当遵守法律、行政法规和公司章程，依法行使股东权利，不得滥用股东权利损害公司或者其他股东的利益；不得滥用公司法人独立地位和股东有限责任损害公司债权人的利益。公司股东滥用公司法人独立地位和股东有限责任，逃避债务，严重损害公司债权人利益的，应当对公司债务承担连带责任。

**【阿山说】**关联公司的人员、业务、财务等方面交叉或混同，导致各自财产无法区分，丧失独立人格的，构成人格混同。关联公司人格混同，严重损害债权人利益的，关联公司相互之间对外部债务承担连带责任。

4. 利用关联方交易侵害相关方利益。

【专业表达】《公司法》第二十一条：公司的控股股东、实际控制人、董事、监事、高级管理人员不得利用其关联关系损害公司利益。违反前款规定，给公司造成损失的，应当承担赔偿责任。

《深圳证券交易所创业板上市公司规范运作指引（2020 年修订）》规定，控股股东、实际控制人及其关联人不得利用关联交易、资产重组、垫付费用、对外投资、担保、利润分配和其他方式直接或者间接侵占上市公司资金、资产，损害公司及其他股东的合法权益。

【阿山说】公司的控股股东、关键人员等利用其关联关系损害公司利益，应承担赔偿责任。

ST 澄星（证券代码 600078）2022 年 9 月 15 日发布公告（公告编号：临2022 - 175），证监会的《行政处罚决定书》披露了关联方交易占用上市公司资金情形：2020 年期间，澄星集团及其实际控制的公司占用 ST 澄星资金累计发生 37.54 亿元，累计归还 16.50 亿元，期末余额为 21.04 亿元。因此，证监会对澄星集团、ST 澄星及相关责任人进行相应处罚。

这样的案例在国内上市公司并不是个例，中国证监会 2019 年 12 月印发的《会计监管风险提示第 9 号——上市公司控股股东资金占用及其审计》披露，控股股东占用上市公司资金主要分为余额模式和发生额模式两种。

余额模式是指上市公司虚构财务报表中货币资金余额以隐瞒控股股东及其关联方的资金占用，或不披露货币资金受限情况以隐瞒违规担保，进而直接影响财务报表使用者对货币资金项目真实性和流动性的判断。主要包括使用虚假单据和凭证直接虚增相关账户的货币资金；控股股东通过与金融机构签订集团资金管理协议、资金池安排等，将上市公司货币资金归集并挪用，但上市公司货币资金项目显示为被占用前的"应计余额"等 4 种情形。

发生额模式是指控股股东及其关联方利用上市公司直接或间接（如通过

关联方、第三方、员工设立的公司等）的资金拆借、无商业实质的购销业务或票据交换、对外投资、支付工程款等形式占用其资金。资金占用具体体现在上市公司财务报表的往来款项、应收应付票据、长期股权投资、在建工程、长短期借款等项目中，货币资金项目通常不存在直接虚假，主要包括直接或间接拆借资金给控股股东；利用无商业实质的购销业务，直接或间接向控股股东支付采购资金或者开具汇票供其贴现、背书等；代控股股东垫付、承担各类支出或偿还债务等 11 种情形。

利用关联方交易的情形还有很多，手段花样翻新，越来越隐蔽，比如高价收购大股东关联皮包公司资产进行利益输送；让关联公司违规担保承担连带责任等，就不展开逐一介绍了。

# 5.9　控制与并表

【专业表达】合并财务报表的合并范围应当以控制为基础予以确定。控制是指一个企业能够决定另一个企业的财务和经营政策，并能据以从另一个企业的经营活动中获取利益的权力（摘自《企业会计准则第 33 号——合并财务报表》）。

【阿山说】控制是一种权力。你能够控制该公司，那么该公司的财务报表就要纳入你编制合并财务报表的合并范围，简称并表。怎么判断是否能够控制呢？一是直接或通过子公司间接拥有被投资单位半数以上的表决权。二是通过与被投资单位其他投资者之间的协议（比如一致行动人协议、投票权委托协议等），拥有被投资单位半数以上的表决权。三是根据公司章程或协议，有权决定被投资单位的财务和经营政策。四是有权任免被投资单位的董事会或类似机构的多数成员；在被投资单位的董事会或类似机构占多数表决权；不过，即使出现以上情形，但有证据表明母公司不能控制被投资单位的，仍不应并表。此外，在确定能否控制被投资单位时，还应当考虑企业及其他企业持有的被投资单位的当期可转换的可转换公司债券、当期可执行的认股权证等潜在表决权因素。

当然，随着社会经济制度、法律制度的不断进化，当前企业法人治理制度也发生着重大变化，比如出现"AB 股""合伙人制度"等创新的法人治理架构、表决权和控制权模式，值得我们与时俱进地观察和学习。

比如阿里巴巴的合伙人制度。阿里巴巴公开披露的信息显示，合伙人制度基本内容如下：阿里巴巴专门设立的合伙人委员会享有合伙人提名权，持有公司一定比例股份的股东有机会提名为公司合伙人，但新合伙人的当选需要得到 75% 以上的合伙人同意，合伙人享有专有的过半数董事会成员的提名权（被提名的董事需要在股东大会年会上经全体股东表决权过半数通过。不管任何原因及任何时间，当阿里巴巴合伙人提名或任命的董事人数少于董事会成员的简单多数，阿里巴巴合伙人有权直接委任临时董事，以使合伙人一方的董事一直保持过半数的董事人数，从而牢牢掌握公司的控制权）。

# 5.10　审计报告

## 5.10.1　审计报告是什么

【专业表达】《公司法》第一百六十四条规定：公司应当在每一会计年度终了时编制财务会计报告，并依法经会计师事务所审计。第一百六十九条规定：公司聘用、解聘承办公司审计业务的会计师事务所，依照公司章程的规定，由股东会、股东大会或者董事会决定。

《中国注册会计师审计准则第 1501 号——对财务报表形成审计意见和出具审计报告（2022 年 1 月 5 日修订）》明确，审计报告是指注册会计师根据审计准则的规定，在执行审计工作的基础上，对财务报表发表审计意见的书面文件。

【阿山说】1. 企业的财务报表应依法经会计师事务所审计，这是公司法的要求。实际上，审计报告对企业还有鉴证作用、监督作用，对注册会计师还有证明作用。

一是鉴证作用。注册会计师签发的审计报告，不同于政府审计和内部审计的审计报告，是以超然独立的第三方身份，对被审计单位财务报表合法性、公允性发表意见。这种意见，有鉴证作用，得到了政府部门和社会各界的普遍认可。财政、税务等政府部门了解、掌握企业财务状况和经营成果的主要来源是企业提供的财务报表。财务报表是否合法、公允，主要依据注册会计师的审计报告作出判断。股东判断所投资企业的财务报表是否公允地反映了财务状况和经营成果，进行投资决策等，主要依据也是注册会计师的审计报告。此外，工程项目建设需要聘请第三方作为监理，项目完工后需要聘请中介机构进行竣工结算审计等，都是发挥独立第三方的鉴证作用。

二是监督作用。由于企业知道后面会有注册会计师审计，所以企业经营管理必须考虑是否合法合规，必须考虑是否严格按照企业会计准则及相关财经法规编制财务报表，必须维护企业资产的安全、完整及保值增值。这既是一种事后的监督，也是一种事前的警醒。

三是对注册会计师的证明作用。审计报告是对注册会计师审计任务完成情况及其结果所做的总结，它可以表明审计工作的质量并明确注册会计师的审计责任。通过审计报告，可以证明注册会计师在审计过程中是否实施了必要的审计程序，是否以审计工作底稿为依据发表审计意见，发表的审计意见是否与被审计单位的实际情况相一致，审计工作的质量是否符合要求。通过审计报告，可以证明注册会计师审计责任的履行情况。

2. 企业聘用、解聘承办公司审计业务的会计师事务所，一般应在董事会审议通过后，提交股东会、股东大会决议。理论上，会计师事务所是股东所请（你看审计报告的抬头，呈送对象是"×××公司全体股东"）。操作层面，聘请会计师事务所的手续一般是会计部门在经办，是会计与审计人员联系沟通，审计费也由被审计单位支付。就是说企业既是被审计单位，也是会计师事务所的甲方单位，这也正是注册会计师的尴尬之处、独立性被人诟病之处。就好比公司的独立董事，在任职单位领取薪水，所以常常被人质疑其独立性。

所以，如果一家公司频繁地更换会计师事务所，那我们得保持高度警惕；

如果一家公司长期（八年、十年或更长）聘用一家会计师事务所，我们也得多留神，注册会计师已与该公司建立了比较深的关系，影响其独立性的因素又多了一种。

## 5.10.2　审计报告意见类型

【专业表达】注册会计师应当就财务报表是否在所有重大方面按照适用的财务报告编制基础的规定编制并实现公允反映形成审计意见。审计意见分为两大类四种意见，一是无保留意见，二是非无保留意见。非无保留意见又分为保留意见、否定意见或无法表示意见三种。

无保留意见是指当注册会计师认为财务报表在所有重大方面按照适用的财务报告编制基础的规定编制并实现公允反映时发表的审计意见。

在获取充分、适当的审计证据后，如果认为错报单独或汇总起来对财务报表的影响重大且具有广泛性，注册会计师应当发表否定意见。

如果无法获取充分、适当的审计证据以作为形成审计意见的基础，但认为未发现的错报（如存在）对财务报表可能产生的影响重大且具有广泛性，注册会计师应当发表无法表示意见。

当存在下列情形之一时，注册会计师应当发表保留意见：在获取充分、适当的审计证据后，注册会计师认为错报单独或汇总起来对财务报表影响重大，但不具有广泛性；注册会计师无法获取充分、适当的审计证据以作为形成审计意见的基础，但认为未发现的错报（如存在）对财务报表可能产生的影响重大，但不具有广泛性。

非无保留意见类型的影响列示见表 5 - 11。

表 5 - 11　　　　　　　　　　非无保留意见类型的影响

| 导致发表非无保留意见的<br>事项的性质 | 相关事项的错报或未发现的错报（如存在）对财务报表产生或可能产生的影响是否具有广泛性 | |
| --- | --- | --- |
| | 重大但不具有广泛性 | 重大且具有广泛性 |
| 财务报表存在重大错报（已对相关事项获取充分、适当的审计证据） | 保留意见 | 否定意见 |

续表

| 无法对相关事项获取充分、适当的审计证据（不能得出财务报表整体不存在重大错报的结论） | 保留意见 | 无法表示意见 |
|---|---|---|

重要性界定。对于以营利为目的且并非微利或微亏的企业，注册会计师可能将财务报表整体的重要性设定为经常性业务税前利润的5%。

注册会计师发表非无保留意见时，应对导致发表非无保留意见的事项进行描述。

（摘自《中国注册会计师审计准则第1501号——对财务报表形成审计意见和出具审计报告（2022年1月5日修订）》《中国注册会计师审计准则第1502号——在审计报告中发表非无保留意见（2019年2月20日修订）》《中国注册会计师审计准则问题解答第16号——审计报告中的非无保留意见（2021年2月2日发布）》）

**【阿山说】** 注册会计师在审计报告中发表的意见类型，分为两个大类四种意见。两个大类是无保留意见和非无保留意见。非保留意见又根据问题的程度分为保留意见、否定意见或无法表示意见。

无保留意见就是认可这份财务报表，经过所有审计程序的严格审查，认定企业所有重大方面都公允反映在财务报表了。这当然是会计和企业最翘首以盼的审计意见，得到了注册会计师和会计师事务所的完全认可和背书。

保留意见就是发现这份财务报表有重大错报，或者没有找到证据证明没有重大错报，但是这种错报从波及面来说是个别的、局部的，不是广泛的。虽然这种错报比较重大，但是波及面不广，风险还在一定的控制范围内。

否定意见就是发现这份财务报表有重大错报，而且这种错报从波及面来说是广泛的。虽然这种错报比较重大，波及面也广，但是终究是全部查明了，属于已知的错报，注册会计师心里有底。

无法表示意见就是没有找到证据证明没有重大错报，而且这种错报从波及面来说是广泛的。就是说这种错报比较重大，波及面也很广，而且到底有多重大、有多广还没有全部查明，还有很多不可知的情况，情况到底怎么样会计师心里没底，所以真的是无法出具意见。

中国证监会发布的《2020 年上市公司年报会计监管报告》披露，沪深两市 4 247 家公司披露了 2020 年度财务报告，有 3 993 家公司的审计报告是标准无保留意见，254 家公司的审计报告是非无保留意见，其中无法表示意见 33 家、保留意见 109 家、带解释性说明段的无保留意见 112 家。可见无保留意见占比 94%，是市场绝对主流；非无保留意见占比 6%，是少数。

如果我们要阅读上市公司年报，或者在招标、合作等日常工作中需要阅读对手方的审计报告，那么我们先要看注册会计师发表的审计意见，一般来说，遇到非无保留意见的审计报告，那就要打起十二分的精神，思虑再三，有了对策和保障再走下一步。

### 5.10.3　会计师事务所

会计师事务所是依法设立并承办注册会计师业务的机构。注册会计师执行业务，应当加入会计师事务所。

1. 会计师事务所的组织形式。在我国，会计师事务所主要有四种组织形式：个人独资、普通合伙、有限责任公司、特殊普通合伙。

会计师事务所选择特殊普通合伙企业的组织形式，主要有三点原因：一是责任重大，需无限责任来保障，迫使注册会计师在执业过程中更加谨慎小心。此外也更容易取信于客户；同时有助于划分责任，当一个会计师由于疏忽或者专业技能不够造成损失时，不让其他会计师承担无限连带责任。二是更优的税务安排。合伙制有税收穿透的优点，合伙人不用像公司股东一样在企业和个人两个层面双重缴纳所得税，即只需要缴纳个人所得税，特别适合以人为核心资产的中介机构。三是以专业性为特点，而不是资本性，故在企业的存续问题上更看重专业性而非资本性。

2. 会计师事务所的上级主管部门。根据《会计师事务所执业许可和监督管理办法》，财政部与省级财政部门对会计师事务所和注册会计师进行管理（执业许可、变更、终止等审批、备案等）、监督和指导。

3. 会计师事务所的头部效应明显。截至 2017 年 12 月 31 日，中注协团体会员（会计师事务所）共有总所 7 523 家。40 家具有证券资格的会计师事务所完成了 A 股所有上市公司（3 512 家）2017 年年报审计工作，而其中："国际四大"中国成员所为 215 家公司出具了审计报告，占上市公司总数的 6.12%，但其审计的上市公司收入占比为 53.58%、利润总额占比为 65.27%、资产占比为 82.91%。而前 10 名的内资事务所为 2 424 家公司出具了审计报告，占上市公司总数的 69.02%，但其审计的上市公司收入占比为 36.16%、利润总额占比为 27.36%、资产总额占比为 13.57%。

可见，规模大、利润高的上市公司集中由国际四大所审计，"精肉基本被四大吃了"；其次是前 10 名的内资事务所，"肥肉基本被内资 10 大所吃了"；剩下的由其他 26 家内资所分食，如果说他们啃的是骨头肉的话，那么另外 7 000 余家没有证券资格的会计师事务所基本上属于奋力抢食一点"边角料"。

# 5.11　可能性也可以量化

【专业表达】企业会计准则应用指南在规范或有负债时，对可能性进行了量化："基本确定"是指发生的可能性大于 95%；"很可能"是指发生的可能性大于 50% 但小于或等于 95%；"可能"是指发生的可能性大于 5% 但小于或等于 50%；"极小可能"是指发生的可能性大于 0 但小于或等于 5%。一般来说，当结果的可能性为"很可能"时，通过"预计负债"科目进行核算；当结果的可能性为"可能"时，不记账只披露；当结果的可能性为"极小可能"时，不记账也不披露。

【阿山说】会计不愧是用数据说话的人！不愧是严谨的人！你看，连可能性也给你量化了，而且量化成了四个区间。以后，当你遇到一个会计在仔细斟酌可能性时，可千万要耐心等待，人家正在认真估算，到底这个可能性有多大。当会计最终说出"基本确定""很可能""可能"等字眼时，你会亲身感受"谨慎"两个字的分量。

# 第 6 章

# 会计相关的法律

大学的会计专业有开设法律相关的必修课、选修课。全国会计专业技术资格考试（中级）、注册会计师考试也都需要考《经济法》。经济法是调整因国家从社会整体利益出发对经济活动实行干预、管理或调控所产生的社会经济关系的法律规范的总称。有人也许有疑问：会计为什么需要学习经济法？

会计需要具备管理、经济、法律和会计学等方面的知识和技能。经济法与会计专业的知识在内容、形式和出发点上有很多共同点。经济法是会计学发展的前提。会计工作必须在社会法律体系、在经济法的约束和监督下发展和运行。经济法是会计学发展的驱动。会计学是为社会经济服务的，既是经济管理的重要组成部分，又是经济管理必不可少的工具，经济法对于会计学相关的管理规定具有潜在的驱动作用。经济法是会计学发展的保障。经济法和会计学都具有很强的政策性，经济法统筹了国家各项经济法律法规，对会计学不仅具有服务功效，而且也是会计学发展的重要保障。总之，对于会计来说，学好经济法十分必要，对开展工作非常重要。

经济法的内容非常丰富，在此只简要介绍《会计法》《公司法》及合同相关的基本常识。

## 6.1　会计法

既然我们说的是会计，那么，学习一下规范会计的专项法律是十分必要的。《会计法》共七章五十二条，内容丰富，但不复杂，我们拣一些重点内容介绍如下。

### 6.1.1 制定《会计法》意义重大而深远

【专业表达】《会计法》第一条：为了规范会计行为，保证会计资料真实、完整，加强经济管理和财务管理，提高经济效益，维护社会主义市场经济秩序，制定本法。

【阿山说】开门见山，第一条就指出《会计法》是为了保证会计资料的真实、完整。这关乎市场经济秩序，可谓兹事体大。脑补一下：如果各家企业的会计都做假账，各层级管理者、监管者看到的都是虚假数据，那会是一番怎样的情景。正因为如此，2001 年 4 月 16 日，时任国务院总理朱镕基在视察上海国家会计学院时，为该校题写的校训是"不做假账"；同年 10 月 29 日，朱镕基视察北京国家会计学院后，题字："诚信为本，操守为重，遵循准则，不做假账。"你看，国家领导人用朴实的话语，指出了会计工作的基本常识与根本要求。

### 6.1.2 单位一把手是会计工作的总负责人

【专业表达】《会计法》第四条：单位负责人对本单位的会计工作和会计资料的真实性、完整性负责。

【阿山说】抓工作要抓牛鼻子。说实话，会计没有什么动力去做假账，一方面违背职业操守，自己那一关也不是那么容易过的；另一方面还要顶着违法犯罪的风险，担惊受怕。其实做真账还是做假账，单位一把手才是动力源，所以，这项工作的"牛鼻子"是单位一把手。如果要求会计死活要顶住行政压力，那确实难为会计了。虽然陶渊明留下了"不为五斗米折腰"的美谈，但现实工作中的会计要养家糊口讨生活，可不敢任性。总而言之，把会计工作的总责任放在单位一把手头上是十分英明的，会计为这一条拍手叫好。

### 6.1.3 会计的主管部门是国家财政部门

【专业表达】《会计法》第七条：国务院财政部门主管全国的会计工作。

县级以上地方各级人民政府财政部门管理本行政区域内的会计工作。

【阿山说】到了一个陌生的领域，先要了解一下主管部门，还是十分必要的。找到了领导，就找到了组织。会计的主管部门是财政部、财政厅、财政局。

### 6.1.4　会计核算是会计法规范的重点

【专业表达】《会计法》用两章共十八条专门规范核算，分别是会计核算、公司或企业会计核算的特别规定，从九条到二十六条，详细规范会计核算事项、核算周期、核算币种、核算文字、会计单据、会计凭证、会计账簿、会计报告、会计政策、会计档案及其他会计核算要求。

【阿山说】会计核算也称会计反映，是会计的基本职能。会计核算解决的主要问题是在什么情况下确认、如何计量、如何报告披露等问题，从而把企业的业务活动转化为数字，转化为财政部统一规范的会计语言，方便大家阅读、比较、统计、判断、决策等。

### 6.1.5　会计监督是会计法规范的又一重点

【专业表达】《会计法》专门有会计监督章节，从二十七条到三十五条共九条。会计监督分为单位内部会计监督、注册会计师监督、主管部门（财政部门）监督，以及审计、税务、人民银行、金融监管等部门监督。

【阿山说】会计监督也是会计的基本职能。会计监督是多层级的，有单位内部会计监督、独立第三方（注册会计师）监督、主管部门（财政部门）监督，以及其他监管机构（审计、税务、人民银行、金融监管）的监督。本书第 3 回介绍的会计监督仅指单位内部会计监督部分。

### 6.1.6　《会计法》对会计人员和会计机构进行了专门规范

【专业表达】《会计法》设置了会计机构和会计人员章节，从三十六条到四十一条共六条。分别规范了会计机构设置及内部稽核制度、会计人员的专业能力要求、职业操守要求、离职交接要求等。

【阿山说】要求会计履行会计核算和会计监督职能。事情需要人去干，人需要一定的组织去管辖。那么，进一步规范哪些人可以做会计、对会计人员有哪些要求，对会计机构有哪些要求等，是十分必要的。我觉得对会计的要求挺简单：老实且懂规则。老实说的是人品，人要靠谱，不弄虚作假，不把利益私自放进自己腰包。忠厚本分、心平气和是成为一名好会计的优良品质。懂规则说的是专业，要掌握专业知识，也要具有实践经验。处理会计工作挺专业，解决业务问题挺接地气，无疑是一名好会计、高段位会计。

### 6.1.7　明确法律责任

【专业表达】《会计法》在法律责任章节，从四十二条到四十九条，专门规范了不按会计规则办事的责任；弄虚作假的责任；隐匿或故意销毁档案的责任；授意、指使、强令会计弄虚作假的责任；打击报复会计依法履责的责任；滥用监督职权的责任等。

【阿山说】法律具有强制性的特点。违反法律、不按法律要求办理就要承担法律后果。那么法律后果究竟是什么，这就需要事先明确。最严重的后果是追究刑事责任，其他还有终身不得从事会计工作、五年内不得从事会计工作、开除、撤职、降级、调岗、罚款等。

## 6.2　公 司 法

《公司法》全称为《中华人民共和国公司法》，是 1993 年 12 月发布，经过 1999 年、2004 年、2005 年、2013 年、2018 年五次修正。该法对公司的设立、组织机构、运作机制、股东及债权人权益、以及公司合并、分立、增资、减资、解散、清算等公司运行全闭环的事项进行了详细规范。

如果说宪法是国家政治生活中的根本大法，《公司法》则可以说是公司经济生活中的根本大法；如果说宪法是治国安邦的总章程，《公司法》就是投资兴业的总章程。不管你是高管还是普通员工，都有必要学习《公司法》、学好《公司法》，这样才能真正做到知法懂法不违法。

### 6.2.1　公司与企业的区别

企业是一个比公司更宽泛的概念。按照企业财产组织方式划分，一般来说企业可分为独资企业、合伙企业、公司企业等。因此公司是企业的一种，在企业类型中，只有公司是具有法人资格的，独资企业和合伙企业没有法人资格。

1. 公司受《公司法》规范，包括有限责任公司和股份有限公司。有限责任公司和股份有限公司的股东以出资额为限承担有限责任。值得注意的是：《公司法》有一人有限责任公司和国有独资公司的特别规定。

一人有限责任公司是指一个自然人股东或者一个法人股东的有限责任公司。一人有限责任公司与独资企业的最大区别是承担的责任不同。一人有限责任公司以出资额为限承担有限责任，就是说最多赔光本金；但是不能证明公司财产独立于股东个人财产的，股东应当对公司债务承担连带责任。独资企业的投资人以其个人财产对企业债务承担无限责任，有可能赔到倾家荡产还欠一身债。

看到这里大家可能会有一个疑问：那应该都选择注册成一人有限责任公司啊，怎么还会存在个人独资企业？原因比较多，最主要是会计处理和税收的差别很大。一人有限责任公司的公司财产和股东个人财产要截然分开，独立建账、单独出具报表等，公司收益需要同时缴纳企业所得税和股东个人所得税；而个人独资企业的企业财产和投资人个人财产无须划分，且只需要缴纳个人所得税。

国有独资公司是指国家单独出资、由国务院或者地方人民政府授权本级人民政府国有资产监督管理机构履行出资人职责的有限责任公司。比如中国核工业集团有限公司、中国移动通信集团有限公司、中国石油天然气集团有限公司、招商局集团有限公司等央企的集团本部（注意：是集团本部，不是上市公司，上市公司是股份制主体，肯定不是国有独资公司）基本上是国务院、国资委或其他部委直接出资。①

2. 合伙企业受《中华人民共和国合伙企业法》规范。合伙企业分为普通合伙企业和有限合伙企业。普通合伙企业由普通合伙人组成，合伙人对合伙企业债务承担无限连带责任；有限合伙企业由普通合伙人和有限合伙人组成，普通合伙人对合伙企业债务承担无限连带责任，有限合伙人以其认缴的出资额为限对合伙企业债务承担责任。

3. 个人独资企业受《中华人民共和国个人独资企业法》规范。个人独资企业是指依照本法在中国境内设立，由一个自然人投资，财产为投资人个人所有，投资人以其个人财产对企业债务承担无限责任的经营实体。

特别说明：为精简内容，以下仅介绍股份有限公司的股东大会、董事会、监事会的基本知识。有限责任公司的相关组织及运作与股份有限公司大同小异，不再赘述。

## 6.2.2　（股份公司）股东大会

1. 【股东大会成员】《公司法》第九十八条：股东大会由全体股东组成。股东大会是公司的权力机构。

【阿山说】不管你持有多少股份，都是股东，都可以参加股东大会。股东大会是公司的最高权力机构，公司的出生（设立）和死亡（解散、清算）等大事的审批流程最终也就是股东大会审议决定。

2. 【股东大会职权】《公司法》第九十九条：本法第三十七条第一款关于有限责任公司股东会职权的规定，适用于股份有限公司股东大会。

《公司法》第三十七条：股东会行使下列职权：决定公司的经营方针和投资计划；选举和更换非由职工代表担任的董事、监事，决定有关董事、监事的报酬事项；审议批准董事会的报告；审议批准监事会或者监事的报告；审议批准公司的年度财务预算方案、决算方案；审议批准公司的利润分配方

---

① 尚鑫. 一人有限责任公司相关问题研究［J］. 法制与经济，2014（2）.

案和弥补亏损方案；对公司增加或者减少注册资本作出决议；对发行公司债券作出决议；对公司合并、分立、解散、清算或者变更公司形式作出决议；修改公司章程；公司章程规定的其他职权。

【阿山说】具体哪些事项需要提交股东大会审议，由公司章程规定。股东大会的决策范围为公司生死大事抉择、方向性（战略）决策、重大事项决策，以及股东大会下设机构的工作报告，比如董事会报告、监事会报告等。

3.【股东大会召开】《公司法》第一百条：股东大会应当每年召开一次年会。有下列情形之一的，应当在两个月内召开临时股东大会：董事人数不足本法规定人数或者公司章程所定人数的三分之二时；公司未弥补的亏损达实收股本总额三分之一时；单独或者合计持有公司百分之十以上股份的股东请求时；董事会认为必要时；监事会提议召开时；公司章程规定的其他情形。

【阿山说】股东大会至少每年召开一次年度会议，这个年会也可以叫年度例会。公司运作了一年，不管经营结果好坏，都应该向股东汇报一下，比如年度决算、董事会报告、监事会报告等；不管公司经营是平淡无奇，还是风生水起，一些关键事项需要股东大会审议通过才能执行，比如年度经营计划、年度投资计划、年度预算等。另外，出现以上六种情形时，可以召开临时股东大会。上市公司一年召开一两次临时股东大会是比较常见的。

4.【股东大会通知】《公司法》第一百零二条：召开股东大会会议，应当将会议召开的时间、地点和审议的事项于会议召开二十日前通知各股东；临时股东大会应当于会议召开十五日前通知各股东；发行无记名股票的，应当于会议召开三十日前公告会议召开的时间、地点和审议事项。无记名股票持有人出席股东大会会议的，应当于会议召开五日前至股东大会闭会时将股票交存于公司。

单独或者合计持有公司百分之三以上股份的股东，可以在股东大会召开十日前提出临时提案并书面提交董事会；董事会应当在收到提案后二日内通知其他股东，并将该临时提案提交股东大会审议。临时提案的内容应当属于股东大会职权范围，并有明确议题和具体决议事项。

股东大会不得对前两款通知中未列明的事项作出决议。

【阿山说】股东大会召开的时间、地点要提前通知股东，审议事项也要提前通知，以便股东充分掌握情况，作出科学、合理、有利的决断。法人股东是否同意该审议事项可能还需要履行集体决策程序，所以要给人足够的时间。为了保障小股东权益，单独或合计持有百分之三以上股份的股东有临时提案权，临时提案也有时间要求，否则是无效提案，不应审议。

5.【股东大会表决】《公司法》第一百零三条：股东出席股东大会会议，所持每一股份有一表决权。但是，公司持有的本公司股份没有表决权。

《公司法》第一百零五条：股东大会选举董事、监事，可以依照公司章程的规定或者股东大会的决议，实行累积投票制。所谓累积投票制，是指股东大会选举董事或者监事时，每一股份拥有与应选董事或者监事人数相同的表决权，股东拥有的表决权可以集中使用。

《公司法》第一百零六条：股东可以委托代理人出席股东大会会议，代理人应当向公司提交股东授权委托书，并在授权范围内行使表决权。

【阿山说】所谓同股同权，就包括每一股有同样的表决权，不管你持有多少股份，反正一股拥有一份表决权。但是表决权是累加的，你占 51% 股份，就有 51% 的表决权；他只占 20% 股份，就只有 20% 的表决权。有些事项需要出席会议的 2/3 表决权同意才能通过，有些事项出席会议的超过半数表决权同意就能通过。通过这种机制来框定股东的话语权。当然，部分资本市场允许同股不同权。比如 AB 股制度，公司创始人持 B 类股，每 1 股有 20 票投票权（或者 10 票投票权，或者其他）；而其他投资人持 A 类股，每 1 股只有 1 票投票权，公司创始人通过这种"双重股权结构"牢牢掌握公司的控制权，京东、拼多多等公司就是如此。AB 股制度最早源于 20 世纪 20 年代的美国；为吸引优质创业企业，香港联交所 2018 年 4 月推出 AB 股制度，新开设的国内科创板也允许 AB 股制度。

所谓累积投票制，是说每一股份拥有与应选董事或者监事人数相同的表决权，而且所有的表决权都可以投向你看中的某一个董事或监事。这是一项保障中小股东权益的制度安排，因为若不这样设计的话，控股股东或实控人可以控制所有董事及监事席位，中小股东完全没有话语权。但是请注意：股东大会只有在选举董事、监事时采用累计投票制，其他提案不适用。

举例说明：你公司有股东 3 人，股份共 1 000 股，其中你持有 510 股，即拥有公司 51% 股份，是公司名副其实的控股股东；其他 2 名股东合计持有 490 股，合计拥有公司 49% 股份，是小股东。假设公司董事会设 5 名董事。若按直接投票制度，每一股一份表决权，因为你控股 51%，理论上你能够使自己推选的 5 名董事候选人全部当选，其他 2 名股东只能听你摆布。但在累积投票制安排下，表决权的总数就成为 5 000 票（1 000 × 5），你总计拥有 2 550 份表决票，其他 2 名股东合计拥有 2 450 份表决票。由于累积投票制允许股东把所有表决票集中投给一个或几个董事候选人，所得票数的前五名候选人当选成功。因此，从理论上讲，其他 2 名股东至少可以让自己推荐的 2 名候选人当选，而你也最多只能选出 3 名自己推荐的候选人，这正是累积投票制的精妙之处。

### 6.2.3　（股份公司）董事会

1. 【董事会成员】《公司法》第一百零八条：股份有限公司设董事会，其成员为五人至十九人。本法第四十五条关于有限责任公司董事任期的规定，适用于股份有限公司董事。

《公司法》第一百零九条：董事会设董事长一人，可以设副董事长。董事长和副董事长由董事会以全体董事的过半数选举产生。

《公司法》第四十五条：董事任期由公司章程规定，但每届任期不得超过三年。董事任期届满，连选可以连任。董事任期届满未及时改选，或者董事在任期内辞职导致董事会成员低于法定人数的，在改选出的董事就任前，原董事仍应当依照法律、行政法规和公司章程的规定，履行董事职务。

【阿山说】董事由股东大会选举产生，在 5 ~ 19 人范围内，为便于表决，人数一般设置成单数。董事长和副董事长由董事会选举产生，过半数董事同意即可通过。

董事可以连选连任，没有任期限制，但是每一任期是三年，三年一选。董事不管什么原因不干了，都要保证董事会可以依法履职，若因为你的离开，董事会成员低于法定人数，那不好意思，你得继续履职，直到新的董事到位才能交班。

【拓展】根据中国证监会《上市公司独立董事规则》规定，上市公司应当建立独立董事制度。上市公司董事会成员中应当至少包括1/3独立董事。上市公司董事会下设薪酬与考核、审计、提名等专门委员会的，独立董事应当在审计委员会、提名委员会、薪酬与考核委员会成员中占多数，并担任召集人。上市公司应当给予独立董事适当的津贴。津贴的标准应当由董事会制订预案，股东大会审议通过，并在公司年报中进行披露。此外，该规则对独立董事的独立性要求、任职条件、职权、履职保障等进行了详细规范。

【阿山说】独立董事至少占董事会成员的1/3。独立董事制度的初衷是权力制衡与监督，维护公司整体利益，尤其要维护中小股东的合法权益不受损害。部分规模较大的非上市公司的董事会也参照该规则引入了独立董事，聘请财务、法律、技术等方面的专家成为公司独立董事，为公司的这些方面问诊把脉，提供资深专业意见，促进公司决策更加科学合理。

2023年4月14日，中国证监会发布《上市公司独立董事管理办法（征求意见稿）》。该办法对独董的任职资格与任免、职责与履职方式、履职保障、监督管理与法律责任等方面进行全面规范。监管部门已着手完善独董相关制度，改革已经在路上。风物长宜放眼量。相信在各方合力下，独董制度一定能步入"既独又懂"、勤勉尽责、权责利明晰的新阶段。

2.【董事会职权】《公司法》第一百零八条：本法第四十六条关于有限责任公司董事会职权的规定，适用于股份有限公司董事会。

《公司法》第四十六条：董事会对股东会负责，行使下列职权：召集股东会会议，并向股东会报告工作；执行股东会的决议；决定公司的经营计划和投资方案；制订公司的年度财务预算方案、决算方案；制订公司的利润分配方案和弥补亏损方案；制订公司增加或者减少注册资本以及发行公司债券的方案；制订公司合并、分立、解散或者变更公司形式的方案；决定公司内部管理机构的设置；决定聘任或者解聘公司经理及其报酬事项，并根据经理的提名决定聘任或者解聘公司副经理、财务负责人及其报酬事项；制定公司的基本管理制度；公司章程规定的其他职权。

【阿山说】董事会是股东大会的常设机构，对股东大会负责，其职权是股东大会的授权。就好比全国人大常委会是全国人大的常设机构，对全国人大负责。董事会职权事项概况来说有三个方面：一是召集股东大会、执行股东大会的决议；二是以上十一项职权中带"制定""决定"字眼的事项，由董事会拍板；三是以上十一项职权中带"制订"字眼的事项，由董事会统筹、审议后，提交股东大会拍板。

3.【董事会通知】《公司法》第一百一十条：董事会每年度至少召开两次会议，每次会议应当于会议召开十日前通知全体董事和监事。代表十分之一以上表决权的股东、三分之一以上董事或者监事会，可以提议召开董事会临时会议。董事长应当自接到提议后十日内，召集和主持董事会会议。董事会召开临时会议，可以另定召集董事会的通知方式和通知时限。

【阿山说】与股东大会一样，董事会也有例行董事会和临时董事会，董事会召开时间和审议事项应提前通知全体董事和监事。注意：监事可以列席董事会；监事会有董事会临时会议提议权。

4.【董事会表决】《公司法》第一百一十一条：董事会会议应有过半数的董事出席方可举行。董事会作出决议，必须经全体董事的过半数通过。董事会决议的表决，实行一人一票。

《公司法》第一百一十二条：董事会会议，应由董事本人出席；董事因故不能出席，可以书面委托其他董事代为出席，委托书中应载明授权范围。

【阿山说】在5.9控制与并表章节，我们介绍了控制的判断标准，其中有一种情形：有权任免被投资单位的董事会或类似机构的多数成员。因为董事会只要过半数的董事出席就是合法会议了，董事会作出决议也只要过半数的董事同意就可以了，所以过半数的董事可以决定董事会的一切。再回头看看董事会的职权范围，在没有股权纠纷的一般情况下，公司的经营决策基本上过半数的董事就可以拍板了。

董事会表决实行一人一票，不管你是大股东委派的董事，还是中小股东委派的董事，每个人都是平等的一票，大股东与小股东的差别在选举董事的时候就已经体现了。

### 6.2.4 （股份公司）监事会

1.【监事会成员】《公司法》第一百一十七条：股份有限公司设监事会，其成员不得少于三人。监事会应当包括股东代表和适当比例的公司职工代表，其中职工代表的比例不得低于三分之一，具体比例由公司章程规定。监事会中的职工代表由公司职工通过职工代表大会、职工大会或者其他形式民主选举产生。监事会设主席一人，可以设副主席。监事会主席和副主席由全体监事过半数选举产生。董事、高级管理人员不得兼任监事。

【阿山说】监事会是对公司的业务活动进行监督和检查的法定必设和常设机构，是与董事会平行的一个机构。其成员由股东代表、职工代表等组成。为了监督和检查，董事、高级管理人员当然也就不能兼任监事。不能"既做运动员，又做裁判员"，这个朴素的道理会计当然也懂。

2.【监事会职权】《公司法》第一百一十八条：本法第五十三条、第五十四条关于有限责任公司监事会职权的规定，适用于股份有限公司监事会。

《公司法》第五十三条：监事会、不设监事会的公司的监事行使下列职权：检查公司财务；对董事、高级管理人员执行公司职务的行为进行监督，对违反法律、行政法规、公司章程或者股东会决议的董事、高级管理人员提出罢免的建议；当董事、高级管理人员的行为损害公司的利益时，要求董事、高级管理人员予以纠正；提议召开临时股东会会议，在董事会不履行本法规定的召集和主持股东会会议职责时召集和主持股东会会议；向股东会会议提出提案；依照公司法第一百五十一条的规定，对董事、高级管理人员提起诉讼；公司章程规定的其他职权。

《公司法》第五十四条：监事可以列席董事会会议，并对董事会决议事项提出质询或者建议。监事会、不设监事会的公司的监事发现公司经营情况异常，可以进行调查；必要时，可以聘请会计师事务所等协助其工作，费用由公司承担。

【阿山说】监事会的职责主要就是检查和监督。比对监事和独董的职权，虽然都有检查与监督之责，不过侧重点有所不同。独董，归根到底是董事，在董事会有表决权，独立董事的监督是董事会内部的监督；监事是列席董事会，监事会的监督是董事会外部专门监督机构的监督。此外，独立董事不在公司或关联公司任职，而监事则一般是公司的职员。

3. 【监事会表决】《公司法》第一百一十九条：监事会每六个月至少召开一次会议。监事可以提议召开临时监事会会议。监事会的议事方式和表决程序，除本法有规定的外，由公司章程规定。监事会决议应当经半数以上监事通过。

【阿山说】监事会表决一般是一人一票（可在公司章程载明），监事会决议由半数以上的监事同意即可。

### 6.2.5 几个重要的持股比例

1. 持股公司表决权达 2/3 以上，拥有公司绝对控制权。

【绝对控制权】《公司法》第一百零三条：股东大会作出修改公司章程、增加或者减少注册资本的决议，以及公司合并、分立、解散或者变更公司形式的决议，必须经出席会议的股东所持表决权的三分之二以上通过。

《公司法》第一百二十一条：上市公司在一年内购买、出售重大资产或者担保金额超过公司资产总额百分之三十的，应当由股东大会作出决议，并经出席会议的股东所持表决权的三分之二以上通过。

【阿山说】股东持有公司表决权比例达 2/3 以上，便是公司的绝对控股股东，可以自行决定公司所有事项，包括合并、解散等"生死抉择"。需要强调的是：股东大会作出决议，不管是 2/3 以上通过、半数通过等要求，分母都是指出席会议的股东所持表决权，未出席会议的股东所持表决权不计算在内。所以在股权比较分散的上市公司，持有表决权股份在 20% 左右就成为公司的实际控制人也不奇怪，因为大量的中小投资者及散户通常不会参加股东大会。比如雅化集团（证券代码 002497）实际控制人郑戎女士直接持有公司股份 11.93%，连同直系亲属张婷及一致行动人持股 2.77%，合计持股为 14.7%（数据摘自 2021 年年报）。

当然，股东大会作出的决议是否有效，前提条件是股东大会的召开要合法，包括召集和主持要合法、会议召开程序要合法等。至于合法的股东大会要求出席会议的股东一共要有多少比例以上的表决权，《公司法》没有明确规定，可以在公司章程中约定。若公司章程没有约定，那么，最极端的情况：连续九十日以上单独或者合计持有公司百分之十以上股份的股东自行召集和主持召开的股东大会，也是合法有效的。

2. 持股表决权达半数以上，拥有公司相对控制权。

**【阿山说】**需要"股东所持表决权的 2/3 以上通过才能决策"的事项毕竟是非常少的情形，其他事项通常只需要代表半数表决权以上股东通过即可。因此持股表决权达半数以上的股东，便享有对公司的相对控制权，"生死抉择"以外的事都能拍板。

当然，持股表决权达半数以上拥有相对控制权是鉴于公司章程无另外规定的情况来说的，并非绝对。举个例子：倘若公司章程对于普通事项规定了更高比例的表决权要求，比如需要 60% 表决权通过，那么持股表决权达半数以上仍然达不到相对控制。同理，倘若公司章程对于普通事项规定了更低比例的表决权要求，比如仅需 35% 表决权通过，那么很多事项即使持股表决权未达半数的股东亦能拍板决策。这就不得不说一说公司章程的重要性了。

**【股份公司章程】**《公司法》第十一条：设立公司必须依法制定公司章程。公司章程对公司、股东、董事、监事、高级管理人员具有约束力。

《公司法》第八十一条：股份有限公司章程应当载明下列事项：公司名

称和住所；公司经营范围；公司设立方式；公司股份总数、每股金额和注册资本；发起人的姓名或者名称、认购的股份数、出资方式和出资时间；董事会的组成、职权和议事规则；公司法定代表人；监事会的组成、职权和议事规则；公司利润分配办法；公司的解散事由与清算办法；公司的通知和公告办法；股东大会会议认为需要规定的其他事项。

【阿山说】公司章程是公司的宪章，是股东共同一致的意思表示，载明了公司组织和活动的基本准则。公司章程对公司的成立及运营具有十分重要的意义，是确保公司正常运行，规范公司治理，保障股东权利的基础。

公司自治是现代法治的一项原则，在不违反《公司法》的前提下，法律赋予股东通过公司章程自主决定公司的诸多事项。例如表决权、议事规则等大量事务可以自行约定。所以，不管是公司股东还是董事、监事、高管，都要高度重视公司章程的制定及规定，公司各层级员工除了要认真学习《公司法》外，也要认真学习掌握公司章程约定的公司运作规则。

3. 持股表决权达 1/3 以上，拥有重大事项否决权。

【阿山说】由于部分事项需要持股表决权达 2/3 以上同意才能通过。那么，对应的，若持股表决权达 1/3 以上，你就可以否决这部分事项。"你不能决定做哪些事，但你可以决定哪些事不能做"，这是一项非常重要的权力。

华为公司的创始人任正非先生，在公司的持股比例已经在 2% 以下，但保留了一票否决权。汇聚全球英才，团结全世界最强大脑一起奋力作为，一方面放手让大家去干，充分调动大家的能动性、挖掘潜力，另一方面在偏离航道时可以一票否决。这确实是一个拍手称妙的安排。

4. 持上市公司有表决权股份达 30% 时，触发要约收购条款。

【拓展】《证券法》第六十五条：通过证券交易所的证券交易，投资者持有或者通过协议、其他安排与他人共同持有一个上市公司已发行的有表决权股份达到百分之三十时，继续进行收购的，应当依法向该上市公司所有股东发出收购上市公司全部或者部分股份的要约。

【阿山说】首先，当持有上市公司有表决权股份达到 30% 时，如果继续进行收购，需向所有股东发出收购要约，不能只向被收购的上市公司的部分股东发出收购要约（除非经证监会审批同意豁免）。其次，投资者发出收购要约应当依照法律、行政法规的规定进行，不能违背法律、行政法规的规定。因此，若想避免要约收购的流程、环节及可能出现的较高成本，应牢记30%股权生命线。

这个规定到底怎么解读呢？这条规定明显对收购人不利，而有利于保护现有股东。可以想象：如果一个上市公司经营业绩正常，管理团队稳定而优秀，一番欣欣向荣、皆大欢喜的局面。可突然来了一个土豪，就因为有钱，任性地把这个公司买下来，更改公司目标方向，更换管理团队，而原有投资人对于新的方向、新的团队完全不知情。这样一来，原有投资人的权益难免会受到损害。如果新来的投资人能带领公司赚更多的钱还好，可万一要是搞砸了呢？原有投资人该找谁去。

所以，当出现这种情况的时候，监管者就要定一个对大家都相对公平的规矩，当发生收购时，你要通知其他的股东，让他们知情后自由选择。虽然因此暴露了你的投机目的，但没办法，不能好事由你一人独享，风险到来时却要大家一起扛。

5. 持股20%，触及同业竞争警戒线。

【拓展】《上市公司收购管理办法》第十七条：投资者及其一致行动人拥有权益的股份达到或者超过一个上市公司已发行股份的20%但未超过30%的，应当编制详式权益变动报告书，除须披露前条规定的信息外，还应当披露以下内容：投资者及其一致行动人的控股股东、实际控制人及其股权控制关系结构图；取得相关股份的价格、所需资金额，或者其他支付安排；投资者、一致行动人及其控股股东、实际控制人所从事的业务与上市公司的业务是否存在同业竞争或者潜在的同业竞争，是否存在持续关联方交易；存在同业竞争或者持续关联方交易的，是否已做出相应的安排，确保投资者、一致行动人及其关联方与上市公司之间避免同业竞争以及保持上市公司的独立性；未来12个月内对上市公司资产、业务、人员、组织结构、公司章程等进行调整的后续计划；前 24 个月内投资者及其一致行动人与上市公司之间的重大交易；不存在本办法第六条规定的情形；能够按照本办法第五十条的规定提供相关文件。

前述投资者及其一致行动人为上市公司第一大股东或者实际控制人的，还应当聘请财务顾问对上述权益变动报告书所披露的内容出具核查意见，但国有股行政划转或者变更、股份转让在同一实际控制人控制的不同主体之间进行、因继承取得股份的除外。投资者及其一致行动人承诺至少 3 年放弃行使相关股份表决权的，可免于聘请财务顾问和提供本办法第五十条规定的文件。

《上市公司收购管理办法》第五十条：收购人公告上市公司收购报告书时，应当提交相关备查文件。

【阿山说】首先，当持有上市公司股份达到 20% 未超过 30% 时（超过 30% 即为要约收购），要求编制《权益变动报告书》，披露股权控制关系、资金来源、是否存在同业竞争、是否已作出确保上市公司独立性的安排，以及未来 12 个月的计划、前 24 个月的重大交易等。

其次，成为第一大股东或实际控制人的，应当聘请财务顾问出具审查意见。但承诺至少 3 年放弃行使表决权的，可免于聘请财务顾问和提供前面规定的文件。

再次，持有上市公司股份达到 20%，假如没有成为实际控制人，一般来说也会参与被投资公司的财务和经营决策，对被投资公司具有重大影响。那么，在会计处理上，该笔投资是适用金融工具确认和计量准则还是长期股权投资准则，若适用长期股权投资准则，后续计量方法是采用成本法还是权益法，都需要仔细评估。

6. 持股表决权达 10% 及以上，有权要求召开临时股东大会、有权要求召开临时董事会、特定情况下可自行召集和主持股东大会、特定情况下可以请求人民法院解散公司。

【专业表达】《公司法》第一百条：单独或者合计持有公司百分之十以上

股份的股东请求召开临时股东大会时，应当在两个月内召开临时股东大会。

《公司法》第一百零一条：董事会不能履行或者不履行召集股东大会会议职责的，监事会应当及时召集和主持；监事会不召集和主持的，连续九十日以上单独或者合计持有公司百分之十以上股份的股东可以自行召集和主持。

《公司法》第一百一十条：代表十分之一以上表决权的股东、三分之一以上董事或者监事会，可以提议召开董事会临时会议。

《公司法》第一百八十二条：公司经营管理发生严重困难，继续存续会使股东利益受到重大损失，通过其他途径不能解决的，持有公司全部股东表决权百分之十以上的股东，可以请求人民法院解散公司。

【阿山说】持股表决权达 10% 及以上，持股比例已经不低，《公司法》赋予的权力也比较大了。在一些股权比较分散的公司，持股百分之十几已经是公司最大股东，对公司的影响可以很大了。比如海欣股份（证券代码 600851）的最大股东湖南财信金融控股集团有限公司，持有公司股份才 14.98%（2021 年年报）；民生银行（证券代码 600016）的最大股东大家人寿保险股份有限公司，持有公司股份才 10.30%（2021 年年报），董事会 17 名成员（其中 6 名独立董事）由其选派 2 人，话语权较大。

7. 持有上市公司已发行的有表决权股份达 5% 时，要书面报告并公告，俗称"举牌"。

【拓展】《证券法》第六十三条：通过证券交易所的证券交易，投资者持有或者通过协议、其他安排与他人共同持有一个上市公司已发行的有表决权股份达到百分之五时，应当在该事实发生之日起三日内，向国务院证券监督管理机构、证券交易所作出书面报告，通知该上市公司，并予公告，在上述期限内不得再行买卖该上市公司的股票，但国务院证券监督管理机构规定的情形除外。

投资者持有或者通过协议、其他安排与他人共同持有一个上市公司已发行的有表决权股份达到百分之五后，其所持该上市公司已发行的有表决权股份比例每增加或者减少百分之五，应当依照前款规定进行报告和公告，在该事实发生之日起至公告后三日内，不得再行买卖该上市公司的股票，但国务院证券监督管理机构规定的情形除外。

投资者持有或者通过协议、其他安排与他人共同持有一个上市公司已发行的有表决权股份达到百分之五后，其所持该上市公司已发行的有表决权股份比例每增加或者减少百分之一，应当在该事实发生的次日通知该上市公司，并予公告。另外要求披露资金来源及有表决权的股份变动时间及方式。

违反上述规定买入上市公司有表决权的股份，在买入后的三十六个月内，对该超过规定比例部分的股份不得行使表决权。

【阿山说】持有上市公司有表决权股份首次达到5%，应书面报告并通知上市公司发布公告，俗称"举牌"，以后每增持或减持1%的股份都要公告。5%是一条重要的股权线，有投资者购入公司股票达到5%，目前的实际控制人或者大股东就会警觉：是不是有"野蛮人"敲门？怎么应对？同时也触及更多监管规则，一旦违规会被证监会处罚。另外因为以后的增持、减持均要公告，容易引起股价波动，对于旨在赚取差价的投资者来说十分不利，所以短期投资者一般尽量不触及5%，因而市面上出现了较多的持股4.9%左右甚至持股4.99%的股东。

8. 持有股份比例达3%及以上，有股东大会临时提案权。

【专业表达】《公司法》第一百零二条：单独或者合计持有公司百分之三以上股份的股东，可以在股东大会召开十日前提出临时提案并书面提交董事会。

【阿山说】提案权也是十分重要的，虽然你的提案不一定能通过，但把事情捅到了股东大会，也就公开化了，会营造较大的舆论声势，给其他方较大压力。

9. 持有股份比例达1%及以上，在特定情况下可请求起诉公司董事、监事、高级管理人员。

【专业表达】《公司法》第一百四十九条：董事、监事、高级管理人员执行公司职务时违反法律、行政法规或者公司章程的规定，给公司造成损失的，应当承担赔偿责任。

《公司法》第一百五十一条：董事、高级管理人员有公司法第一百四十九条规定的情形的，有限责任公司的股东、股份有限公司连续一百八十日以上单独或者合计持有公司百分之一以上股份的股东，可以书面请求监事会或者不设监事会的有限责任公司的监事向人民法院提起诉讼。监事有公司法第一百四十九条规定的情形的，前述股东可以书面请求董事会或者不设董事会的有限责任公司的执行董事向人民法院提起诉讼。

【阿山说】持股1%，比例很低，但是公司法也赋予了监督的权力，发现违法违规可以发声、可以要求起诉。

# 6.3　合　同

老话说：空口无凭，立字为证。合同是一种白纸黑字的字据。

有人认为，企业会计准则是以业务为基础、以风险为重点、以合同为依据。你看，合同是会计处理的依据。可见会计学习合同知识也是十分必要的。不仅要学会阅读合同、理解合同，而且要学会拟订、审核具体合同条款，因为合同条款对交易或事项的描述可能会左右会计处理。

本节介绍的内容属于《民法典》的第三编：合同。该编一共分为通则、典型合同、准合同三部分。通则部分规范合同的共性要求，我们只介绍通则部分的相关知识；典型合同部分规范买卖合同、借款合同等19种具体合同；准合同部分规范无因管理、不当得利等。

## 6.3.1　合同的规范对象

【专业表达】《民法典》第四百六十四条：合同是民事主体之间设立、变更、终止民事法律关系的协议。婚姻、收养、监护等有关身份关系的协议，适用有关该身份关系的法律规定。

【阿山说】前面说到，会计核算第一件事：就是明确该业务适用企业会计准则的哪项具体准则。学法律也是如此，管辖范围是至关重要的。合同规范的是民事法律关系。婚姻、收养关系由《民法典》第五编婚姻家庭章节规范，监护关系由《民法典》第二编总则中的自然人章节规范。而用人单位与劳动者建立的劳动合同关系由《中华人民共和国劳动合同法》规范。

## 6.3.2　合同的形式

**【专业表达】**《民法典》第四百六十九条：当事人订立合同，可以采用书面形式、口头形式或者其他形式。书面形式是合同书、信件、电报、电传、传真等可以有形地表现所载内容的形式。以电子数据交换、电子邮件等方式能够有形地表现所载内容，并可以随时调取查用的数据电文，视为书面形式。

**【阿山说】**我们在此介绍的合同是指书面形式中的合同书。实际上法律认可的合同形式还有信件、电报、电传、传真等可以有形地表现所载内容的书面形式，以及口头形式或者其他形式，在此不一一介绍这些形式的合同，而是跟大家介绍一下：民事诉讼案件中，法院认可哪些证据？

根据《中华人民共和国民事诉讼法》（2021 年修订），结合《最高人民法院关于民事诉讼证据的若干规定》（2019 年修订），民事诉讼主要证据如下。

（1）当事人的陈述，是指案件的当事人向法院提出的关于案件事实情况和证明这些事实情况的陈述。当事人对自己提出的主张，有责任提供证据。

（2）书证，是指以文字、符号所记录或表示的，以证明待证事实的文书，如合同、书信、文件、票据等。书证应当提交原件，其次可以提交复制品、照片、副本、节录本。

（3）物证，是指用物品的外形、特征、质量等说明待证事实的一部分或全部的物品，如质量不合格的产品等。

（4）视听资料，是指用录音、录像的方法记录下来的有关案件事实的材料，如用录音机录制的当事人的谈话、用摄像机拍摄的人物活动等。

（5）电子数据，包括下列信息、电子文件：网页、博客、微博客等网络平台发布的信息；手机短信、电子邮件、即时通信、通信群组等网络应用服务的通信信息；用户注册信息、身份认证信息、电子交易记录、通信记录、登录日志等信息；文档、图片、音频、视频、数字证书、计算机程序等电子文件；其他以数字化形式存储、处理、传输的能够证明案件事实的信息。

看完电子数据这一段，大家使用互联网、数字产品，与人即时通信等是不是会谨慎一些呢？

（6）证人证言，是指证人以口头或书面方式向法院所作的对案件事实的陈述。证人所作的陈述，既可以是亲自听到、看到的，也可以是从其他人、其他地方间接得知的。凡是知道案件情况的单位和个人，都有义务出庭作证。

（7）鉴定意见，是指具备资格的鉴定人对民事案件中出现的专门性问题，通过鉴别和判断后作出的书面意见。如医学鉴定、指纹鉴定、产品质量鉴定、文书鉴定、会计鉴定等。

（8）勘验笔录，是指法院对能够证明案件事实的现场或者不能、不便拿到法院的物证，就地进行分析、检验、勘查后作出的记录。

而下列事实，当事人无须举证证明，除非当事人可以举反证足以反驳或足以推翻：自然规律以及定理、定律；众所周知的事实；根据法律规定推定的事实；根据已知的事实和日常生活经验法则推定出的另一事实；已为仲裁机构的生效裁决所确认的事实；已为人民法院发生法律效力的裁判所确认的基本事实；已为有效公证文书所证明的事实。

### 6.3.3　合同成立的时间

【专业表达】《民法典》第四百九十条：当事人采用合同书形式订立合同的，自当事人均签名、盖章或者按指印时合同成立。在签名、盖章或者按指印之前，当事人一方已经履行主要义务，对方接受时，该合同成立。法律、行政法规规定或者当事人约定合同应当采用书面形式订立，当事人未采用书面形式，但是一方已经履行主要义务，对方接受时，该合同成立。

第四百九十一条：当事人采用信件、数据电文等形式订立合同要求签订确认书的，签订确认书时合同成立。当事人一方通过互联网等信息网络发布的商品或者服务信息符合要约条件的，对方选择该商品或者服务并提交订单成功时合同成立，但是当事人另有约定的除外。

【阿山说】由于合同订立方式的不同，合同成立的时间也不同。比如采用合同书形式订立合同的，自当事人均签名盖章或者按指印时合同成立。如当事人未同时在合同书上签名、盖章或者按指印，则以当事人中最后一方签名、盖章或者按指印的时间为合同的成立时间。比如当事人采用信件、数据电文等形式订立合同的，可以要求在合同成立之前签订确认书。签订确认书时合同成立。但是有一点：如果当事人未采用法律要求或者当事人约定的合同书形式订立合同，或者当事人没有在合同书上签名、盖章或者按指印的，只要一方当事人履行了主要义务，另一方接受的，合同仍然成立。

### 6.3.4　合同成立的地点

【专业表达】《民法典》第四百九十二条：承诺生效的地点为合同成立的地点。采用数据电文形式订立合同的，收件人的主营业地为合同成立的地点；没有主营业地的，其住所地为合同成立的地点。当事人另有约定的，按照其约定。

第四百九十三条：当事人采用合同书形式订立合同的，最后签名、盖章或者按指印的地点为合同成立的地点，但是当事人另有约定的除外。

【阿山说】由于合同订立方式的不同，合同成立地点的确定标准也有不同：比如采用数据电文形式订立合同的，收件人的主营业地为合同成立的地点；没有主营业地的，其住所地为合同成立的地点。比如当事人采用合同书形式订立合同的，最后签名、盖章或者按指印的地点为合同成立的地点。比如采用书面形式订立合同，合同约定的签订地与实际签名、盖章或者按指印地点不符的，约定的签订地为合同签订地；合同没有约定签订地，最后签名、盖章或者按指印的地点为合同签订地。

### 6.3.5　合同的生效

【专业表达】《民法典》第五百零二条：依法成立的合同，自成立时生效，但是法律另有规定或者当事人另有约定的除外。

依照法律、行政法规的规定，合同应当办理批准等手续的，依照其规定。未办理批准等手续影响合同生效的，不影响合同中履行报批等义务条款以及相关条款的效力。应当办理申请批准等手续的当事人未履行义务的，对方可以请求其承担违反该义务的责任。

依照法律、行政法规的规定，合同的变更、转让、解除等情形应当办理批准等手续的，适用前款规定。

【阿山说】不同类型的合同，分别有不同的合同生效时间。

一是依法成立的合同，原则上自成立时生效。

二是法律、行政法规规定应当办理批准等手续生效的，在依照其规定办理批准等手续后生效。依照法律、行政法规的规定经批准才能生效的合同成立后，有义务办理申请批准等手续的一方当事人未按照法律规定或者合同约定办理申请批准的，不影响合同中履行报批等义务条款以及相关条款的效力，人民法院可以根据案件的具体情况和相对人的请求，判决相对人自己办理有关手续；对方当事人对由此产生的费用和给相对人造成的实际损失，应当承担损害赔偿责任。

三是法律、行政法规规定合同应当办理登记手续，但未规定登记后生效的，当事人未办理登记手续不影响合同的效力，但合同标的所有权及其他物权不能转移。根据《民法典》物权编的规定，需要办理登记的抵押合同及商品房买卖合同均属于这类合同，即未登记不影响合同的生效，只影响物权的设立或者转移。

四是当事人对合同的效力可以附条件或者附期限。附生效条件的合同，自条件成就时生效；附解除条件的合同，自条件成就时失效。当事人为自己的利益不正当地阻止条件成就的，视为条件已成就；不正当地促成条件成就的，视为条件不成就。附生效期限的合同，自期限届至时生效；附终止期限的合同，自期限届满时失效。

### 6.3.6　合同的变更

【专业表达】《民法典》第五百四十三条：当事人协商一致，可以变更合同。

第五百四十四条：当事人对合同变更的内容约定不明确的，推定为未变更。

第七百七十七条：定作人中途变更承揽工作的要求，造成承揽人损失的，应当赔偿损失。

第八百二十九条：在承运人将货物交付收货人之前，托运人可以要求承运人中止运输、返还货物、变更到达地或者将货物交给其他收货人，但是应当赔偿承运人因此受到的损失。

【阿山说】合同是签约各方平等自愿签订的。如果各方协商一致予以变更，当然也是可以的。但双方对合同变更的内容应该明确，否则，就推定为没有变更。

除了双方通过合意变更合同以外，还存在法定变更的情形，即一方当事人单方通知对方变更合同的权利，但是因此给对方造成损失的，应当赔偿损失。如《民法典》第七百七十七条、第八百二十九条规定的情形。

### 6.3.7　合同的终止

【专业表达】《民法典》第五百五十七条：有下列情形之一的，债权债务终止：债务已经履行；债务相互抵销；债务人依法将标的物提存；债权人免除债务；债权债务同归于一人；法律规定或者当事人约定终止的其他情形。合同解除的，该合同的权利义务关系终止。

第五百五十八条：债权债务终止后，当事人应当遵循诚信等原则，根据交易习惯履行通知、协助、保密、旧物回收等义务。

第五百五十九条：债权债务终止时，债权的从权利同时消灭，但是法律另有规定或者当事人另有约定的除外。

【阿山说】合同的权利义务终止制度包括债的终止制度和合同解除制度两个方面。一是债的终止，即债权债务终止，指给付义务终局地消灭；二是合同的解除，指合同中原给付义务的效力终止，但在因违约而解除合同等场合中，债务人的损害赔偿义务仍然存在，故给付义务并未终局地消灭。比如，卖方交付的标的物质量有严重缺陷，买方以此为由解除合同的，尽管卖方交付标的物和转移标的物所有权的义务消灭，但其赔偿买方损失的义务不消灭。

## 6.3.8　违约责任

【专业表达】《民法典》第五百七十七条：当事人一方不履行合同义务或者履行合同义务不符合约定的，应当承担继续履行、采取补救措施或者赔偿损失等违约责任。

此外，《民法典》第五百七十八条至第五百九十四条详细规定了违约责任的情形、认定和处理规定。

【阿山说】1.《民法典》将债务人的违约行为区分为预期违约、届期违约、债权人迟延三种类型。

预期违约是指在履行期限到来之前一方无正当理由而明确表示其在履行期到来后将不履行合同（明示的预期违约），或者其行为表明其在履行期到来以后将不履行合同（默示的预期违约）。明示与默示的区别在于违约的合同当事人是否通过意思表示明确表达自己不再履行合同的意愿。

届期违约是指在履行期限到来以后，当事人不履行或不完全履行合同义务。届期违约可以分为不履行和不适当履行两类。此外，履行在质量、数量等方面不符合约定的，称为不完全履行或瑕疵履行；履行在时间上迟延的，称为迟延履行。

债权人迟延又称受领迟延，是指债权人对给付未受领或者未提供必要协助的事实。就是说因债权人的原因，债务人无法履约，那么，因此增加的费用应由债权人承担。比如，借款合同中的贷款人受领迟延的，借款人在受领迟延期间即使使用资金，也无须支付利息。

2. 违约责任的承担方式主要有：继续履行、补救措施、损害赔偿三种。

继续履行又称实际履行，是指债权人在债务人不履行合同义务时，可请求人民法院强制债务人实际履行合同义务。比如合同一方未支付价款、报酬、租金、利息，或者不履行其他金钱债务的，另一方可以请求其支付。

补救措施是债务人的履行在质量、数量等方面不符合约定，债权人可根据合同履行情况请求债务人采取补救履行措施。比如可以请求对方承担修理、重作、更换、退货、减少价款或者报酬等违约责任。

损害赔偿是当事人一方不履行合同义务或者履行合同义务不符合约定，给对方造成损失的，应当承担损害赔偿责任；一方在履行义务或者采取补救措施后，对方还有其他损失的，应当对其他损失承担赔偿责任。损害赔偿的具体方式主要有赔偿损失、支付违约金和适用定金罚则等。

## 6.3.9  合同内容的一般条款

【专业表达】《民法典》第四百七十条：合同的内容由当事人约定，一般包括下列条款：当事人的姓名或者名称和住所；标的；数量；质量；价款或者报酬；履行期限、地点和方式；违约责任；解决争议的方法。

【阿山说】我们知道，会计讲究实质重于形式原则。但并不是说形式不重要，是说形式很重要，不过不能只看形式，更要透过形式看实质。

合同的形式也很重要。律师拿到一份合同后可能只需要扫视五秒钟，就知道这份合同是专业人士所为，还是非专业人士所作。为什么？因为只要扫一眼合同格式是否规范、内容是否完整就能知道个八九不离十。

一份完整的合同至少包括以下几个方面内容。

（1）明确谁与谁签订合同，包括签约各方的名称（单位的话，写明法定代表人）、住所、经办人、联系电话。先明确合同签订方，这事我想大家都知道，关键是要写规范、写完整。尤其是个人与个人签订合同时，大家要亮出身份证，写明姓名、身份证号码和地址。

（2）明确合同标的，可以粗略理解为明确签订合同的背景及该合同的约束事项。这事我想大家也都是知道的，关键是怎么描述具体条款。比如软件企业，描述为售卖标准软件，那是卖产品，增值税按13%计税；如果描述为售卖软件开发服务，是为交易对方定制开发的，那是提供服务，增值税按6%计税。

又比如你是零售企业，你描述说所卖商品是从上游买过来的，你入了仓库，也付了货款，商品能不能卖掉、在仓库的腐烂变质毁损以及售后服务等全都是你的责任，跟上游无关。那么，会计认为你对该商品有控制权，你是主责人，按全额法入账。就是说你卖了多少钱，就把这个金额全部计为你的营业收入。如果你描述说只是帮上游企业卖商品，你事前没付钱买这些商品，商品腐烂变质毁损及售后服务是上游企业负责，最终未售出的商品也可以退回给上游企业。那么，会计认为你仅仅是代理商，对该商品没有控制权，按净额法入账。就是说你销售收回的钱是替上游企业代收的，赚的差价才是你的，所以只把差价计为你的营业收入。

当然，以上两个例子都是泾渭分明的情形，实际业务可能没这么容易判断，此外交易对方也会争取自己的利益，监管机构还会检查、核定。但是，恰恰是那些灰色地带，那些不同人有不同理解、可能做不同处理的业务，正是你大展身手的机会。如果你能巧妙描述、准确举证、与监管各方充分沟通，或许你就为企业直接创造了巨大价值。

（3）明确合同签订各方的权利与义务。合同是当事各方在平等自愿情况下签订的，理论上当事人是各取所需、互惠共赢的。在合同条款中明确签约各方的权利和义务，以维护各方的权、责、利，这也是非常重要的部分。

（4）明确合同标的的数量和质量。比如你为对方提供的产品和服务的数量是多少，进行量化。该产品和服务不仅需要满足当前的要求，之后的一定期间也要符合要求，所以在合同中要明确质量如何，承诺质保情况，甚至用一定的资金来保证该承诺，以让购买方安心。

（5）明确价款及支付安排。这包括价款具体是多少，以及支付条件、支付方式，并明确发票等票据提供要求。符合什么条件时支付款项（可以一次性支付，也可以分期支付，支付的前置条件是什么）；支付方式是什么（可以是现金、银行转账、支票、票据等，如果是非现金支付，那么收款方的相关信息也要在合同中明确）；支付时需要提供什么样的发票或收据等。毫无疑问，支付事项是合同中最关键的条款。

（6）明确合同的履行期限、地点、方式。有的合同对履行期限作出模糊约定，如"一个月内履行完毕"，但从何时起算一个月没有约定，这就容易使双方产生歧义，都作出对自己有利的解释；如果将期限明确化，约定在"某年某月某日前履行完毕"则就避免了歧义的产生。履行地点是指当事人履行合同义务的地方。履行地点在合同中应当规定得明确、具体。履行方式是指当事人履行合同义务的具体做法。履行可以是一次性的，也可以是分期、分批的，应当在合同中明确规定。

（7）明确签约各方的违约责任。白纸黑字签订合同，本身就是"先小人、后君子"的行为，事前把各方的违约责任明确下来正是这种"小人"行为的具体体现。违约责任环节应主要注意两点：一是签约各方的违约责任应对等。如果你违约罚 100 万元，对方违约也罚 100 万元，且双方违约的概率和程度也基本对等，这就是一份平等的合同。如果你违约罚 100 万元，对方违约只罚 10 万元，或者你很容易触发违约条款、对方较难触发违约条款，那么这就是一份不平等的合同了。

二是注意违约金的合理性。如果约定违约金是按某金额的日利率计算，那么，建议你把日利率换算成年利率，然后看看其合理性。年利率多少比较合理呢？在 4.3.3 小节我们介绍过，年利率超过 24%，法院很难支持你的诉求。所以违约金的年化利率最好控制在 24% 以内。

（8）明确争议解决办法。这也涉及两个关注点：一是明确有争议时是去法院诉讼，还是去仲裁机构仲裁。诉讼与仲裁的区别还是挺大的。二是明确管辖地。有争议时到哪个地方的机构去争论、由谁来主持和拍板，区别也很大。

# 参考文献

［1］郭道扬．会计史教程（第一卷）［M］．北京：中国财政经济出版社，1998.

［2］葛家澍．新中国会计理论发展要略［J］．上海市经济管理干部学院学报，2007（5）.

［3］刘云．关于我国会计活动起源的考证［J］．会计研究，2001（11）.

［4］赵丽生．武丁甲骨：中国会计可考的源头［J］．上海立信会计学院学报，2008（6）.

［5］赵宇龙．会计的历史有多长［J］．四川会计，1999（2）.

［6］潘上永．论会计职能的转型与拓展［J］．商业会计，2022（14）.

［7］徐宝忠．从"账房先生"到CFO之变［J］．财会通讯，2006（2）.

［8］宋京津．数字经济时代会计职能变迁研究［J］．财务管理研究，2021（5）.

［9］赵治纲．我国企业会计职能现状与未来趋势研究［J］．中国总会计师，2019（10）.

［10］孔庆林，李孝林，弋建明．试论会计职能理论史［J］．北京工商大学学报（社会科学版），2007（2）.

［11］于玉林．新观念新认识：会计监督与会计服务［J］．财政监督，2008（8）.

［12］周飞．浅谈会计人员如何处理好服务与监督的关系［J］．经济研究导刊，2008（28）.

［13］孙清媛．会计服务和会计监督［J］．内蒙古科技与经济，2008（18）．

［14］胡宝亮，张慧鑫，王静．浅谈新形势下的会计监督职能［J］．管理，2008（3）．

［15］赵力言，赵建良．论会计监督职能与《会计法》修订［J］．新会计，2021（4）．

［16］张庆龙，张延彪．企业财务数字化转型的理论逻辑［J］．中国总会计师，2020（4）．

［17］王君．浅谈第三大会计职能［J］．中国外资，2012（8）．

［18］高正元．现代会计职能变化初探［J］．财经界，2010（16）．

［19］李忠运．参与企业管理与经营决策是会计工作的重要职能［J］．天津科技，2000（5）．

［20］周晶．会计与决策——转变会计职能参与经营决策［J］．今日科苑，2009（16）．

［21］郭道扬．论会计职能［J］．中南财经大学学报，1997（3）．

［22］刘耘．当代跨国公司的国际税收筹划分析［J］．商业研究，2004（8）．

［23］郭峰．跨国企业税务筹划与策略分析［J］．财会学习，2019（29）．

［24］朱青．国外企业如何进行税务筹划［J］．税外税务，2003（2）．

［25］徐永娟．企业税务筹划的主要思路及具体筹划策略研究［J］．财会学习，2021（15）．

［26］刘华．论企业税收筹划策略［J］．商业经济，2011（8）．

［27］宋霞，对我国税收筹划发展问题的思考［J］．江苏商论，2004（8）．

［28］孙丽雅，论理性纳税筹划［J］．山东省青年管理干部学院学报，2007（5）．

［29］王中林．浅谈企业内部会计监督的内容和措施［J］．南通职业大学学报，2001（1）．

［30］张雪伍，李艳平．大数据时代基于云会计的中小企业投资决策［J］．会计之友，2019（8）．

［31］王阳，高翠莲．企业财务风险控制新思维［J］．会计之友，2013（4）.

［32］曲晓辉．跨国投资财务决策的税务筹划［J］．财务与会计，2003（3）.

［33］田增润．企业估值方法比较分析［J］．中国外资，2013（8）.

［34］戴璐，余明震．企业估值方法的比较与应用［J］．财务与会计，2011（1）.

［35］陈波．企业估值方法中存在的几个问题及对策［J］．中国资产评估，2019（12）.

［36］岳公侠，李挺伟，韩立英．上市公司并购重组企业价值评估方法选择研究［J］．中国资产评估，2011（6）.

［37］李纯．私募股权投资中非上市企业估值问题研究［J］．中国总会计师，2020（5）.

［38］刘祥剑．中国私募股权投资中的估值问题研究［J］．中国总会计师，2019（3）.

［39］赵新华，万威武．实物期权在企业价值评估中的应用框架分析［J］．经济师，2003（8）.

［40］朱东辰，余津津．论风险投资中的风险企业价值评估［J］．可研管理，2003（7）.

［41］朱健．会计学中经济法的必要性［J］．北方经贸，2014（6）.

［42］徐薇．经济法对会计学习及工作的重要性［J］．知识窗，2012（9）.

# 后　　记

　　本书从酝酿、构思，到搜集资料、查找文献、整理书稿，再到初稿完成后的反复修改、再三打磨，花了一年多时间。白天工作，深夜码字，时间如此紧凑。混沌的思绪越来越清晰、杂乱的逻辑越来越严密、单薄的内容越来越饱满、模糊的知识越来越透彻、浮躁的心越来越安宁。充实是一种美，是心灵的呼唤、也是心灵的安慰。

　　十分感谢大家的支持与帮助，十分感谢大家的鞭策与激励。世界永不停步，我亦勇往直前。与大家共勉。

曾贵山

2023 年 4 月